双循环

构建"十四五"新发展格局

樊纲 郑宇劼 曹钟雄 ◎著

中信出版集团 | 北京

图书在版编目（CIP）数据

双循环：构建"十四五"新发展格局 / 樊纲，郑宇劼，曹钟雄著. -- 北京：中信出版社，2021.1（2021.9重印）
ISBN 978-7-5217-2572-8

Ⅰ.①双… Ⅱ.①樊…②郑…③曹… Ⅲ.①中国经济—经济发展—研究 Ⅳ.①F124

中国版本图书馆CIP数据核字（2020）第257055号

双循环：构建"十四五"新发展格局

著　者：樊纲　郑宇劼　曹钟雄
出版发行：中信出版集团股份有限公司
　　　　（北京市朝阳区惠新东街甲4号富盛大厦2座　邮编 100029）
承　印　者：宝蕾元仁浩（天津）印刷有限公司

开　本：787mm×1092mm　1/16　　印　张：21.75　　字　数：240千字
版　次：2021年1月第1版　　　　　印　次：2021年9月第7次印刷
书　号：ISBN 978-7-5217-2572-8
定　价：69.00元

版权所有·侵权必究
如有印刷、装订问题，本公司负责调换。
服务热线：400-600-8099
投稿邮箱：author@citicpub.com

目录

序言　**双循环与中国经济发展新阶段** / 樊纲 V
前言　**中国经济高质量发展的重要动力** XV

第一篇
双循环：构建新发展格局

第一章 | 系统认识双循环新发展格局
双循环新发展格局的形成与发展 004
双循环新发展格局的内涵 010
双循环是新时代的战略选择 016

第二章 | 如何构建双循环新发展格局
国内市场是实现大国崛起的强力支撑 033
内需是大国经济之本 038
构建双循环新发展格局：坚持扩大内需，持续扩大开放 045

第三章 | 日本经济双循环对中国的启示
日本经济在20世纪50年代末面临的多重问题 050
日本"国民收入倍增计划"效果显著 054
美日贸易摩擦推动日本转向内循环主导模式 062

第二篇
畅通产业链，以生产激发循环动力

第四章 | 全球产业链重组，中国产业链面临风险
全球产业转移与"断链" 070
中美科技博弈与"断供" 086
中国科技突围与"短板" 096
国内大循环与"堵点" 112

第五章 | 消除产业链梗阻，构建高质量发展的创新供给体系
创新土壤，打破科技创新梗阻 122
创新补链，突破核心关键技术 128
链条融通，畅通成果转化渠道 134
产业强链，培育产业链国际竞争优势 137
前瞻布局，抢占敏捷治理制高点 144

第三篇
对内加快改革，提升供给体系对国内需求的适配性

第六章 | 分配：优化收入分配，推动区域协调发展
提高收入改善分配，稳定居民就业 152
促进农业转移人口市民化 158
落实新发展理念，推进区域协调发展 165

第七章 | 流通：发展现代供应链，推动智慧物流发展

发展现代供应链，助推供给侧结构性改革 170

"互联网+"助推行业深度融合创新，构建新兴业态 177

推进智慧物流发展 183

第八章 | 消费：壮大新型消费，保障房地产市场健康发展

培育新消费增长点，促进消费高质量增长 190

建立多主体供给的住房制度，推动住房市场长效发展 197

推进以城市群为主导的新型城市化建设 204

第四篇
坚持双向开放，推动国内国际双循环

第九章 | 扩大对外开放，营造优良营商环境

中国利用外资的发展前景与面临形势 214

赋予自贸试验区更大的改革自主权，推进制度创新 224

第十章 | 建设开放型世界经济，构建人类命运共同体

"一带一路"是全球化进程的中国方案 238

构建以境外园区为依托的对外援助新模式 246

多边合作，推动亚太区域经济一体化 256

推进新时代中非合作，打造中非命运共同体 265

第五篇
双循环新发展格局推动"十四五"经济高质量发展

第十一章 | "十四五"经济发展战略和路径
在危机中育先机，于变局中开新局 280
形成更高水平的供需动态平衡，做强国内"主战场" 284
推动区域协调发展，打造高质量发展增长极 286
统筹发展和安全，构建新发展格局 287
统筹对内改革与对外开放，打造开放双循环 289

第十二章 | 促进政府和市场互动，助力高质量发展
推动有效市场和有为政府更好结合 293
推进要素市场化改革，打通双循环堵点 294
营造优良营商环境，推动国家治理现代化 297

第十三章 | 双循环格局下中国经济新增长点
高端制造优化升级 299
数字经济和实体经济深度融合 301
消费升级重新定义中国制造 302
绿色转型推动绿色经济新发展 303
健康经济迎战略机遇期 304
新基建，未来经济有力支撑 305
新服务催生新产业形态 306
都市圈推动增长模式转型 308

第十四章 | 数字经济：畅通双循环的新动能
中国数字经济的优势与方向 310
数字科技的机遇与出路 314
数字经济面临的五大挑战 319

参考文献 325

序　言

双循环与中国经济发展新阶段

樊纲

中国经济体制改革研究会副会长
中国（深圳）综合开发研究院院长

2020年以来，习近平多次强调要加快形成以国内大循环为主体、国内国际双循环相互促进的新发展格局。加快构建新发展格局顺应未来世界经济和中国经济发展趋势，符合中国经济发展方向，是中国经济发展迈入新阶段的必然选择。

推动国内大循环要避免陷入误区

双循环的提出有它的特殊背景，即美国退"群"，实行单边保护主义，破坏WTO（世界贸易组织）机制，对中国发动"贸易战、科技战、经济战"等，对中国实施"断供"，以及所谓的"脱钩""去中国化"等，这使得我们的产业链存在断供风险，国际循环不畅。为应对国内外形势结构性转变，我们要更多依靠国内循环，利用我国的超大市场，把潜力充分发挥出来，拉动供给，创造需求，使我国经济进入更好的良性循环。

在这方面，我们有很多事情要做。

第一，必须坚持扩大内需。

从统计数据看，国内销售产值的增加值在 GDP（国内生产总值）中的比重为 85%，而出口尽管总额较大，但其增加值在 GDP 中的比重仅为 15% 左右。因此，我们要充分利用 14 亿人口的经济增长潜力和大市场优势，把各方面的需求调动起来。

其一，激发消费潜力。传统一般消费品制造业仍然具有巨大的潜力，2019 年，我国人均 GDP 已突破 1 万美元。根据经济学方面的分析，1 万美元通常是一个坎儿，达到 1 万美元，人们便开始高消费。这种高消费不是很奢侈的消费，也不是比发达国家居民高的消费，而是在居民收入中，消费的比重会逐步提升，储蓄的比重会逐步下降，进入新的消费阶段。我国有 14 亿人口，低收入居民、中等收入居民以及高收入居民消费的有效需求均不足，消费潜力尚未被充分激发。要坚持扩大内需这个战略基点，加快培育完整的内需体系。进一步改革收入分配制度，增加居民收入，优化社会分配结构，充分利用国内超大规模、多层次、多元化的内需市场，不断提升大众的消费能力。

其二，拓展投资空间。中国有庞大的市场体量，更有大量的投资机会和巨大的增长潜力。一是推动城市化、城市群发展。目前，中国是最大的发展中国家，仍处在发展的中期阶段，美国、欧洲的人均 GDP 已达五六万美元，我们刚突破 1 万美元，仍有很多人生活在农村，城市化还有较大的拓展空间。目前，粤港澳大湾区、长三角、京津冀等大城市群达到 1.5

亿至 2 亿人的规模，以中东部省会城市为核心的城市群也达到 3000 万至 5000 万人的规模，集聚效应不断增强。这些城市群通过快速交通，将大城市周边的中小城市甚至周边的农村连接起来，解决房地产和其他的供求关系，有效促进区域公共服务均等化发展，从而促使国内的市场能够更好地循环起来。二是深挖数字经济潜力。中国拥有世界上最大规模的电子商务市场，引领全球。我们应用数字技术的速度也非常快，各个领域不断出现新技术、新的互联网公司，这让我国成为世界上第二大互联网独角兽企业的集聚地。同时，数字技术的惠及面很广，除了惠及电商，也惠及滴滴打车、共享单车等。中国有 14 亿人口，网民数量众多，互联网的覆盖率不断攀升，与数字技术相关的各种产业的发展速度非常快，且规模巨大，我们要在这方面做好文章。

第二，双循环的重点不只是扩大内需，还要在供给侧使产业链、供应链更好地循环，也要更好地创造需求。

其一，供给侧的首要任务，就是加强自主科技创新，这是破除产业链断供，畅通双循环的关键因素。在新的历史时期和国际环境中，中国必须具备更强的自主创新能力，补足短板，维护产业链、供应链的安全和稳定，提升产业基础能力和产业链现代化水平。要进一步加强对基础研究和应用基础研究的投入保障，构建多元化投入机制，布局建设重大科技基础设施、基础研究和应用基础研究机构，以及跨学科前沿交叉研究平台，吸收利用全球创新资源，瞄准世界科技前沿和国家战略需求，开展原始创新研究，引导企业积极开展基础研究和应用基础研究，实现前瞻性基础研究、引领性原创成果重大突破。加强对接基础研究和应用基础研究成果，加大对战略高技术研发的支持力度，找准源头性技术创新领域，着力攻破关键核心技术，形成关键核心技术攻坚体制，抢占事关长远和全局的科技战略制高点。

在这个过程中，一是发展好民营经济。无论是技术创新，还是商业模式创新，风险都极大，这需要民营企业家积极推动。中国的体制优势在"模仿攻关"阶段比较明显，但在"无人区"创造阶段则会式微，因此政府应该制定激励创新的机制，如保护知识产权，资助、奖励创新创业等，让千百万的企业、企业家、科学工作者"胡思乱想"，不断产生新点子，创新创造。二是政府可以制定设置孵化器等普惠政策，并投资一些创新项目，鼓励科技创新。但是政府不能引导和规定发展哪些产业，要敞开这个口，让市场去配置，让企业去创新。三是让市场发挥作用，吸引、鼓励风投资金进入市场，进行市场化资源配置。政府各类奖励补贴，可以以风险投资基金的市场化方式支持，避免出现市场扭曲；政府基金也可以学习风投的做法，积极"跟投"市场关注的行业，分担一部分风险；如果项目成功，就要提前退出，让利于市场，不以高额回报为目的，这样更有利于市场的良性发展。这就需要政府一方面鼓励创新创业，另一方面帮助企业梳理、分析在发展过程中遇到的问题，鼓励一些基金进入这些领域，鼓励产业内部重组，鼓励企业优胜劣汰、兼并重组，使产业结构更加优化。

其二，深化体制改革，包括供给侧、产业链、供应链等，消除国民经济循环中的各种梗阻。生产、分配、流通、消费作为国民经济运行的基本环节，是促进经济发展，畅通供给循环的关键。过去，我们曾面临地方保护主义，以及资金不到位、有需求没供给、有供给没需求等供需错配、结构性问题，存在很多梗阻。现在，我们要进一步加大经济体制改革力度，深化"放管服"改革，减少市场准入限制，减少审批环节；深化国有企业改革，发展混合所有制经济，改革政府补贴制度；大力发展数字经济，通过大数据打通交易环节、流通环节、物流环节存在的一系列堵点和梗阻，消除市场上各种显性与隐性的要素流通障碍，促进供求关系进入良性循环。

其三，以供给创造需求。一是以更多好产品、更加多元的消费方式拉动需求。中国的制造业仍然具有很大的发展潜力，短期内因以前过热而产生的"过剩产业"要转型转移，要改变增长方式，提高增长质量，不能一味"停产"。同时，要积极创新消费新模式、新业态，满足各类消费需求。二是通过降低成本拉动需求。完善政策支撑体系，降低全社会交易成本。除了企业要通过自身转型升级有效降低成本外，政府也要加大政策支持力度，帮助企业降低包括税收、资金、劳动力、土地、公共服务等在内的各项成本，为企业纾困，让企业将更多的精力和资金用于研究和生产，从而更好地刺激需求。

双循环要继续做好国际循环

双循环没有否定改革开放，更没有否定国际循环。双循环中的国际循环的意义，不在于卖出多少东西，而在于学到多少知识和技术。这样，一旦面临断供局面，我们还能继续支撑和发展下去。因此，我们要继续扩大开放，继续学习，继续做好国际循环。对中国企业来讲如此，对跨国公司来讲也如此。跨国公司进入中国，就是中国GDP的组成部分，就是中国内部循环的组成部分，也是推动跨国循环和国际循环的重要力量。因此，我们要继续做好国际循环，形成全球利益共同体。

我们是发展中国家，在很多方面仍然落后，尤其是在主要技术产业领域，联合国260多项子产业的1200多项次级产业中，我们有600多项是受制于人的。600多项依赖别人，缺乏最先进的技术，要追赶上是非常困难的，因此，我们不得不依靠国际循环。继续做好国际循环，就是要继续扩大开放，这样我们就可以继续向世界学习。只要别人比我们先进，我们就要向人家学习。与研发相比，后发优势的学习成本是最低的。当然，在学习过程中要提升研发能力，只有继续开放，才能具备提升研发能力的条件。同时，只有保持开放，才能了解国际标准，才能知晓国际竞争现在的水平，进而才能真正具备国际竞争力。传统意义上的进口替代，即发展自己的优质工业的那套理论和政策，早期拉美均采用过，但最终都没有发展起来。其中一个重要的原因，就是在"温室"里长大的产业不具备国际竞争力，比不过人家，并且不知道国际标准是什么，所以根本无法竞争。一旦封闭，就无法竞争，无法具备真正的国际竞争力，因此我们要继续开放，继续学习，继续推动国际循环。

纵观当今世界，全球化不可逆转，全球化进程仍在继续。即便美国奉行"美国优先"和单边主义政策，使得贸易保护主义不断加剧，但全球化并没有停止。全球化最初是由欧美等发达国家和地区的跨国公司推动的，尽管全球化导致美国一些产业衰败，美国的一些政客便利用工人的失落感谋求自己的政治利益，但是这些跨国公司为了获取利润，依然在思考如何在全球更好地配置资源。因此，全球化的原动力没有改变。尽管现在美国等发达国家可能存在一些反全球化的势力，但是从全球来看，支持全球化、推动全球化的力量比当年更多更甚，特别是在发展中国家。最初，多数发展中国家对全球化是有疑虑的，认为跨国公司是来剥削自己，搞新殖民主义的，所以不是很支持。但是经过几十年的发展，发展中国家发现自己可以从全球化过程中受益，特别是从中国的发展历程中看到了可从全球化过程中获得发展机遇，因此现在几乎所有的发展中国家，包括中国这样的中等收入国家，都支持全球化。从这个意义来讲，全球化不可逆转，多边主义不可逆转。我们生活在一个多边的世界，某些消极因素可能猖獗一时，但长远来讲，它们无法改变历史发展趋势。因此，我们的企业要想继续发展，仍然要有全球化思维，思考如何在全球市场更好地发展自己，更好地配置资源。

全球化的趋势不会改变，可能改变的是全球产业链重组。多元化产业链是今后的发展趋势和显著特征。全球产业链过多集中于某一国家或地区，可能会产生一些问题：当某一国家或地区出现问题，就容易出现断供。全球产业链重组主要表现在两个方面。首先，产业链重组呈现明显的区域性特征。产业链在重组时会考虑在地理位置上对自身的影响小一点，产业链不在自己国家的，也会尽可能放在离自己国家近的地方。因此，全球可能在三大区域——亚洲、欧洲与非洲、美洲——形成三大相对完整的生产供应体系。这三大区域都有较齐备的资源要素，如市场、资金、技术和廉价劳动力等，这些要素可以组合成一个完整的体系，形成"再全球化"。其次，根据成本和国际贸易关系的变化，产业链可能进行局部调整，一些企业会进行迁移，如一些跨国公司从中国转移至东南亚国家，有些公司会将产业布局在中国等。虽然全球产业链会出现局部调整，但基本的趋势和逻辑不会变，即中国的市场、发展机会、资源、基础设施、营商环境等会吸引更多公司。目前，我国的进出口增速双双"转正"。我们成功控制了疫情，实现了复工复产。其他国家受疫情影响，复工复产没那么顺利，这使得海外供给减少、需求增加，但当地的供给无法满足民众的需求，这些需求很大一部分就成为我们的外贸出口机会。因此，中国仍要继续扩大开放，大力发展外贸，继续做好国际循环，更好利用国际国内两个市场、两种资源，使国内市场和国际市场更好联通，实现更加强劲可持续的发展。

通过双循环迈向发展新征程

同美国等发达国家相比，我们在某些方面处于"锯齿型引领"状态。所谓"锯齿型"，即在某个领域"你有在前的，我有在后的"，但在另一个领域"我有在前的，你有在后的"，彼此各有千秋，各有长短，不再是我们完全落后，他们完全领先。因此，美国的一些政客企图抓住最后的时间窗口，想方设法以各种策略遏制中国（尤其是引领型）的发展。面临百年未有之大变局以及进入新发展阶段的内外形势变化，我们应继续保持高速或正常增长，保持 5 年、10 年、15 年、20 年稳定的经济增长，不断提高自身的经济发展水平。当那些国家意识到无法遏制中国的发展时，就会跟我们谈合作。此外，在国际形势逆风逆水的情况下，我们要形成全球化"黏合剂"，通过技术发展、技术进步连接全球，通过数字经济连接全球。在数字经济领域，只要那些国际不脱钩，只要继续在这条链上，我们就能继续发展，保持发展态势，还可以继续和它们交流，从而使得我国在国际多元体系中拥有更大的发言权，做更多的事情。

"十四五"期间，我们仍要把自己的事情做好，继续深化改革，扩大开放，利用我国庞大的市场，打通堵点，消除各种梗阻，畅通国内国际循环，保持经济持续稳定增长，解决我们面临的各种矛盾和冲突，立于不败之地。

前　言

中国经济高质量发展的重要动力

改革开放以来，随着经济发展水平迅速提升，我国的比较优势日趋明显，经济政策的重心已逐渐从国际循环向以国内循环为主转变。"供给侧结构性改革"和"畅通国民经济循环"基本解决了短期"三去"问题，中长期需要更加注重"一降一补"，"畅通国民经济循环"在时间维度和空间维度上也将进一步拓展。

2020年是全面建成小康社会和"十三五"规划收官之年，也是"十四五"规划启动之年，中国面临的国内外环境日益复杂。当今世界正经历百年未有之大变局，新一轮科技进步和产业变革正加速演进，新冠肺炎疫情仍在全球蔓延，经济全球化遭遇逆流，世界进入动荡变革期，单边主义、保护主义、霸权主义对世界和平与发展构成威胁。虽然我国已成功转向高质量发展阶段，制度优势明显，经济长期向好，但发展不平衡、不充分问题依然突出，重点领域、关键环节的改革任务仍然艰巨，整体创新能力还不能满足高质量发展的要求。

面对复杂的环境，要准确识变，科学应变，主动求变，要在危机中育先机，于变局中开新局。2020年5月14日，习近平主持中共中央政治局常务委员会议，首次提到双循环，指出要"构建国内国际双循环相互促进的新发展格局"。此后，习近平多次强调，要加快构建双循环新发展格局。党的十九届五中全会再次强调，要加快构建以国内大循环为主体、国内国际双循环相互促进的新发展格局。

加快构建双循环新发展格局，是适应我国社会主要矛盾变化、适应复杂外部环境变化、防范化解各类风险隐患的重要手段，是我国从快速发展的经济体向相对成熟的经济体转变、从投资主导型经济向消费主导型经济转变的重要抓手，是经济、社会、文化、生态等领域高质量发展的要求。当前，双循环新发展格局已录入"十四五"发展纲要，将成为"十四五"时期我国经济高质量发展的重要动力。

以国内大循环为主体，意味着要坚持供给侧结构性改革这条主线，使生产、分配、流通、消费更多依托国内市场，以生产激发循环动力，提升供给体系对国内需求的适配性，形成需求牵引供给、供给创造需求的更高水平动态平衡。同时，国内国际双循环相互促进，意味着要坚持开放，利用好国际市场，联通国内市场和国际市场，实现更加强劲可持续的发展。

本书从落实国家双循环新发展格局战略重点要求的角度出发，从畅通产业链、促进经济内循环、推动国内国际双循环的角度探索双循环战略实施的必要性和实施策略，并提出具体的政策建议。

本书共分五篇，具体如下。

第一篇——双循环：构建新发展格局。本部分系统介绍了双循环新发展格局的形成、发展及具体内涵，从扩大内需和坚持开放的角度探讨如何构建双循环新发展格局，通过分析日本应对美日贸易摩擦的策略，帮助读者对双循环新发展格局有一个直观的认识。

第二篇——畅通产业链，以生产激发循环动力。生产、分配、流通、消费作为国民经济运行的基本环节，是促进经济发展、畅通供给循环的关键。本部分介绍中国产业链面临的风险和国内大循环的七大梗阻，要想消除产业链梗阻，急需构建高质量发展的创新供给体系。只有通过畅通生产子循环，才能有效推动国内大循环。

第三篇——对内加快改革，提升供给体系对国内需求的适配性。在第二篇介绍的生产子循环的基础上，本部分从分配、流通、消费三个环节出发，介绍当前三个环节面临的主要问题和梗阻，提出消除梗阻的主要方式，帮助读者了解畅通国内大循环的主要手段。

第四篇——坚持双向开放，推动国内国际双循环。新发展格局不是封闭的国内循环，而是开放的国内国际双循环。本部分从扩大对外开放、推进制度创新、建设开放型世界经济、构建人类命运共同体等方面介绍我国推动国内国际双循环的部分策略，帮助读者了解国际大循环的重要性和实施措施。

第五篇——双循环新发展格局推动"十四五"经济高质量发展。党的十九届五中全会明确了"十四五"规划的重点方向，部署了"十四五"时期的重点任务。本部分在解读"十四五"规划建议的基础上,提出以双循环新发展格局推动"十四五"时期经济高质量发展的建议,并介绍了我国经济新的增长点、新业态和新模式,为我国经济行稳致远提供加速度。

  本书融合了中国(深圳)综合开发研究院多年积淀的关于中长期结构性问题的相关研究成果,新经济研究所、区域发展规划研究所、创新与产业研究中心、公共经济研究所、物流与供应链管理研究所、公共政策与政府绩效评估研究中心、产业经济研究中心,以及产业发展和城市规划中心等部门多次参与讨论并提出众多有价值的观点,同时,马朝良、李鑫钊和陈振华对本书的撰写贡献良多。希望本书能帮助读者深刻且全面地了解双循环战略,把握未来发展方向,顺势而为。

第一篇

双循环：构建新发展格局

2020年，在复杂的国内外环境下，我国提出双循环战略，要形成以国内大循环为主体、国内国际双循环相互促进的新发展格局。双循环新发展格局是新时代的战略选择，也是"十四五"时期我国经济发展的主线和重要指导思想。日本等发达国家在经济发展过程中，也经历了向"以内循环为主"发展模式的转变，为我国构建双循环新发展格局提供了宝贵经验。

第一章
系统认识双循环新发展格局

　　自2008年国际金融危机以来，我国经济已经在向以国内大循环为主体转变。从"供给侧结构性改革"到"畅通国民经济循环"，再到双循环战略，我国推动经济高质量发展的整体思路一直是做强国内市场，释放内需潜力，推动供给体系和需求结构相适应。当今世界正经历百年未有之大变局，我国发展的外部环境日趋复杂。我国提出经济双循环新发展格局，是顺应经济发展历史规律的战略抉择，更是我国经济迈向高质量发展的强国方针。双循环新发展格局是指以国内大循环为主体、国内国际双循环相互促进的新发展格局。双循环新发展格局以"内循环"促进双循环，要坚持扩大内需，使生产、分配、流通、消费更多依托国内市场，形成国民经济良性循环，要坚持供给侧结构性改革这条主线，提升供给体系对国内需求的适配性，打通经济循环堵点，提升产业链、供应链的完整性，通过畅通"生产"子循环，推动国内大循环。新发展格局是开放的国内国际双循环，要持续扩大开放，使国内市场和国际市场更好联通，实现更加强劲可持续的发展。

双循环新发展格局的形成与发展

近年来，我国经济已经在向以国内大循环为主体转变。通过实施"供给侧结构性改革"和"畅通国民经济循环"，一些短期问题已经基本解决，但一些中长期结构性问题始终未能有效突破。在国内外复杂多变的环境下，我国提出经济双循环战略，并在多次重点会议上得到进一步明确。"十四五"时期，双循环新发展格局将是经济高质量发展的重要支撑力量。

国际大循环向国内大循环转变

1987年，时任国家计委经济研究所副研究员王建向中央提出了"关于国际大循环经济发展战略的构想"，随后引起中央重视，并促进了"沿海发展战略"的提出。此后，我国在沿海地区大力发展外向型经济，基于低成本优势，充分利用国外市场参与国际大循环，侧重的是"两头在外"的循环，原材料和产成品的市场都在国外。尤其是在2001年加入WTO（世界贸易组织）后，我国全力加快开放步伐。作为一个发展中的大国经济体，在发展初始阶段采取这种发展战略是符合比较优势的，这种战略也的确取得了巨大成功，对我国经济社会发展发挥了积极促进作用。但"两头在外"的弊端也逐渐显现，外贸依存度在 2006 年达到峰值 64%。

随着经济发展水平迅速提升，我国比较优势发生重大改变，国内市场规模迅速增长，开放战略也发生了根本性变化。2006 年发布的"十一五"规划纲要指出，要立足扩大国内需求推动发展，把扩大国内需求特别是消费需求作为基本立足点，促使经济增长由主要依靠投资和出口拉动向消费与投资、内需与外需协调拉动转变。2011 年发布的"十二五"规划纲要进一步指出，构建扩大内需长效机制，促进经济增长向依靠消费、投资、出口协调拉动转变。2016 年发布的"十三五"规划纲要指出，要以供给侧结构性改革作为发展主线，实施制造强国战略；要以"一带一路"建设为统领，构建全方位开放新格局。经过多年的发展，我国外贸依存度显著下降，2019 年已降至 31.92%，经济政策的重心已逐渐从国际循环向以国内循环为主转变。

供给侧结构性改革、畅通国民经济循环向双循环转变

2015 年，中央经济工作会议提出供给侧结构性改革。会议指出，引领经济发展新常态，要努力实现多方面工作重点转变。其中，稳定经济增长，要更加注重供给侧结构性改革。习近平在 2016 年 1 月 26 日主持召开中央财经领导小组第十二次会议时强调，供给侧结构性改革的根本目的是提高

社会生产力水平，落实好以人民为中心的发展思想。要在适度扩大总需求的同时，去产能、去库存、去杠杆、降成本、补短板，从生产领域加强优质供给，减少无效供给，扩大有效供给，提高供给结构适应性和灵活性，提高全要素生产率，使供给体系更好适应需求结构变化。

2016年和2017年供给侧结构性改革以去产能作为工作重心，2018年在"三去"领域取得重大进展，去产能预设目标全部完成，但出现了新的问题，包括经济发展和金融领域出现的梗阻，供给侧结构性改革和扩大需求政策的平衡等。做好经济工作，必须聚焦主要矛盾。2018年12月21日闭幕的中央经济工作会议认为，我国经济运行主要矛盾仍然是供给侧结构性的，必须坚持以供给侧结构性改革为主线不动摇，更多采取改革的办法，更多运用市场化、法治化手段，在"巩固、增强、提升、畅通"八个字上下功夫。通则不痛，痛则不通。"畅通"在深化供给侧结构性改革、推动经济高质量发展上具有重要意义。同时，此次中央经济工作会议也首次明确提出，要畅通国民经济循环，加快建设统一开放、竞争有序的现代市场体系，提高金融体系服务实体经济能力，形成国内市场和生产主体、经济增长和就业扩大、金融和实体经济良性循环。

2019年政府工作报告指出，促进形成强大国内市场，持续释放内需潜力。充分发挥消费的基础作用、投资的关键作用，稳定国内有效需求，为经济平稳运行提供有力支撑。更多采取改革的办法，更多运用市场化、法治化手段，巩固"三去一降一补"成果，增强微观主体活力，提升产业链水平，畅通国民经济循环，推动经济高质量发展。2019年12月，中央经济工作会议强调，释放国内市场需求潜力，供给侧结构性改革的重点转向了"补短板、强弱项"，为"畅通国民经济循环"提供了政策抓手。

"供给侧结构性改革"和"畅通国民经济循环"都是为了解决新老矛盾交织的周期性、结构性问题，推动供给体系和需求结构相适应。作为短期问题的"三去"基本完成，转向中长期改革，需要更加注重"一降一补"。"补短板"任重道远，特别是在现代产业体系中，补核心技术短板，补产业链、供应链关键环节短板，仍需加大投入。要增强产业链韧性，保持经济平稳发展，提高对产业链的掌控力，就要求补短板与锻长板并举。

2020年初，中国面临的国内外环境日益复杂。中美贸易摩擦持续升级，外部约束明显增强，特别是产业链循环面临被阻断风险。美国竭力对中国高科技企业进行打压，试图削弱中国在技术进步方面的后发优势。新冠疫情在全球蔓延，国际格局正在加速变化。国际上贸易保护主义和单边主义盛行，国内正处于经济结构改变、优化与转变增长动能的攻坚期，大量国内中长期结构性问题始终未能有效突破。在国内外复杂多变的环境下，"畅通国民经济循环"从空间维度和时间维度上都进行了调整，拓展成为双循环战略。我国提出经济双循环战略，是顺应经济发展历史规律的战略抉择，更是我国经济迈向高质量发展的强国方针。

双循环新发展格局的发展

2020年5月14日，习近平主持中共中央政治局常务委员会会议，并发表重要讲话。会议指出，要深化供给侧结构性改革，充分发挥我国超大规模市场优势和内需潜力，构建国内国际双循环相互促进的新发展格局。要发挥新型举国体制优势，加强科技创新和技术攻关，强化关键环节、关键领域、关键产品保障能力。

5月23日，习近平看望参加全国政协十三届三次会议经济界委员并参加联组会。他深刻分析国内国际形势，指出面向未来，我们要把满足国内需求作为发展的出发点和落脚点，逐步形成以国内大循环为主体、国内国际双循环相互促进的新发展格局。

7月21日，在企业家座谈会上，习近平进一步阐释了提出构建这一新发展格局的主要考虑，并强调了"大循环"与双循环的内在逻辑关系。在当前保护主义上升、世界经济低迷、全球市场萎缩的外部环境下，我们必须充分发挥国内超大规模市场优势，通过繁荣国内经济、畅通国内大循环为我国经济发展增添动力，带动世界经济复苏。

7月30日，习近平主持中共中央政治局会议。会议指出，当前经济形势仍然复杂严峻，不稳定性不确定性较大，我们遇到的很多问题是中长期的，必须从持久战的角度加以认识，加快形成以国内大循环为主体、国内国际双循环相互促进的新发展格局，建立疫情防控和经济社会发展工作中长期协调机制，坚持结构调整的战略方向，更多依靠科技创新，完善宏观调控跨周期设计和调节，实现稳增长和防风险长期均衡。

8月20日在安徽主持召开扎实推进长三角一体化发展座谈会、21日听取安徽省委和省政府工作汇报时，习近平又对加快形成新发展格局提出极具针对性的具体要求，要率先形成新发展格局。在当前全球市场萎缩的外部环境下，我们必须集中力量办好自己的事，发挥国内超大规模市场优势，加快形成以国内大循环为主体、国内国际双循环相互促进的新发展格局。

8月24日，在经济社会领域专家座谈会上，习近平从谋划"十四五"时期经济社会发展的高度对构建新发展格局和相关的一系列重大问题进行了系统阐述。以畅通国民经济循环为主构建新发展格局，新发展格局是根据我国发展阶段、环境、条件变化提出来的，是重塑我国国际合作和竞争新优势的战略抉择。

9月1日，习近平主持召开中央全面深化改革委员会第十五次会议，又从改革的角度提出要求，强调为构建新发展格局提供强大动力。他强调，加快形成以国内大循环为主体、国内国际双循环相互促进的新发展格局，是根据我国发展阶段、环境、条件变化做出的战略决策，是事关全局的系统性深层次变革。

10月14日，习近平在深圳经济特区建立40周年庆祝大会上发表讲话。他指出，新发展格局不是封闭的国内循环，而是开放的国内国际双循环。要优化升级生产、分配、流通、消费体系，深化对内经济联系、增加经济纵深，增强畅通国内大循环和联通国内国际双循环的功能，加快推进规则标准等制度型开放，率先建设更高水平开放型经济新体制。越是开放越要重视安全，统筹好发展和安全两件大事，增强自身竞争能力、开放监管能力、风险防控能力。

10月26日至29日，中国共产党第十九届中央委员会第五次全体会议在北京举行，审议通过了《中共中央关于制定国民经济和社会发展第十四个五年规划和二〇三五年远景目标的建议》。全会提出，以深化供给侧结构性改革为主线，以改革创新为根本动力，以满足人民日益增长的美好生活需要为根本目的，统筹发展和安全，加快建设现代化经济体系，加快构建以国内大循环为主体、国内国际双循环相互促进的新发展格局。全会还提出，形成强大国内市场，构建新发展格局。坚持扩大内需这个战略基点，加快培育完整内需体系，把实施扩大内需战略同深化供给侧结构性改革有机结合起来，以创新驱动、高质量供给引领和创造新需求。要畅通国内大循环，促进国内国际双循环，全面促进消费，拓展投资空间。

10月30日，国务院总理李克强主持召开国务院党组会议，学习贯彻党的十九届五中全会精神，研究做好下一步工作。会议指出，"十四五"时期，以推动高质量发展为主题，以深化供给侧结构性改革为主线，加快构建以国内大循环为主体、国内国际双循环相互促进的新发展格局。

双循环新发展格局已经录入"十四五"发展纲要，将成为"十四五"时期我国经济高质量发展的重要动力。

双循环新发展格局的内涵

双循环新发展格局是指以国内大循环为主体、国内国际双循环相互促进的新发展格局。双循环是从"两头在外"的发展模式，转向"以内为主、内外互促"的新发展格局。以国内大循环为主体,意味着要坚持扩大内需这个战略基点,坚持供给侧结构性改革这条主线,加快培育完整内需体系,使生产、分配、流通、消费更多依托国内市场,提升供给体系对国内需求的适配性,打通经济循环堵点,提升产业链、供应链的完整性,以生产激发循环动力,使国内市场成为最终需求的主要来源,形成需求牵引供给、供给创造需求的更高水平动态平衡。同时,国内国际双循环相互促进,意味着要坚持开放,利用好国际市场,联通国内市场和国际市场,实现更加强劲可持续的发展。

"十四五"时期是世界百年未有之大变局深刻演变的关键期,是中国全面开启现代化强国建设新征程的起步期。在十九届五中全会提出的"十四五"规划要点中,除了实现经济高质量发展、优化经济结构、提升创新能力等传统目标外,"加快构建以国内大循环为主体、国内国际双循环相互促进的新发展格局"首次录入纲要。双循环新发展格局,是"十四五"期间推动经济高质量发展的核心逻辑。

第一,双循环是"生产循环"受阻,产业链存在断供风险,应对国内外形势结构性转变的战略调整。双循环强调"更加安全",强调安全和发展的统筹。2017年10月,习近平在党的十九大报告中明确提出了中国经济"已由高速增长阶段转向高质量发展阶段"的重要判断,并把"更高质量、更有效率、更加公平、更可持续"作为未来发展的目标。进入新发展阶段,国内外环境的深刻变化既带来一系列新机遇,也带来一系列新挑战,是危机并存、危中有机、危可转机。2020年8月24日,习近平在经济社会领域专家座谈会上指出，要努力实现更高质量、更有效率、更加公平、更可持续、更为安全的发展。"安全""产业链安全"变得尤为重要。

以往面向国际大循环，外贸出口比重高，且"两头在外，大进大出"。这是全球化分工的结果，我国也分享了这个红利。我国制造业增加值规模在全球制造业中的占比近30%，但制造业发展受制于全球产业链的原有分工，发达国家占据产业链、价值链高端，我国大部分则在中低端，质量一直不是很高，很多关键零部件和高端产品都要靠进口。一些战略物资和关键技术领域对外依存度过高，大量关键核心技术受制于人，存在因国外断供而造成国内产业链瘫痪的风险。

在能源与原材料方面，天然气、石油、铜矿等对外依存度都过高，2019年中国石油对外依存度高达71%，铜精矿对外依存度为76%，铁矿石对外依存度已近90%。在粮食方面，大豆、猪肉等也都主要依赖进口，2019年大豆对外依存度高达83%。在芯片和操作系统等关键技术领域，更是基本依赖国外，自身供给能力不足，每年仅芯片进口金额就超过3000亿美元。在外部完全断供后，中国可能面临"能源安全""粮食安全""科技安全"等问题。以芯片行业为例，自2020年9月15日开始，华为芯片断供全面生效。受美国制裁影响，海思IPC（进程间通信）芯片也出现供货紧张情况，安防芯片缺口变大，一些分销商、代理商开始囤货，甚至下游应用市场中的摄像机等相关产品也开始涨价，缺货、囤货、涨价等问题迅速席卷整个产业链，严重影响了产业链安全。

因此，为应对国内外形势结构性转变，我国加快实施以国内大循环为主体的双循环战略。国内大循环是包括生产、分配、流通、消费各个环节的循环畅通，大循环的主体是畅通产业链，要以生产激发循环动力。维护产业链、供应链安全，强化关键领域、关键技术、关键产品的保障能力，才能为双循环良性互动提供强力支撑。国内大循环，要优化全产业链协调发展，包括推动金融、房地产同实体经济均衡发展，实现上下游、产供销有效衔接，促进国内各个环节、各个产业、各个部门之间的畅通，促进农业、制造业、服务业、能源资源等产业门类关系协调。

第二，双循环要着力增强自主创新能力，要"补短板""锻长板"，提升产业链现代化水平。考虑到国际循环可能会发生一些极端现象，为减轻这种状况的冲击，必须补齐相关短板，维护产业链、供应链安全稳定，提升产业基础能力和产业链现代化水平。供给侧要补短板，一定意义上就是进口替代。要对原有依赖外需的产业链及企业加强内需挖掘和政策扶持，对依赖进口的产业链做好储备补充和进口替代。对于过去不能做的，依靠国际循环，容易受断供导致循环断裂的"卡脖子"技术，要加快"补短板"，至少要有备胎。要加大科技创新，从强调技术引进和消化向强调自主创新和自主研发转变，要发挥新型举国体制优势，加快推进数字经济等前沿领域的科技创新和产业发展，加快关键核心技术攻关，解决"卡脖子"问题，减少对国际市场的过度依赖。

中国是全球唯一拥有联合国产业分类中全部工业门类的国家，是第一制造业大国。我国经济已由高速增长阶段转向高质量发展阶段，但区域之间、产业之间的发展仍存在不平衡、不充分的问题。推动国内大循环，更要通过"锻长板"提升产业链整体水平，在构建现代产业体系中"锻长板"，在区域差异化发展中打造区域新长板，促进区域间产业链、供应链协作，为沿海产业向内陆及西部地区转移创造条件，构建安全可靠、富有弹性和韧性的产业链、供应链体系，促进经济高质量发展。

第三，双循环不仅要扩大内需，更要提高供给侧与需求侧的适配性。双循环更重要的是供给侧的循环要畅通，更多的是供给侧的问题，主要是供给侧如何使得产业链、供应链能够更好地循环。

一方面，要坚持扩大内需，促进消费。美国、日本等发达国家的经济增长规律显示，在发展水平到达一定阶段后，都会逐步从以国际循环为主的模式转变为以国内需求为主的模式。超大规模市场是联通国内国际市场、推动形成双循环新发展格局的关键优势，当前我国人均GDP超过一万美元，中等收入群体超过4亿，内需潜力有待进一步激发。要坚持扩大内需这个战略基点，加快培育完整内需体系。改革收入分配制度，增加居民收入，优化社会分配结构，充分利用国内超大规模、多层次、多元化的内需市场，提高大众消费能力。

另一方面，要提高供给侧与需求侧的适配性。改善供给和扩大内需是相辅相成的，供给方的技术性和制度性制约是影响内需的重要因素，内需升级需要供给升级支持，新供给又会创造新需求、新就业。习近平指出，要坚持供给侧结构性改革这条主线，使生产、分配、流通、消费更多依托国内市场，提升供给体系对国内需求的适配性，以高质量供给满足日益升级的国内市场需求。

在很多领域，国内的供给体系和需求体系尚不能完全适配。如医疗、养老、教育等供给长期不足，这些需求甚至成为其他国家的重要增长动力。商务部的数据显示，2018年，中国游客出境1.5亿人次，境外消费达1200亿美元，人均单次境外消费约800美元。双循环要不断升级内需体系，更要不断优化供给体系。在坚持扩大内需的同时，把实施扩大内需战略同深化供给侧结构性改革有机结合起来，提升供给体系对国内需求的适配性，以创新驱动、高质量供给引领和创造新需求，形成需求牵引供给、供给创造需求的更高水平动态平衡。提升对中高端消费的供给能力和质量，弥补中高端消费领域的供给短板，推动消费结构升级。

第四，双循环要继续推动供给侧结构性改革和经济体制改革。供给侧、产业链、供应链等都面临各种堵点、各种梗阻，双循环新发展格局要继续推动改革，消除梗阻。十九届五中全会指出，"十四五"时期经济社会发展主要目标包括：改革开放迈出新步伐，社会主义市场经济体制更加完善，高标准市场体系基本建成，市场主体更加充满活力，产权制度改革和要素市场化配置改革取得重大进展，公平竞争制度更加健全，更高水平开放型经济新体制基本形成。"十四五"时期经济社会发展指导思想和必须遵循的原则包括"以深化供给侧结构性改革为主线"。畅通国内大循环，客观上要求提高供给的安全性和可持续性，供给侧结构性改革的短期"三去"已经基本完成，中长期改革要更加注重"一降一补"。要加快要素市场化改革，优化要素配置效率，推动经济高质量发展。

过去40多年，我国要素市场化改革相对滞后，存在很多不对称市场化改革的弊端。要促进国内大循环，必须打破市场上各种显性与隐性的要素流通障碍，促进要素自由流动来塑造国内统一大市场。2020年4月9日，中共中央、国务院印发《关于构建更加完善的要素市场化配置体制机制的意见》，是新时代推进经济体制改革和供给侧结构性改革的重要成果，对促进国内大循环有显著推动作用。实施双循环，要完善扩大内需的政策支撑体系，破除妨碍生产要素市场化配置和商品服务流通的体制机制障碍，降低全社会交易成本。

第五，双循环要继续保持开放。内循环并不是对外循环的否定，双循环要实现国内国际双循环相互促进，不是仅进行国内大循环，更不是闭门造车，国际大循环最终循环的是知识，是技术。要坚持全球化，要坚持多边主义，努力参与各种双边、区域与全球性多边合作，在国际大循环中发展壮大自身实力。要继续保持开放，保持在全球市场上的竞争力，使得科研创新、科技创新能够真正起作用。要立足国内大循环，发挥比较优势，协同推进强大国内市场和贸易强国建设，以国内大循环吸引全球资源要素，充分利用国内国际两个市场两种资源，积极促进内需和外需、进口和出口、引进外资和对外投资协调发展，促进国际收支基本平衡。

双循环是新时代的战略选择

当今世界正经历百年未有之大变局，中美贸易摩擦持续升级，新冠疫情仍在全球蔓延，我国发展的外部环境日趋复杂。加快构建以国内大循环为主体、国内国际双循环相互促进的新发展格局，是适应我国社会主要矛盾变化、适应复杂外部环境变化、防范化解各类风险隐患的重要手段，是经济、社会、文化、生态等各领域都要体现高质量发展的要求，更是我国当前和未来较长时期内经济发展的战略方向。

中美贸易摩擦持续升级，加剧逆全球化浪潮

经贸摩擦是指在国际贸易往来的过程中，由于一国的持续顺差、另一国的持续逆差，或一国的贸易活动触及或伤害另一国的产业引起的贸易壁垒、贸易封锁及反封锁活动。经贸摩擦是大国崛起和竞争的伴生物，是霸权国与新兴大国竞争最初的表现。从历史经验看，经贸摩擦也涉及技术创新、货币等国家硬实力的竞争，这些都是大国霸权竞争的重要内容和手段。大国经贸摩擦的范围也会从双方蔓延到各自的殖民地、同盟国等，形成同盟之间的摩擦和竞争。大国竞争中双方根据各自实力不同的阶段表现出壁垒型、保护型、封锁型三种贸易摩擦形式。

美国经贸摩擦历史悠久

在美国崛起并在全球占据主导地位的过程中，已参与或发起过多次经贸摩擦，包括英美经贸摩擦、美苏经贸摩擦、美日经贸摩擦、美欧经贸摩擦等。

1. 英美经贸摩擦

英美早期经贸摩擦发生于美国独立至1812年战争期间。美国独立之初，英国力图将政治殖民变为经济殖民，向美国倾销工业产品。为应对倾销，保护本土幼稚产业，美国建立统一关税制度。1789年美国新宪法赋予国会全国的贸易和关税管辖权，同年美国出台《吨位税法案》，依据吨位对进入美国港口的船只征税。美国借助中立国地位，在英法相互封锁期间扩大转口贸易，谈判中妥协双方开放。在英国限制纺织机械和技术资料出境的情况下，美国棉纺厂通过吸引英国纺织厂技术骨干，以模仿、盗版等方式，获取了棉纺织机、动力织布机等技术，为大规模工业化生产奠定了技术基础。

1816年至南北战争时期，美国以"国家安全"的名义不断提高关税，以《厌恶关税法》高筑关税保护墙，推行"门罗主义"形成美洲同盟，以专利法和高额补贴吸引英国技术移民。至1860年，自英国移民美国的机械师超过40万人，带来的资本超过4亿美元。英国则以自由贸易应对并加强对美国的技术管控。美国积极推动本土棉纺、钢铁等产业发展，同时利用英国向自由贸易转向的政策契机，保持传统原材料、农产品出口优势的同时，扩大了工业制成品对欧洲的出口，基本实现工业化，实现了对英国的追赶。

南北战争至第一次世界大战前夕，美国在高关税保护下实现"第二次工业革命"，取代英国成为"世界工厂"。南北战争前夕，美国通过《莫里尔关税法案》，再次大幅提高了关税。南北战争期间，为筹集战争费用，关税进一步提高，美国应税进口产品平均税率达到 48%。南北战争后，为偿还巨额战争债务，战争"临时"关税成了新常态，并持续数十年。1890 年的《麦金莱关税法案》、1897 年的《丁利关税法案》都大幅提高了关税。高额关税刺激了美国国内产业的发展，促使英国等很多企业主将工厂和设备搬迁至美国，使美国建立了完整的工业体系。1890 年，美国的工业产出已相当于英法德的总和。1897 年，美国第一次变成贸易顺差国。到 1913 年，美国的工业产出已占全世界 36% 的份额，而英国则降至 14%，美国取代英国成为"世界工厂"。

两次世界大战期间，为应对战争消耗及美国关税壁垒，英国政策由自由贸易转向贸易保护。美国设置贸易壁垒应对经济危机，导致大萧条的发生。通过出台《互惠贸易协定法案》，推行双边互惠贸易，率先同美洲国家签订互惠贸易协定。英国通过帝国特惠制反制，但因两次世界大战国力消耗，国际贸易和金融的主导地位被美国取代。

2. 美苏经贸摩擦

为协助西欧盟国恢复经济，遏制苏联扩张势力范围，美国于 1948 年通过《对外援助法》，实施马歇尔计划。1949 年，美、英、法、德、意、日、澳、加等 17 个主要西方国家成立"巴黎统筹委员会"，出台《出口管制法》，对以苏联为首的社会主义国家实行禁运。通过马歇尔计划和巴黎统筹委员会，美国对苏联实施全面经济封锁，构建全方位的遏制体系。对于部分中立国家，美国也通过长臂管辖，禁止其与苏联开展战略物资和高新技术贸易。

1969年，尼克松上台后，对苏联实施"诱导式经济外交"，美国放松了对一般技术和物品的出口限制，美苏粮食贸易和能源贸易快速扩大。美国进而将粮食和石油作为制裁武器，操纵国际粮食和石油市场打击苏联经济。

1979年苏联入侵阿富汗以后，美国开始对苏联实行覆盖众多领域的经济制裁。美国分别在高端技术、农产品、军事设备、电子、通信、化工、机械、自动化设备等领域对苏联实行禁止贸易、出口配额、中止投资等严厉政策，以阻止苏联的技术进步与实力提升，并要求第三方国家对苏联相关领域的出口必须经过美国的许可。苏联的石油经济受到严重打击，外汇严重缩水，卢布大幅贬值，经济崩溃。苏联解体后，美国进一步借助金融自由化设立金融机构购置独联体国家的实体资产。

3. 美日经贸摩擦

第二次世界大战之后日本经济二次崛起，产业不断升级，出现技术赶超，对美国产品的国内外市场带来压力，对美长期贸易顺差。从纺织、钢铁、家电到汽车和半导体等产业，日本在引进消化的基础上，技术上对美国形成赶超，相关产品占据全球很大的市场份额，甚至将美国产品赶出美国市场。伴随着日本崛起成为贸易强国，美国频繁利用《1974年贸易法》中的"301条款"，在各个领域不断对日本发动"301调查"，其波及范围包括从农产品、轻工业产品到半导体的广泛领域。因是美国的附属国，日本选择退让，很多领域逐步主动退出美国市场或进行产业转型。

"301调查"大多由美国的行业协会牵头发起并宣称日本在该行业领域设置壁垒，随后美国政府通过各种手段对日交涉，要求日本开放相应国内市场。这一时期，美国不止一次对日关税威胁付诸实际行动。虽然美日双方有激烈的讨价还价，但美国对日本施压最终都以日本做出让步而告终，美日贸易摩擦从未上升为两国的全面贸易战。1985年，在美国压力下，日本参与签订《广场协定》，日元对美元大幅度升值。日本在货币升值的情况下为了维持经济增长，不遗余力地执行宽松政策，最终导致泡沫经济的膨胀与破裂。20世纪90年代，陷入严重经济停滞的日本不再是美国贸易保护主义的重点目标。

4. 美欧经贸摩擦

1967年欧共体成立后，西欧国家的实力得到进一步增强，使美国感受到国际经济竞争上的压力，因此美国开始借助自身实力限制欧洲贸易发展。美欧在农产品、公共采购、钢铁及航空领域出现利益冲突，但以多边贸易框架相互妥协。20世纪90年代美欧在公共采购领域出现贸易摩擦，双方最终就机电设备市场的开放达成一致，但在部分领域仍互相制裁。20世纪末至今，航天领域的贸易摩擦集中于非法补贴，但仍在WTO多边机制下得到解决。美欧庞大的双边投资和经贸往来构筑了坚实利益关系，双方经贸摩擦主要集中于反补贴和反倾销，没有出现结构性矛盾，贸易摩擦的问题可控且在相互让步中解决。

中美经贸摩擦越发频繁

1. 中国对美贸易顺差加大

改革开放以来，中国经济增长迅速，中美GDP差距越来越小。1979

年，中国GDP约为0.18万亿美元，而美国GDP达2.63万亿美元，中国GDP仅相当于美国的6.8%。从1994年开始，中国占美国GDP比重首次超过10%。此后，中国经济发展进入"快车道"，2006年中国占美国GDP比重达到19.9%。仅两年后的2008年，中国占美国GDP比重便达到31%。2008年全球经济危机以来，美国的经济增长速度放缓，而中国仍保持可观的经济增长率，两国的GDP差距进一步缩小。2019年，美国GDP达21.4万亿美元，中国GDP约为14.3万亿美元，规模已达美国的66.8%。

自20世纪80年代中期开始，美国对华贸易开始出现逆差。其后，美国对华货物贸易逆差整体上呈逐年增长趋势。进入21世纪后，中国对美顺差增速大幅增长，由2000年的830亿美元迅速增长至2008年的2680亿美元。2018年，中国对美出口4784.2亿美元，增长11.3%；进口1551亿美元，增长0.7%，对美贸易顺差3233.2亿美元，同比扩大17.2%，是自2006年以来的最高纪录。

美中之间逐步增长的巨额逆差成为美国政府挑起贸易摩擦的主要理由之一。一直以来，美国对中国实行高技术出口管制，也是逆差持续扩大的重要因素。美国国会于1990年和1991年通过了《对外关系授权法》禁止用中国火箭发射美国制造的商用卫星。1998年，美国众议院发布《考克斯报告》，美国政府对中国的高科技禁运政策更趋收紧。2007年，美国商务部出台《关于修订与阐释对华出口与再出口管制措施的规定》，进一步扩大了向中国出口的物质管控范围。2017年12月18日，特朗普发布了上任以来第一份《国家安全战略报告》，认为，"中国的军事现代化和经济增长在一定程度上是由于它利用了美国的经济创新，包括美国的世界一流大学；随着竞争对手（中国和俄罗斯）将来自个人和商业来源的信息与基于人工智能（AI）和机器学习的情报收集和数据分析能力整合起来，美国国家安全面临的风险将会增加"。美国总统科学技术咨询委员会发布的《确保美国半导体的领导地位》等战略文件，均把矛头指向中国的科技领域，认为一个科技发展的中国对美国具有威胁，这进一步助推了美国对华科技管制的趋势。

2. 中美经贸摩擦迅速升级

2017年8月18日，美国贸易代表罗伯特·莱特希泽声称，将根据"301条款"，在涉及技术转让、知识产权和创新领域对中国进行调查。2018年3月22日，特朗普签署总统备忘录，宣布将对中国商品征收至少500亿美元关税。自此之后，中美经贸摩擦不断升级。2018年7月6日、8月23日和9月24日，美国连续对中国输美商品加征关税。随后中美双方开始进行多轮谈判。2019年5月9日，美国政府宣布，自2019年5月10日起，对从中国进口的2000亿美元清单商品加征的关税税率由10%提高到25%。2019年8月15日，美国政府宣布，对自华进口的约3000亿美元商品加征10%关税，分两批自2019年9月1日、12月15日起实施。美国相关措施导致中美经贸摩擦持续升级，损害了中美及其他国家的利益。

针对美方的措施，中方被迫采取反制措施。2018年6月16日，国务院关税税则委员会宣布，将在7月6日对原产地是美国的500亿美元商品加征 25% 关税。2018 年 8 月 8 日，国务院关税税则委员会发布《关于对原产于美国约 160 亿美元进口商品加征关税的公告》，自 2018 年 8 月 23 日 12 时 01 分起实施加征关税。2018 年 9 月 18 日，国务院关税税则委员会发布《关于对原产于美国约 600 亿美元进口商品实施加征关税的公告》，自 2018 年 9 月 24 日 12 时 01 分起加征关税。2019 年 5 月 13 日，国务院关税税则委员会决定，自 2019 年 6 月 1 日 0 时起，对原产于美国的部分进口商品提高加征关税税率。2019 年 8 月 23 日，国务院关税税则委员会决定，对原产于美国的 5078 个税目、约 750 亿美元商品，加征 10%、5% 不等关税，分两批自 2019 年 9 月 1 日 12 时 01 分、12 月 15 日 12 时 01 分起实施。

北京时间 2020 年 1 月 16 日，中美双方在美国华盛顿签署《中华人民共和国政府和美利坚合众国政府经济贸易协议》，包括知识产权、技术转让、食品和农产品贸易、金融服务、宏观经济政策与汇率问题和透明度、双边评估和争议解决机制，以及最终条款等内容。这份协议对于缓和贸易摩擦紧张局面、消除市场不确定性起到了积极作用，是能稳定预期、增强信心、创造机遇、促进繁荣的协议。

新冠疫情在全球蔓延，加快国际格局变革

我国已经取得抗击新冠疫情的阶段性胜利，但目前新冠疫情仍在全球持续蔓延，全球产业链、供应链受到较大冲击。疫情加快全球各国结构性

洗牌，后疫情时代全球格局将发生重大变革，并呈现一些新变化。

新冠疫情仍在全球蔓延

2019年底暴发的新冠肺炎疫情，目前仍在全球蔓延（见图1-1和图1-2）。2020年5月14日，世界卫生组织表示，新冠病毒可能成为长期问题，很难预测何时可以战胜病毒。分阶段看，2019年底至2020年3月，疫情主要在中国境内暴发、传播；从3月中旬开始，境外病例逐渐增多，确诊和死亡病例数相继超过中国，欧洲、美国等地成为"第二波疫情地区"；从4月开始，土耳其、俄罗斯、印度等新兴经济体疫情形势恶化。目前，

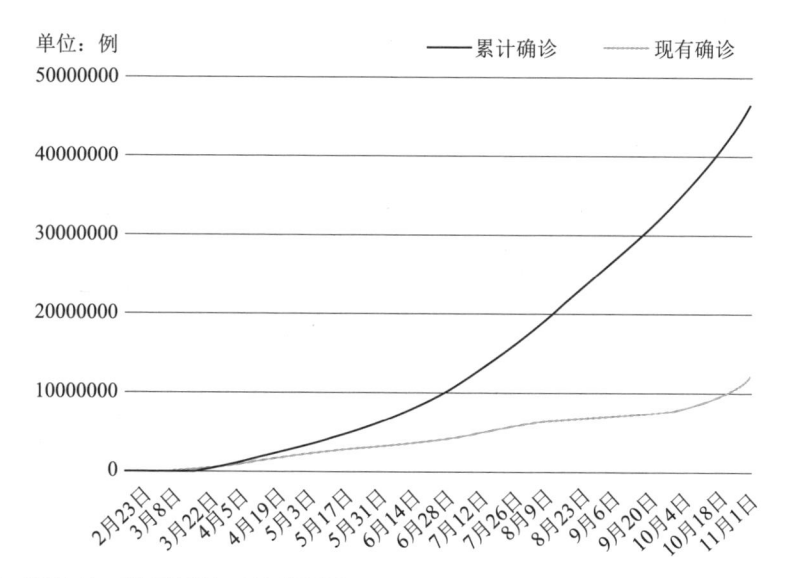

图1-1　2020年，国外累计确诊、现有确诊趋势
资料来源：百度疫情实时大数据报告

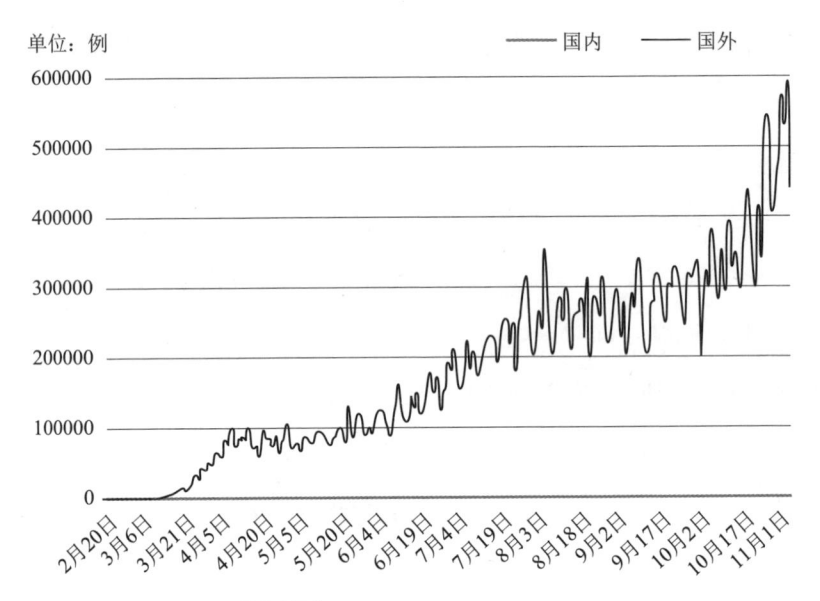

图1-2 2020年，国内、国外新增确诊趋势
资料来源：百度疫情实时大数据报告

我国新冠疫情防控工作已取得阶段性胜利，复工复产情况良好。从2020年前三个季度GDP同比增速来看，全国仅有5个省、市、区尚未实现转正，其他省、市、区均已实现正增长。美国已成为全球感染新冠病例和死亡病例最多的国家，截至11月1日，美国仍有超过300万例确诊病例，已死亡23万例。近期，欧洲、南美多国疫情再度告急。当地时间2020年10月28日，德国和法国先后宣布，将进行全国"封城"，西班牙三大区达成大区边界封锁协议，希腊再有两地因疫情升为"红色危险级"而被封锁。

中国经济恢复势头良好

2020年前三个季度，全国各地区各部门统筹疫情防控和经济社会发展，认真贯彻落实党中央、国务院决策部署，生产生活秩序逐步好转，复工复产成效显著，经济运行稳步恢复，经济增长由负转正。前三个季度，我国GDP为722786亿元，按不变价格计算，比2019年同期增长0.7%，累计增速年内首次实现由负转正。截至10月30日，全国31省市均公布了2020年前三个季度经济数据。除湖北、内蒙古、黑龙江、辽宁和上海外，26个省市GDP累计增速逐步摆脱负增长区间。15个省市GDP增速超2.0%，西藏GDP增速最高达6.3%。广东、江苏、山东继续坐稳全国前三强，GDP总量分别为78397.07亿元、73808.8亿元、52186.01亿元（见表1-1）。

表1-1 2020年前三个季度全国各地区GDP及同比增速

排名	地区	GDP（亿元）	同比增速
	全国	722786	0.7%
1	广东	78397.07	0.7%
2	江苏	73808.8	2.5%
3	山东	52186.01	1.9%
4	浙江	45826	2.3%
5	河南	39876.71	0.5%
6	四川	34905	2.4%
7	福建	31331.55	2.4%
8	湖南	29780.59	2.6%
9	湖北	29779.42	−10.4%
10	安徽	27668.1	2.5%

续上表

排名	地区	GDP（亿元）	同比增速
11	上海	27301.99	-0.3%
12	河北	25804.4	1.5%
13	北京	25759.5	0.1%
14	陕西	18681.48	1.2%
15	江西	18387.8	2.5%
16	辽宁	17708	-1.1%
17	重庆	17707.1	2.6%
18	云南	17539.76	2.7%
19	广西	15999.07	2.0%
20	贵州	12650	3.2%
21	山西	12499.9	1.3%
22	内蒙古	12320	-1.9%
23	天津	10095.43	0.0%
24	新疆	9819.94	2.2%
25	吉林	8796.68	1.5%
26	黑龙江	8619.7	-1.9%
27	甘肃	6444.3	2.8%
28	海南	3841.31	1.1%
29	宁夏	2796.02	2.6%
30	青海	2170.13	1.2%
31	西藏	1308.32	6.3%

由于疫情冲击，年内全国财政政策力度前所未有，财政部等部门已出台一系列减税降费措施。2020年前8个月，全国实现减税降费18772.86亿元，其中，新增减税降费11711.34亿元，对纾解企业困难、稳定市场主体、

支持复工复产和经济平稳运行发挥了重要作用。对地方政府而言，年初疫情余波未消叠加加速落地的减税降费措施，实现财政收支平衡压力仍很大。当前，广东、江苏、浙江、云南和河南 5 省前三个季度地方一般公共预算收入增速实现转正，分别达到 0.14%、1%、1.7%、1.6% 和 1.9%。

2020 年第一季度，我国进出口总额同比下降 8.4%，其中出口降幅达 13.3%，对主要贸易伙伴的出口均明显下降。在多项战略及政策支持下，前三个季度，全国货物进出口总额 231151 亿元，同比增长 0.7%，增速年内首次由负转正，贸易结构继续改善。

国际格局发生巨大变化

新冠疫情是影响当前全球经济格局走向的重大外部冲击。一方面，世界经济遭遇重挫，全球需求市场萎缩。国际货币基金组织发布的《世界经济展望报告》预测，2020 年全球经济将萎缩 4.9%，其中发达经济体将萎缩 8%，新兴市场和发展中经济体将萎缩 3%。另一方面，新冠疫情加剧各国之间的结构性洗牌，大国博弈不断，后疫情时代全球格局变革恐难以避免，并呈现一些前所未有的新变化。

中美战略博弈将进一步激化。2020 年 2 月，美国的失业率仅为 3.5%，是 50 年来的最低水平，但受疫情影响，4 月失业率已高达 14.7%，是大萧条以来的最高水平（见表 1-2）。根据 OECD（经济合作与发展组织）全球价值链数据统计，美国制造业产量有 6.5% 从中国进口。美国近年来一直推行制造业回流战略，在美国从亚洲进口的制造业产品中，中国的份额由

2013年的67%降至2019年的56%，并在东南亚和拉美等地寻求替代进口市场。东亚国家在抗疫中表现出的文化共性，令美国产生了危机感。疫情期间，旅行禁令、入境管控、进出口限制等措施更是导致生产和贸易活动处于放缓或半停滞状态。美国政府多次使用"甩锅""索赔"等手段，对中国加大战略施压，将疫情政治化，对他国污名化。美国政府诿过别国从而转移矛盾的做法，进一步扩大了中美关系的裂痕。美国政府积极鼓励企业迁出中国，5月26日，美国白宫国家经济会议主席拉里·库德洛公开表示，美国政府应通过支付全额搬迁费用的方式帮助美国企业将生产线迁出中国。疫情期间，美国采取多种手段，强化对中国的科技遏制。

表1-2　2020年1—9月美国失业率

月份	1月	2月	3月	4月	5月	6月	7月	8月	9月
失业率	3.6%	3.5%	4.4%	14.7%	13.3%	11.1%	10.2%	8.4%	7.9%

资料来源：相关网站整理

疫情冲击下，产业链竞争将更加激烈，区域分工将会加速替代全球分工。产业链集群是根据市场需要，综合考虑交通物流、地缘性、人才等因素形成的。疫情冲击下，生产基地与消费市场之间距离越远、布局越分散，面临的风险越大。地理和地缘性等因素在国际合作中将占据更重要的地位，区域合作、经济一体化可能加速。疫情反映了某个地区的文化共性，以中、日、韩为代表的东亚国家，疫情整体上得到较好控制，而欧盟和北美国家在反应和对策上明显不同，亚洲、欧洲、北美三大板块的区域化属性进一步得到强化。未来美欧政府为建立更加可控的产业链、供应链体系，将与周边可信国家加强合作，推进联盟内一体化，国家间经济相互依存度进一步加强。全球多边贸易体制面临巨大挑战，全球产业链、供应链将进一步区域化。未来可能会出现更多区域产业链代替全球产业链，如中国－日韩－东盟产业链供应链，美国－墨西哥－加拿大产业链供应链，以及欧盟产业链供应链。

此外，疫情冲击下，全球化可能退回"经济主权时代"。很多学者指出，新冠疫情的冲击，不仅是经济危机，还有对疫情的恐慌引发的社会危机和国际秩序危机等，这次危机可能比1929年的大萧条更为严重。当前疫情最为严重的欧美国家都是发达经济体，公共卫生体系在疫情中暴露出很多问题，可能推动它们将和国家安全、民众利益直接相关的产业迁回本国，新的全球化将是一种"有限的全球化"。美国与欧洲方面，都在积极吸引制造业回流，加快供应链回迁。美国紧急启动《国防生产法》，力保战略物资生产本土化，寻求"自给自足"，同时支持联邦政府购入受影响公司股份。2020年7月21日，欧洲理事会通过"下一代欧盟"复苏计划。欧洲领导人同意设立7500亿欧元的复苏基金，以重建遭受新冠肺炎疫情打击的欧盟经济体，并且推进欧盟实现"绿色经济"和"数字战略"两大转型升级目标。后疫情时代，全球化将面临深度调整与重构，全球经济大循环正发生根本变化。

第二章
如何构建双循环新发展格局

　　强大的国内市场是应对中美贸易摩擦和实现大国崛起的强力支撑，大型开放经济体一直都是以内循环为主体的。从外贸依存度等指标变化发现，近年来我国国内需求不断增加，我国经济已经逐渐向以国内大循环为主体转变，未来经济增长的动力源将更大程度上依赖内需。要构建双循环新发展格局，就要坚持扩大内需，持续扩大开放。要从生产、分配、流通、消费环节出发，打通梗阻，畅通内循环；更要以国内大循环带动国际大循环，建设更高水平开放型经济新体制。党的十九届五中全会审议通过《中共中央关于制定国民经济和社会发展第十四个五年规划和二〇三五年远景目标的建议》，再次强调了双循环新发展格局的重要性和具体做法，双循环新发展格局将是"十四五"时期我国经济发展的主线和重要指导思想。

国内市场是实现大国崛起的强力支撑

国内市场由供给侧与需求侧共同构成，是一个国家综合消费的体现，既有私人物品市场，也有公共物品市场；既有物品市场，也有服务市场；既有动产市场，也有不动产市场；既有消费市场，也有生产资料市场。中国是拥有 14 亿人口，具有 4 亿多中等收入群体的大国，市场主体据不完全统计达 1.1 亿户，其中企业 3470 多万户，拥有全球最完整的工业体系。强大的国内市场赋予了我国远超世界上大多数国家的竞争优势。

国内市场现状

市场就是竞争力，持久地扩大内需，把中国市场越做越大，是根本性的问题。2019 年世界经济论坛的全球竞争力指数中，中国排名第 28 位，其中，"市场规模"指标全球第一。市场已成为中国国际竞争力的第一要素。我国消费潜力巨大，但面临诸多问题。我国要发展新经济，培育新动能，更需要着力于培育消费新动能，方能持续扩大内需。

强大的国内市场是有效应对中美贸易摩擦的重要筹码及"国家特定优势"，同时也是争取国际支持的重要手段。客观来讲，我国不具备美国驾驭全球产业和经济的能力，强大的国内市场意味着更大的腾挪空间和在外部环境有变的情况下更高的宏观经济稳定性。与此同时，中国市场越来越成为各国的战略要地及必争之地，没有哪个国家愿意放弃中国市场。可充分利用强大的国内市场吸引想抓住中国机会的外国企业到中国生产投资。中美贸易摩擦以来，特斯拉上海独资设厂；宝马、奔驰均回应25%额外关税拟把工厂移出美国；宝马已把中国工厂持股比例提升至75%；高通两次加大跟中国企业的芯片合作。这些迹象表明以市场聚企业是可行的，不失为应对贸易摩擦的好方法。

更重要的是，要依靠国内市场培育自己的企业、发展自己的技术，由"以市场换技术"的被动创新向"以市场培育、创新技术"的主动创新转变。依托强大的国内市场构建"以我为主"的全球价值链体系，利用国内市场走出价值链底部困境。在过去"以市场换技术"的过程中，国内市场被国外企业占领和控制，且也换不来真正的核心技术，长期被迫跟随。通过培育强大的国内市场"以市场培育、创新技术"，以质量需求动能，引导企业不断进行产品升级和技术升级。巨大的国内需求能够对创新资源产生大市场的"虹吸效应"，吸引高端要素的流入和强化产业集聚，使中国成为全球创新要素集聚的重要节点，吸引全球高端创新资源为我所用。

强大的国内市场是中国对外开放和参与国际竞争的底气，但持续对外开放国内市场并不是完全放开消费品的进口，当前还需要部分领域适当保留和用好关税。特别是在中美贸易摩擦的大环境中，适度的关税水平是我国保持国内市场开放和集聚国际产业的关键所在。对于具有重要战略意义的幼稚产业，在过渡期仍需要保留适度的关税水平，避免国外产品大量涌入对本国产业造成严重挤压，实现保护与竞争的平衡，有利于引导国外企业在应对我国市场需要时加强本土化生产。

消费应成为经济发展的目的而不仅仅是手段，长期需向消费型社会转型。高储蓄率、低消费率支撑了中国经济的发展——高投资、高进出口规模，为中国经济增长做出了应有的贡献。通过出口实现经济追赶是发展的一个阶段，也是必定经过的阶段，但导致我国消费长期受到压制。当前我国人均GDP已经跨入中等收入国家水平，部分地区、部分城市已经进入发达国家水平。将扩大消费作为拉动经济增长的一种手段，而非经济增长的目的，在我国宏观调控和政策上依然占据较重要的位置。调整政策思路至关重要，需要实现从将消费视为拉动经济增长的手段转向将满足人民美好生活作为逻辑起点。

培育国内市场，提升消费及生活质量的目的不是建设高福利型社会，坚持培育和发展市场才是主导方向。培育强大的国内市场是有力推动民生事业、改善民生的现实需要。我国居民消费逐步从实物型的消费品消费向服务型消费转变，但文化娱乐、休闲旅游、大众餐饮、教育培训、医疗卫生、健康养生等服务性消费尤其是公共服务与民众的期待仍有一定差距。我国仍然处于工业化和城镇化快速发展阶段，随着都市圈的建设和城镇化进程的推进，将催生住房、公共服务等大量的迁移性消费需求，这会进一步加剧公共服务供需矛盾。

其实，补齐民生领域公共服务短板，扩大高质量公共服务供给并不等于建设福利国家。福利国家（福利型社会）通过政府干预的手段提供一系列社会福利保障，这种模式最重要的特征就是"高税收、高支出、高福利"，政府为社会福利的主要提供方及主要责任方，且社会福利不仅涵盖生活救助、教育培训、住房保障、失业救济、交通环境、医疗保险等内容，还包括文化娱乐、公共保健等方面。我国并不具备全面建设福利社会的条件。立足我国经济社会发展水平与现实国情，政府与市场多元介入社会服务市场，共同解决民生服务问题将是未来主方向。与此同时，我们要消除阶层福利差距，提升农村、农民工等社会福利，强化基层和农村的社会保障。

国内市场未来前景

中国过往的发展是"被利用型"、出口生产型，容易受到跨国公司的"价值链"管控。中国经济正逐步从"生产型"向"消费型"转变，从"工厂"向"市场"转变。国家统计局的数据显示，消费已连续多年成为拉动经济增长的主引擎，国内消费对GDP的贡献率均超过50%，对经济增长的基础性作用不断增强。随着全球治理和价值链的重构，双边及多边贸易摩擦频繁，发达国家核心技术管制趋严。依靠外需、依靠国际市场实现供给与需求的平衡的增长方式不可持续，深耕国内市场、强化供给侧结构性改革成为重中之重。

经济规模大且要素禀赋丰富的国家即大国经济如美国等，其经济增长模式在经历消费主导驱动型→消费向投资主导过渡型→投资主导驱动型→投资向消费主导过渡型之后，最终会在"追求生活质量阶段"，采取以国内资源和市场为主导的经济增长模式，即国内消费主导驱动型模式。2013

年，我国服务业增加值占 GDP 的比重首次超过第二产业，以高端制造业和现代服务业为代表的新兴主导产业集群快速成长。根据罗斯托的经济成长阶段论和美国消费增长的规律，在当前中国人均 GDP 已超过一万美元，以及全球最大规模的中国中高收入群体正在形成的时点，中国已进入消费贡献率进一步凸显的阶段。

作为全球第二大消费国、第三大消费经济体，中国市场具有强大的吸引力和竞争力，全球经济发展对中国市场的依赖程度不断提升。拥有全球最完整的工业体系是中国市场的核心竞争力之一，强大的自我供应能力使得别国无法通过简单的贸易禁运击垮中国，中国可依靠"为我所有"的工业体系维持长期运转和自我升级。

城市化迁移性消费、较高的居民储蓄率、中等收入群体的壮大、基础设施建设需求的扩大，以及现代产业体系的发展等因素将进一步推动国内市场的壮大。城市化深化和都市圈建设带来的迁移性消费，以及城乡、区域协调发展将进一步释放国内市场的潜力。长期以来，中国一直是世界上储蓄率最高的国家之一。较高的储蓄不断转化为投资，为中国经济快速增长做出了重要贡献。目前，中国拥有全球规模最大、最具成长性的中等收入群体。中等收入规模的增长、中高收入和老年人群体的壮大，以及居民消费转型升级将不断创造终端消费需求。现代产业体系的构建将持续创造新的消费热点，并促进生产资料消费市场及新型基础设施市场的壮大。

强大的国内市场将在国民经济增长和综合国力向更高层次迈进的过程中发挥重要作用，也将为双循环战略的顺利实施提供有力保障。

内需是大国经济之本

自2008年国际金融危机以来,我国经济已经由国际循环向以国内大循环为主体转变。未来,国内市场主导国民经济循环的特征将更加明显,经济增长的内需潜力会不断被释放。

内循环是大型开放经济体的重要基础

一个国家对国内国际循环的依赖程度有多种度量方式,其中一个重要指标是外贸依存度。一般来说,外贸依存度越高,该国或地区经济发展对国外市场的依赖程度越高。对比中国与美国、日本等发达国家的外贸依存度(见图2-1),新加坡等小型开放经济体的外贸依存度长期保持在200%以上,仅2016年低于200%,当年外贸依存度为192.6%。近30年美国外贸依存度一直保持在20%左右,和其储蓄率极低、贸易逆差大有直接关系。欧洲大型经济体的外贸依存度相对较高,法国和英国近10年保持在40%~50%,德国近10年则一直处于70%左右,这和欧洲统一市场的效用有关。相对来说,日本的外贸依存度更具有可比性。2004年以前,日本外贸依存度长期低于20%,在2004年超过20%后,逐步上升,近10年保持在30%左右。

最近30年,中国的外贸依存度变化明显。20世纪90年代受汇率调整和亚洲金融危机等影响,外贸依存度的上升速度略有下降,2000年达到

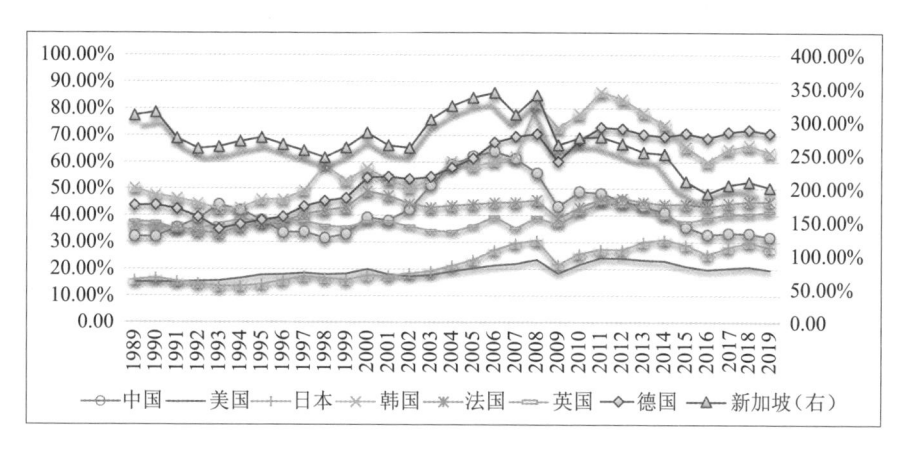

图 2-1 1989—2019 年，中国及部分发达国家外贸依存度对比
资料来源：世界银行发展数据库

39%。在 2001 年加入 WTO 后，为进一步融入全球化，我国开放步伐加快，贸易顺差不断加大，外贸依存度逐年上升，2006 年外贸依存度达到近年来的顶点 64%。国际大循环处于主导地位，外向型特征十分明显。外贸依存度过高，也主要是与加工贸易在外贸中占比过高，而服务业占比过低有关。

在全球金融危机爆发后，国外需求萎缩，国内消费需求增长，我国经济结构转型升级，大力发展服务业，国内产业链和国际产业链开始整合衔接。我国外贸依存度开始下滑，至 2019 年，已降至 31.92%。虽然我国外贸依存度仍高于美国和日本，但从长期看还会继续下降，近 10 年我国已初步形成以国内循环为主的大型开放经济体。

很多学者用出口占 GDP 比重探讨出口的地位和贡献，部分学者在分析出口总值和出口增加值不同含义的情况下，指出应以出口增加值作为评价依据（江小涓，2006）。以江小涓（2010）测评出口增加值的方法为依据，分析1989—2019年中国进口依存度、名义出口依存度和真实出口依存度，2005年进口依存度达到近年来的峰值28.76%，2006年名义出口依存度达到近年来的峰值35.21%，2007年真实出口依存度达到近年来的峰值24.00%（见图2-2）。自2010年以来，进出口依存度逐年下降，2019年进口依存度降至14.49%，名义出口依存度降至17.43%，2018年真实出口依存度降至14.51%。日本作为典型的外向型经济体，在通过产业边际扩张完成产业升级后，名义出口依存度常年保持在16%以下。经过调整，中国的出口依存度已逐渐下降，外循环比重逐渐下降，正在回归大国正常值。

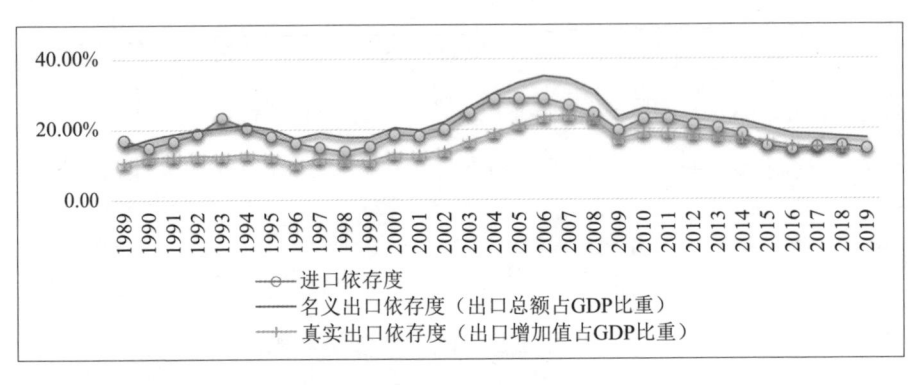

图2-2 1989—2019年，中国进出口依存度
资料来源：世界银行发展数据库，中国贸易外经统计年鉴（2019）

经常项目顺差一直是贸易顺差的"定海神针"，也是外汇储备来源的"压舱石"。2005—2009年，在美国房地产和金融泡沫影响下，全球贸易顺差大幅增长。其间，我国贸易顺差不断上升。2005年，经常项目顺差占

GDP 比重达 5.8%，并在 2007 年达到 9.95%，已经远远超过国际认可的合理标准（4%）。2008 年以来，我国坚持扩内需、调结构、减顺差、促平衡，经济结构逐渐平衡，巨大的市场潜力不断拉动中国经济长期向好，经常项目顺差占 GDP 的比重逐年下降，在 2018 年和 2019 年已降至 0.18% 和 0.99%（见图 2-3）。

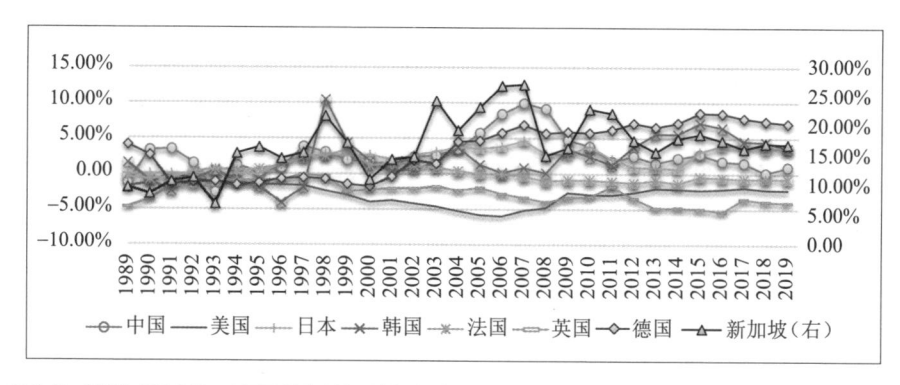

图 2-3 1989-2019 年，中国及部分发达国家经常项目顺差占 GDP 比重
资料来源：世界银行发展数据库

大型开放经济体都是以内循环为主体的，过高的外贸依存度难以持续，过度的贸易顺差也会对全球经济造成冲击。从相关指标变化可以看出，国内需求正在不断增加，我国经济近年来已经向以国内大循环为主体转变。随着中国经济总量的崛起，中国经济的对外依存度将会继续降低，未来经济增长的动力源将更大程度上依赖内需。外需虽然在总需求中居次要地位，但外需对经济增长的推动作用很大。外部压力更有助于我国提升创新和自主发展能力，加快对外开放步伐，以更好地实现高质量发展。正如习近平

所指出的，国内循环为主，是通过发挥内需潜力，使国内市场和国际市场更好联通，更好利用国际国内两个市场、两种资源，实现更加强劲可持续的发展。

内需一直是我国经济增长的主要动力

从规模来看，内需一直是我国经济增长的主要动力和引擎。我国总需求以内需为主，对经济增长的贡献也以内需为主。按支出法计算，净出口占GDP比重在2007年最高时也仅占8.7%，随后开始逐渐下降，2018年和2019年已降至0.8%和1.5%。投资和消费两项构成的国内需求占总需求的比重始终在90%以上，2008年之后内需上升，一直保持在95%以上（见表2-1）。中国作为典型的大国经济发展模式，国内市场增长潜力巨大，内需将持续成为驱动中国经济增长的主要动力，最终消费及资本形成占GDP的比重短期内将保持在90%以上，长期将接近100%，甚至超过100%。

表2-1 2000—2019年，中国三大需求规模及占GDP比重

年份	支出法生产总值（亿元）	内需 最终消费（亿元）	内需 资本形成总额（亿元）	外需 货物和服务净出口（亿元）	内需 最终消费率（%）	内需 资本形成率（%）	外需 货物和服务净出口比重（%）
2000	99799	63748.9	33667.1	2383	63.9	33.7	2.4
2001	110388.4	68661.1	39402.5	2324.7	62.2	35.7	2.1
2002	121326.7	74227.5	44005	3094.2	61.2	36.3	2.6
2003	137146.7	79735	54446.8	2964.9	58.1	39.7	2.2
2004	161355.6	89394.4	67725.6	4235.6	55.4	42	2.6

续上表

年份	支出法生产总值（亿元）	内需 最终消费（亿元）	内需 资本形成总额（亿元）	外需 货物和服务净出口（亿元）	内需 最终消费率（%）	内需 资本形成率（%）	外需 货物和服务净出口比重（%）
2005	187657.5	101872.5	75576	10209.1	54.3	40.3	5.4
2006	219597.5	115364.3	87578.6	16654.6	52.5	39.9	7.6
2007	270499.4	137737.1	109339.3	23423.1	50.9	40.4	8.7
2008	318067.6	158899.2	134941.6	24226.8	50	42.4	7.6
2009	347650.3	174538.6	158074.5	15037.1	50.2	45.5	4.3
2010	408505.4	201581.4	191866.9	15057.1	49.3	47	3.7
2011	484109.3	244747.3	227673.5	11688.5	50.6	47	2.4
2012	539039.9	275443.9	248960	14636	51.1	46.2	2.7
2013	596344.5	306663.7	275128.7	14552.1	51.4	46.1	2.4
2014	646548	338031.2	294906.1	13610.8	52.3	45.6	2.1
2015	692093.7	371920.7	297826.5	22346.5	53.7	43	3.2
2016	745980.5	410806.4	318198.5	16975.6	55.1	42.7	2.3
2017	828982.8	456518.2	357886.1	14578.4	55.1	43.2	1.8
2018	915774.3	506134.9	402585.1	7054.2	55.3	44	0.8
2019	994927.4	551494.6	428627.8	14805	55.4	43.1	1.5

资料来源：国家统计局

按支出法计算三大需求对GDP增长的贡献率和拉动，内需一直是我国经济增长的主要动力（见表2-2）。近20年来，内需对我国GDP增长的贡献率均超过85%。2010年之后国内需求得到充分释放，近10年中有6年内需对GDP增长的贡献超过100%。2011—2019年，最终消费支出对GDP增长的贡献率均保持在50%以上。从我国和发达国家内部增长结构变迁历程来看，伴随着我国工业化进程推进及大规模基础设施建设项目的开展，最终消费对 GDP 增长的贡献率将长期保持在 70% 左右，成为推动经济增长的主导力量。2019 年，面对外部不确定性的增加和全球经济增长放缓，中国外贸进出口稳中提质，对国民经济的贡献增强，货物和服务净出口对 GDP 增长贡献率增至 11%。外需对我国经济增长有着重要的推动作用，推动双循环，要以国内大循环为主体，也要继续推动国际循环，内外循环共振向上，形成"国内国际双循环相互促进的新发展格局"。在海外生产供给的大幅冲击下，要积极促进国内产业链的替代，充分利用国内大循环提高供给能力，从而更好地促进国际循环。

表 2-2　2000—2019 年，中国三大需求对 GDP 增长的贡献率

年份	对 GDP 增长的贡献率（%） 内需 最终消费支出	对 GDP 增长的贡献率（%） 内需 资本形成总额	对 GDP 增长的贡献率（%） 外需 货物和服务净出口	拉动 GDP 增长（百分点） 内需 最终消费支出	拉动 GDP 增长（百分点） 内需 资本形成总额	拉动 GDP 增长（百分点） 外需 货物和服务净出口
2000	78.8	21.7	−0.5	6.7	1.8	0
2001	50	63.5	−13.5	4.2	5.3	−1.1
2002	58.1	40	1.9	5.3	3.7	0.2
2003	36.1	68.8	−4.9	3.6	6.9	−0.5
2004	42.9	62	−4.9	4.3	6.3	−0.5
2005	56.8	33.1	10.1	6.5	3.8	1.1
2006	43.2	42.5	14.3	5.5	5.4	1.8
2007	47.9	44.2	7.8	6.8	6.3	1.1
2008	44	53.3	2.7	4.2	5.1	0.3
2009	57.6	85.3	−42.8	5.4	8	−4
2010	47.4	63.4	−10.8	5	6.7	−1.1
2011	65.7	41.1	−6.8	6.3	3.9	−0.6

续上表

年份	对GDP增长的贡献率（%）			拉动GDP增长（百分点）		
	内需		外需	内需		外需
	最终消费支出	资本形成总额	货物和服务净出口	最终消费支出	资本形成总额	货物和服务净出口
2012	55.4	42.1	2.5	4.4	3.3	0.2
2013	50.2	53.1	−3.3	3.9	4.1	−0.3
2014	56.3	45	−1.3	4.2	3.3	−0.1
2015	69	22.6	8.4	4.9	1.6	0.6
2016	66.5	45	−11.6	4.6	3.1	−0.8
2017	57.5	37.7	4.8	4	2.6	0.3
2018	65.9	41.5	−7.4	4.4	2.8	−0.5
2019	57.8	31.2	11	3.5	1.9	0.7

资料来源：国家统计局

构建双循环新发展格局：坚持扩大内需，持续扩大开放

双循环新发展格局是基于扩大内需的经济全球化战略。国内国际双循环既涉及商品的生产、分配、流通、消费之间的循环通畅，也涉及要素资源市场化配置流动、优化配置的循环畅通。内需是双循环的出发点和落脚点，是双循环最核心的环节。习近平指出，构建完整的内需体系，关系我国长远发展和长治久安。十九届五中全会也指出，扩大内需是构建新发展格局的战略基点。实施扩大内需战略，是当前应对疫情冲击的需要，是保持我国经济长期持续健康发展的需要，也是满足人民日益增长的美好生活

的需要。面对其他国家对中国的主动限制,我们可以通过扩大内需的方式将需求转移到国内市场。以"内循环"促进双循环不仅仅是扩大内需,是要坚持供给侧结构性改革这条主线,使生产、分配、流通、消费更多依托国内市场,提升供给体系对国内需求的适配性,以高质量供给满足日益升级的国内市场需求(见图2-4)。

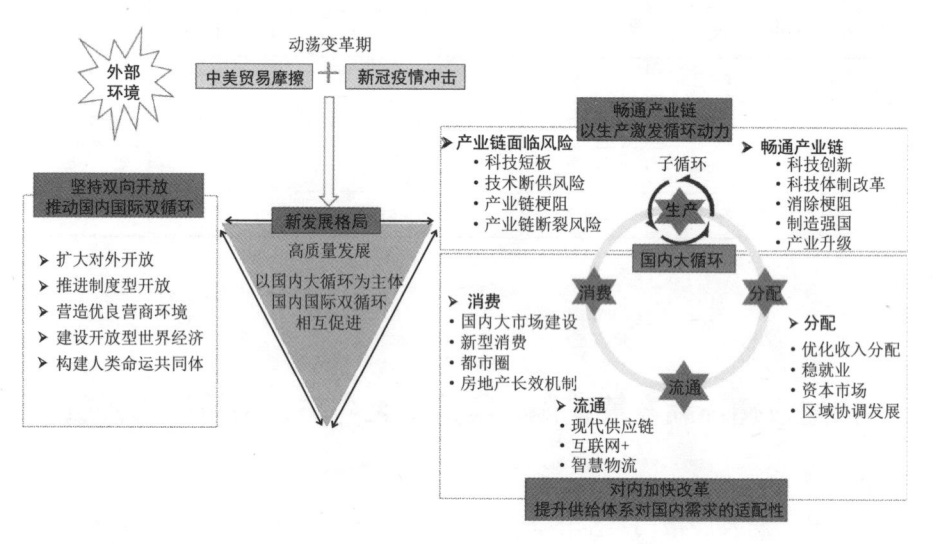

图2-4 双循环框架图

在"生产"环节,要"补短板""锻长板"。过去在外需主导的全球化大环境下,国内部分产业链相对脆弱。生产环节关键技术存在瓶颈,部分产业链过度依赖国际循环,这是高端产能不足的直接原因。产业政策和科技政策的重点要放在畅通产业链上,要以科技创新催生新发展动能,提升我国产业链水平;以产业基础高级化、产业链现代化为目标,推动国内大循环。要优化升级我国产业链布局，加强科技创新，破解"卡脖子"技术难题，加快推进创新驱动发展战略，畅通创新链与产业链梗阻。消除生产梗阻，积极推进科技体制改革，用科技创新夯实双循环发展根基。加快建设制造强国，发展现代产业体系，加快国内产业升级，使中国经济拥有一个相对完整独立的产业结构，培育产业链国际竞争优势，促进稳定全球产业链，提高应对外部冲击的能力。通过畅通"生产"子循环，实现产业链的畅通，进而推动国内大循环。

在"分配"环节，要"优化结构"。我国城乡二元体制结构导致城市化水平过低，国内需求释放不足。尤其是过低的户籍人口城市化率导致大量农业人口不能真正转移，初次收入分配差距过大。发达国家的经验表明，中等收入群体占据主要地位的收入分配结构，是最有利于扩大内需的制度结构。要畅通"分配"环节，就要优化收入分配结构，健全知识、技术、管理、数据等生产要素由市场评价贡献、按贡献决定报酬的机制。强化稳就业举措，增加中低收入人群的可支配收入和消费能力。打破区域壁垒，推动区域协调发展，构建适应高质量发展需要的区域协调发展新格局。

在"流通"环节，要"降低成本"。要加快建设全国统一大市场，推动要素、商品实现自由流通。积极利用并发展现代供应链、"互联网+"以及智慧物流，提高内循环效率。党的十九大报告指出，要推动互联网、大数据、人工智能和实体经济的深度融合，在现代供应链领域培育新增长点，形成新动能。以现代供应链重塑流通体系，加大供应链基础设施建设，打通供应链主干网络，推动物流与制造业融合，助力柔性制造。提升现代供应链服务能力，加快建设企业针对全球一体化供应链的核心能力。在互联网向万物互联的泛在网拓展的新态势下，以智慧物流提升物流与供应链行业发展水平，以智慧物流推动物流与制造业的融合发展，以智慧物流带动互联网深入产业链上下游，以用户需求倒逼产业链各环节强化联动和深化融合，助推"协同共享"生态体系加快形成。

在"消费"环节，要"促进消费"。消费是我国经济增长的重要引擎，中等收入群体是消费的重要基础。要把扩大中等收入群体规模作为重要的政策目标，加快建设国内大市场，加快培育新型消费。我国常住人口城镇化率已经达到60.6%，要更好地推进以人为核心的城镇化，促进中心城市和城市群建设，培育新的增长极，使城市更健康、更安全、更宜居，成为人民群众高品质生活的空间，夯实中国经济持续健康发展的基础。同时，要扩大内需，必须进一步落实房地产长效机制，坚持"房住不炒"定位，保持房地产市场平稳健康发展。

新发展格局不是封闭的国内循环，而是开放的国内国际双循环。国内循环越顺畅，越能形成对全球资源要素的引力场，越有利于形成参与国际竞争和合作的新优势。对外开放一直是我国经济持续快速发展的重要动力，是基本国策。在内循环的每个环节，都可能有国际循环的参与。中国致力于推动建设开放型世界经济，推动构建人类命运共同体。在扩大内需的同时，要以国内大循环带动国际大循环，全面提高对外开放水平，建设更高水平的开放型经济新体制，这能够促进更大范围的全球分工和经济融合，形成国际合作和竞争新优势。

第三章
日本经济双循环对中国的启示

日本经济在20世纪50年代末面临多重梗阻，为破除梗阻，日本推行"国民收入倍增计划"，并取得了显著效果。随着日本在全球价值链地位升高，以及美国对日本的贸易由顺差转变为逆差，美国在多个领域开始对日本实施长期的贸易制裁。日本积极调整经济发展战略，强调经济发展思路从出口主导向内需主导转变，通过减税降费，释放消费潜力，大力发展基建，放松金融管制，加强科技创新，调整产业结构，以及发展城市群等政策措施，在80年代实现经济发展模式由出口拉动向内需拉动的切换，完成以"内循环"为主体的转型，为中国推动双循环提供了宝贵经验。

日本经济在 20 世纪 50 年代末面临的多重问题

1946 年，第二次世界大战后的日本百废待兴，制造业生产能力不及战前最高水平。通过实施"国民经济复兴计划"和"国民经济自立五年计划"等措施，借助朝鲜半岛军火需求、美国的支持，加上国内的政策环境，日本国民经济复苏迅猛，于 1953 年超过第二次世界大战前的最高水平。20 世纪 50 年代末，在经历"神武景气"与"岩户景气"的高速增长期后，日本经济从战后创伤中恢复并进入高速增长时期，迈入中等收入国家之列。此时，日本的国民经济仍面临一系列问题，经济循环中存在多重梗阻，包括产能过剩，社会各阶层收入差距较大，失业率偏高，农业与非农业之间、大企业与中小企业之间以及地区之间发展的不平衡，对外贸易依存度过高、过度依赖海外市场，内需严重不足，产业结构配比不均衡等问题。

第一，日本推行"出口导向型"经济，国外对日本的贸易压力逐渐加大。第二次世界大战后，美国对日本外贸采取扶持政策，日本施行"出口导向型"政策，大量出口纺织等劳动密集型产品，使得日本外贸规模在 50 年代持续增长。1952 年和 1955 年，日本先后加入国际货币基金组织以及关贸总协定，并因此负有实行贸易和汇率自由化的义务。1956 年，日本进出口总值突破 50 亿美元。鉴于日本外贸逆差逐渐减少，呈顺差趋势，在日本产业羽翼未丰之际，其他西方国家开始限制日本产品出口，强烈要求日本进一步开放国内市场。然而，当时的日本除纺织业外，其他产业的成品价格皆高于西方国家的同类产品,在国际贸易市场上处于不利地位,这就造成了外贸梗阻。同时,随着日本纺织品对美国出口的增加,自1956年起,美国首次对日本祭出贸易保护措施,并迫使日本于1957年开始对输美纺织品采取"自愿限制"。1958年,日本进出口总值59.06亿美元,自1952年之后首次下滑,同比下降17.3%(见表3-1)。

表3-1　1952年—1959年,日本对外贸易情况　　(单位:亿美元)

年份	进出口总值	出口总值	进口总值
1952	32.92	12.69	20.23
1953	36.83	12.75	24.08
1954	40.28	16.29	23.99
1955	44.82	20.11	24.71
1956	57.31	25.01	32.3
1957	71.44	28.58	42.86
1958	59.06	28.73	30.33
1959	70.55	34.56	35.99

资料来源:世界贸易组织数据库

第二,日本国民收入总体处于低水平,城乡收入出现剪刀差,这就导致消费梗阻。20世纪50年代末,日本经济虽已恢复到战前水平,但其国民生产总值和人均国民收入与主要西方大国相比仍有较大差距(见表3-2)。1955年,日本的人均国民收入为244美元,仅相当于英国的25%,美国的11%(见表3-3)。

表 3-2　日本与主要西方大国国民生产总值比较　　　　（单位：亿美元）

年份	日本	美国	联邦德国	英国	法国	意大利	加拿大
1955	240	3990	430	540	490	240	290
1960	430	5060	700	710	580	310	390
1965	890	6880	1120	990	930	570	510
1970	1960	9820	1860	1240	1480	930	820
1975	4880	15160	4230	2320	3390	1880	1580

资料来源：三联书店 1978 年、1982 年《世界经济统计简编》

表 3-3　日本与主要西方大国人均国民收入比较　　　　（单位：美元）

年份	日本	美国	联邦德国	英国	法国	意大利	加拿大
1955	244	2194	785	973	—	—	—
1960	417	2502	1210	1269	1202	637	1909
1965	785	3245	1769	1715	1827	1032	2289
1970	1636	4285	2749	2031	2490	1585	3366
1975	3909	6296	6029	3684	5639	2797	6123

资料来源：三联书店 1978 年、1982 年《世界经济统计简编》

自 20 世纪 50 年代中期开始，日本"三农"问题日益严重。第二次世界大战结束之初，因战争对城市的严重破坏和大批海外日军、日侨被遣返，大量人口涌入农村，形成非常特殊的逆城市化现象。1955 年之后，日本经济基本恢复元气，但城乡收入剪刀差呈日渐扩大的趋势。整体国民收入偏低和农村居民在经济上日渐不利的地位，严重限制了全社会的消费能力（见图 3-1）。

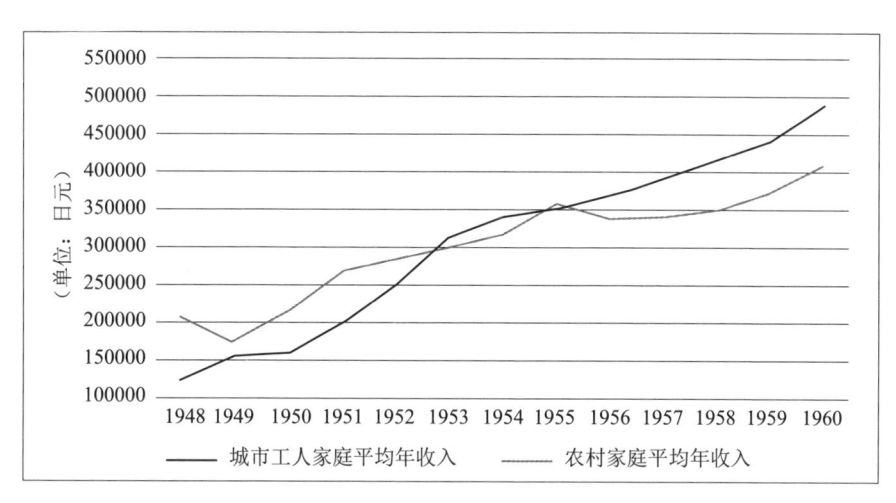

图 3-1　1948—1960 年，日本城市工人家庭和农村家庭平均年收入
资料来源：日本总务省统计局

第三，1960 年之前，农业仍是日本的主导产业，制造业结构以劳动密集型轻工业为主，新兴高附加值产业未能充分发展，这就形成了产业升级梗阻。1955 年，日本的第一产业比重达到 22%，吸纳了 38% 的就业人口；而第二产业中的纺织业占比偏高，在国际上仍处于价值链低端（见表 3-4）。

表 3-4　20 世纪 50 年代，日本制造业各产业所占比重

年份	制造业总产出（10 亿日元）	重工业 (%)				轻工业 (%)			
		化工	金属	机械	重工业总体	食品	纺织	其他	轻工业总体
1950	2276	14.9	12.6	14.1	41.6	14.0	24.0	20.4	58.4
1955	6780	12.9	16.8	15.0	44.6	17.9	17.4	20.0	55.4
1960	15579	11.8	18.8	25.8	56.4	12.4	12.3	18.9	43.6

资料来源：日本经济产业省

日本"国民收入倍增计划"效果显著

1955—1960年，日本所有产业的年均工资增长率只有5.6%，低工资导致劳资关系日益紧张，也直接导致消费水平长期低迷。面临企业劳动生产率低下、产能过剩、内需不足的现状，日本经济发展受到严峻考验。1960年5月到6月，日本群众为反对《日美安全保障条约》上街抗议，并迅速演变为数十万人参与的大示威，最终迫使岸信介首相辞职。面对尖锐的社会矛盾，新上台的池田勇人内阁认为，必须推动经济的高速增长和民生的大幅改善，方能从根本上解决问题。为此，日本政府于同年出台了"国民收入倍增计划"，其主要目标包括在10年之内（1961—1970年）使国民生产总值和人均国民收入增长一倍，并实现完全就业。

从1960年开始，日本经历了第二次世界大战后经济增长最为迅速的时期。1960—1970年，日本经济以年均12.1%的超高速度增长；1970—1973年，日本经济仍维持超过7%的高增长速度。直到1973年，世界原油危机严重冲击了高度依赖能源进口的日本经济，日本的高速增长方告一段落。"国民收入倍增计划"取得了超越预期的巨大成功。计划原定在前三年实现9%的经济增长目标，但实际上实现了10%的超水平增长。计划本来打算用10年时间实现人均收入翻倍的目标，但事实上仅用了不到5年的时间即达成目标。1960—1973年，日本人均实际国民收入增加了两倍，失业率也保持在1.1%~1.3%的低水平。"国民收入倍增计划"的10年，是日本经济增速最高的10年，日本不仅实现了经济规模的大幅增长，也成功提高了人民的生活水平，提升了国内高附加值产业的实力，使得日本产业在国际上更有竞争力。故此，不少学者认为"国民收入倍增计划"是日本历史上最成功的经济规划之一。至高速增长期结束的1973年，日本人均GDP已经达到发达国家水平，象征着日本从中等收入国家正式"毕业"。具体来看，"国民收入倍增计划"的效果主要从以下几个方面显现。

第一，面对因国民收入过低而导致的消费梗阻，日本政府的总体方针可以归纳为"加强社会保障，降低税负，重点照顾农村"。1955—1973年，日本的税收总额增长了15.6倍，年均增长16.7%。但是其相应的税负率却并未提高，而是长期保持在19%左右。在当时的西方发达国家中，日本的税负是最低的。1970年，日本国税和地方税的负担率是18.9%，而同时美国、英国、联邦德国、法国和意大利分别为29.1%、42.5%、29.3%、27.6%和23.5%。在税负不增的同时，整个20世纪60年代，日本工资指数呈高速增长趋势（见表3-5和图3-2）。

表3-5　1955—1970年，日本社会保险费用占政府最终消费比重

年份	政府最终消费（10亿日元）	由政府承担的社会保险费用	社会保险费用占政府消费比重
1955	845.50	210.92	25%
1956	874.10	228.13	26%
1957	944.10	232.86	25%
1958	1022.10	246.44	24%
1959	1116.80	280.76	25%
1960	1281.70	356.68	28%
1961	1484.20	434.49	29%

续上表

年份	政府最终消费（10亿日元）	由政府承担的社会保险费用	社会保险费用占政府消费比重
1962	1746.70	493.13	28%
1963	2069.80	599.05	29%
1964	2351.70	674.08	29%
1965	2690.00	815.05	30%
1966	3054.30	925.65	30%
1967	3410.20	1077.22	32%
1968	3934.20	1247.89	32%
1969	4558.40	1394.37	31%
1970	5455.30	1671.81	31%

资料来源：日本总务省统计局

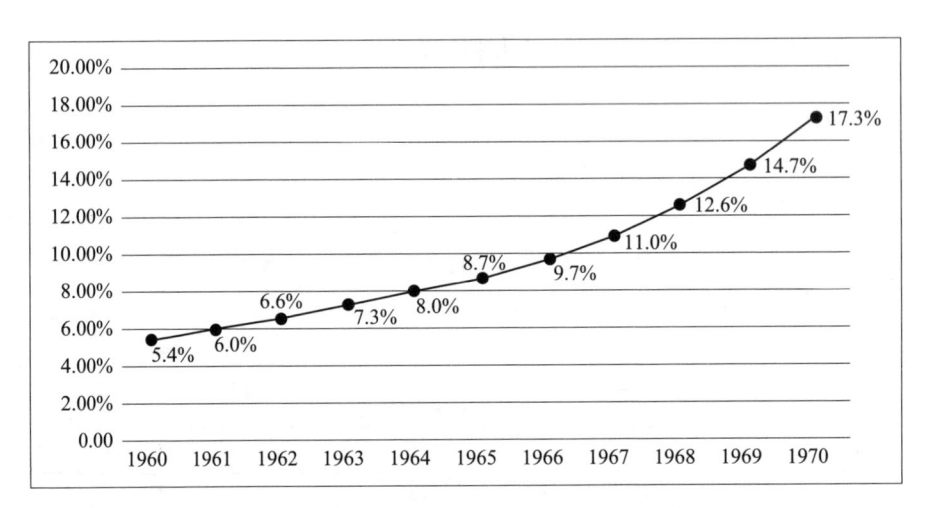

图 3-2 1960—1970 年，日本工资指数（以制造业为例）（2000 年的值为 100）
资料来源：日本总务省统计局

为解决"三农"问题，日本政府于 1961 年出台《农业基本法》，明确提出要"增加从事农业者的收入，使其达到从事其他产业者的生活水平"。政府通过大幅提高粮食价格增加农民收入，并运用补贴支持农业发展。日本政府规定的大米收购价格一度达到美国米价的2.7倍。在政府的带动下，1960—1969年，日本农产品价格上涨95%，但农村购入的工业品价格指数仅上涨30%左右。同期，政府给予农业的补贴在10年间翻了4倍多。1955—1975年，日本每年平均有72.5万位农民工涌入城市。对于进城从事建筑业和制造业的农民工，日本实行自由的户籍制度，在城市内为农民工提供保障住房，并强制企业为农民工购买各类保险。在教育方面，进城务工人员的子女和城市当地居民享受同等待遇。在日本对农村和农民的大力扶持下，日本的城乡收入剪刀差得到扭转。到20世纪60年代后半期，农村家庭平均收入甚至略高于城市工人家庭平均收入（见图3-3）。

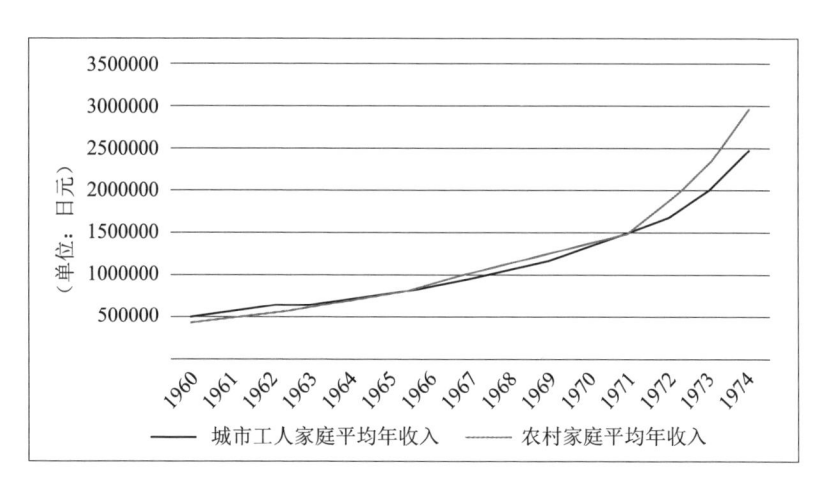

图3-3 1960—1974年，日本城乡家庭收入剪刀差的逆转
资料来源：日本总务省统计局

人民的"钱袋子"一旦鼓起来，消费自然就会跟上。以城市居民为例，1963—1972年，日本当时所谓的"三神器"——洗衣机、电冰箱、吸尘器的普及率分别由41%、10%和8%上升到92%、93%和75%（见图3-4）。乘用车和轻型客货两用车合计普及率由1961年的2.8%上升到1970年的32.1%，广大居民的生活有了质的改善。同时，1964年以后，日本整体基尼系数持续下降，基本保持在0.26左右；劳动者基尼系数维持在0.22左右，贫富差距显著缩小，日本社会不同阶层较为均衡地享受到经济高速增长带来的收益。

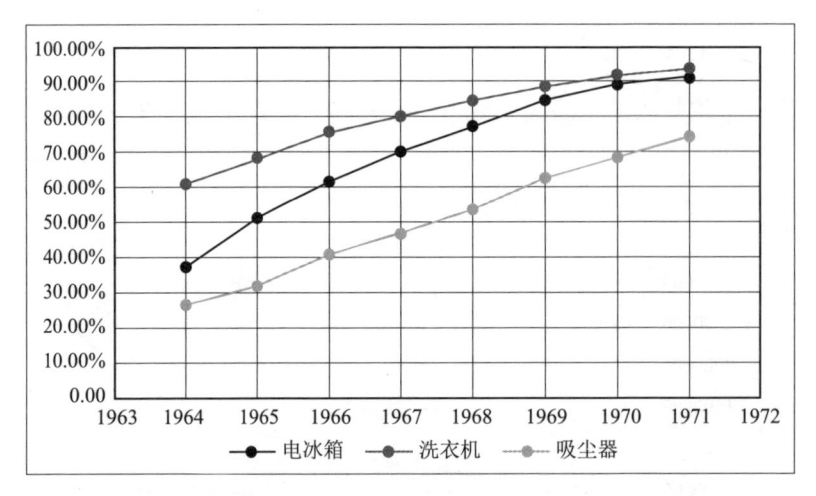

图3-4　1963—1972年，日本家庭拥有"三神器"的比例
资料来源：日本总务省统计局

第二，面对产业升级梗阻，日本采取国家政策和金融手段强势引导的方式，重点支持高附加值新兴产业的发展，并同时鼓励国内传统产业的技

术迭代。"国民收入倍增计划"时期的日本政府将重化工业、钢铁、合成纤维、汽车、电子工业、机械作为重点发展目标，并给予这些产业一系列发展优惠、引导和融资支持。

始建于1951年，由时任大藏大臣的池田勇人设立的日本开发银行在"国民收入倍增计划"时期成为日本政府干预产业结构的重要政策工具。日本开发银行专注于为国内企业提供中长期融资，主要资金来源是国内的邮政储蓄。在20世纪五六十年代，日本开发银行一直是日本企业最重要的长期融资渠道之一。

日本开发银行在融资给予对象的选择上具有强烈的引导性。1963年之前，日本开发银行贷款扶持力度比较大的产业是煤矿产业，这是因为日本当时大力发展钢铁业，而钢铁业发展的瓶颈在于煤矿业。钢铁业发展的成本之所以难以降低，是因为日本的煤矿业技术落后，导致煤矿成品价格过高。20世纪60年代后期，日本开发银行提供的融资重点转移到高附加值的机械制造业上，其重要目的是发展造车业。

在日本开发银行贷款机制之外，日本政府还通过优惠税收和"特别折旧"机制为重点产业提供支持。所谓特别折旧，即允许相关领域的企业在采购"有助于产业迭代"的设备后可享有延迟缴纳部分税款的优惠。这种机制有效增加了重点领域企业的现金流，降低了它们的税负，确保了企业更新设备的资金和资本积累，对其发展帮助巨大。

在日本政府的强势干预和金融支持下，日本产业顺利突破梗阻，实现产业结构的全面升级，日本产品在国际上的竞争力大大增强（见表3-6）。

表 3-6　1963—1973 年，日本主要商品产量及其在世界所占比重和名次

项目	产量 1963	产量 1973	增长率（倍）	在世界所占比重(%) 1963	在世界所占比重(%) 1973	在世界名次 1963	在世界名次 1973	在资本主义世界名次 1963	在资本主义世界名次 1973
铁（千吨）	20434	92043	4.5	7.3	18.0	4	3	3	2
钢（千吨）	31501	119322	3.8	8.2	17.4	4	3	3	2
锌（千吨）	275.9	833.6	3.0	7.9	17.0	3	1	—	1
铝（千吨）	223.9	1102.7	4.9	4.2	9.2	6	3	—	—
水泥（千吨）	29932	78118	2.6	7.9	11.5	3	2	2	1
橡胶（千吨）	102.6	967.5	9.4	3.9	15.3	5	2	—	—
电力（亿千瓦时）	1602.1	4685.2	2.9	5.6	7.8	4	3	3	2
电视机（千台）	4916	14414	2.9	19.4	27.9	2	1	—	1
轿车（千辆）	407.8	4476	11.0	2.5	15.0	7	2	—	2
船舶（千吨）	2367	15736	6.6	27.7	49.9	1	1	1	1
棉纱（千吨）	479.7	554.9	1.2	16.8	16.6	2	2	—	—
人造棉（千吨）	329.2	410.8	1.2	18.1	17.8	1	1	1	1

资料来源：周启乾，《日本近现代经济简史》，昆仑出版社，2006 年，第 376 页

第三，面对因国外逐步增大的压力而导致的外贸梗阻，日本在"国民收入倍增计划"期间的应对之道是以分步骤、有次序的方式推进贸易自由化，积极面对国际竞争。

日本在整个 20 世纪 50 年代对进口实行严格管制的政策。1949 年，日本建立了"外国货币预算制度"，在该制度下，日本国内所有企业和个人在进行对外交易的时候，都必须通过官方特许的机构购汇结汇。日本政府将进口产品划为"外汇配额产品"（FA）和"自动批准产品"(AA) 两类，企业在进口前一类产品的时候必须遵守政府给定的外汇配额，而第二类产

品则可自由进口。整个50年代，高达70%~80%的外国进口产品都被归类为"外汇配额产品"，受到相当严格的限制。

1959年，多个国家在国际货币基金组织和关贸总协定年度会议上批评日本，要求日本放松进口管制，开放国内市场。面对国际压力，日本通商产业省成立了贸易自由化对策委员会以商讨应对之策。1960年，通商产业省发布《国际贸易白皮书》，其中肯定了贸易自由化的好处，并将之作为体制改革的方向，但同时指出，贸易自由化进程必须根据日本各产业的具体情况，分步、有序推行。同年6月，内阁会议决定对外国货币预算制度进行改革，并承诺在1963年6月前将"自动批准产品"的比例提高到80%。1964年，日本废除了持续多年的外国货币预算制度，不受进口管制货物的比例达到92%以上。

日本推进贸易自由化的进程不可谓不快，但其在推进自由化的过程中仍尽可能地延缓了一些关键领域的开放时间，以保护国内相对脆弱的产业和中小企业。1960年内阁会议的文件中把104种受到管制的进口商品划分为四大类：（1）立刻实施自由化的商品；（2）三年之内实行自由化的商品；（3）三年之后努力实现自由化的商品；（4）未来数年仍需管制的商品。在上述商品中，煤矿和原油被划入第四类，普通钢材则被划入第一类，而日本对进口客车的管制则一直坚持到1965年。日本政府的产业保护意图在此表现得非常明显。

总体而言，日本推进的外贸自由化在很大程度上缓解了来自其他西方发达国家的指责和压力，从而起到消除外贸梗阻的作用。日本的国内产业成功地适应了这一波外贸自由化，并在国际上培育出强大的竞争力。以造车业为代表的日本政府重点扶持的产业成功地在全球市场上取得优势地位，日本在全球价值链上实现了从低端到高端的跃迁。

美日贸易摩擦推动日本转向内循环主导模式

1965年，美国对日本的贸易由顺差转变为逆差，逆差额高达513亿美元。随后美国以遏制日本为目的，开启了长期的贸易制裁，从20世纪60年代的钢铁制品到70年代的彩电，再到80年代的汽车、半导体、电信、金融等多个领域，均出现了大型贸易摩擦。由于对美国市场过度依赖，日本一再妥协，自愿限制出口，外循环主导的经济模式难以持续。1985年《广场协议》的签订，更使得日元急速升值，出口遭到前所未有的重创。1985年，两国达成协议，美国禁止日本的9种钢铁商品进入美国市场。1987年10月19日星期一，美国股市创下当时历史暴跌纪录，为保持美国市场的吸引力，美国政府要求日本继续保持低利率和宽松的金融政策，防止资金流入日本，日本也放任了泡沫的膨胀。

在此背景下，日本开始调整经济发展战略，于1986年制定通过《前川报告》，重点强调经济发展思路从出口主导向内需主导转变，并在之后接连出台了《经济结构调整推进纲要》等系列文件，致力于摆脱对出口过分依赖的现状，通过大力开发国内市场以应对国际环境变化。1987年，新任首相竹下登制订了 1988—1992 年的新经济计划，将中期宏观经济增长率定为 4%，其中内需增长目标为 4.5%，出口目标则为 –0.5%。

第一，减税降费，释放消费潜力。1985 年，日本个人所得税收入占全部税收收入的 39.4%，当年全国税收收入中有近 40% 是从个人所得中征收的。国税加上地方税，适用于个人所得的最高税率将达到 90% 左右。1987 年，中曾根康弘内阁向国会提交了税改方案，包括简化税率结构以降低个人所得税，将原有 10.5%~70% 的税率调整为 10%~50%，纳税等级由 15 级简化为 6 级；引进对配偶的特别扣除，引进税率为 5% 的销售税等。这一方案提出后遭到强烈反对，大部分内容被搁置，但也调整了个人所得税，简化为 12 级，并微调了法人税率。中曾根康弘税制改革通过调整个人所得税税率和增加对配偶的特别扣除，降低了工薪阶层的税收负担，1987 年和 1988 年日本减税分别达 1.5 万亿日元和 2 万亿日元，一定程度上刺激了国内消费。随后，竹下登内阁在 1988 年强行通过了税收法案，决定于 1989 年 4 月 1 日引入税率为 3% 的消费税，进一步减少个人所得税，将纳税等级简化为 5 级，进一步降低和统一了法人税率。1994 年，村山联合内阁确定形成了税制改革大纲，涉及个人所得税、个人住民税的减税和消费税率的提高。一系列税改政策对日本 1995—1996 年经济恢复产生了积极影响。

第二，实施积极的财政政策，大力发展基建。自 1986 年起，日本政府把以改善住宅和生活环境为主的公共事业投资作为扩大内需的重要途径，大力开展基建投资。1992 年，日本扩大公共事业投资 8 兆 6000 亿日元，促进民间投资大约1兆亿日元；1993年4月和9月，宫泽内阁和细川内阁继续扩大公共事业投资，提高到13兆日元，随后又提高9兆日元。之后，1994年、1995年和1998年日本又纷纷扩大公共事业投资，大规模增加国债发行。

第三，放松金融管制，消费贷大量增加。在来自海外的自由化压力之下，20世纪80年代日本阶段性地推行金融自由化。1993年，日美通过《日美综合经济协议》，要求加强全球经济合作、日本减小经常收支顺差、创造良好的自由贸易环境。1995年1月，日美签署《日美金融服务协议》，进一步放松外资市场准入限制，在年金、信托、证券市场等领域进一步推动金融自由化。1997年，日美通过《日美规制缓和协议》，确立了日本放松管制与竞争政策的基本框架。1986—1987年，日本共5次下调基准利率，1987年2月，基准利率已降至战后最低水平2.5%。同时，日本允许银行自主决定利率，降低企业借贷成本。在此期间，日本银行业向中小企业和房地产业发放了巨额贷款。

第四，加强科技创新，调整产业结构。贸易摩擦推动日本从"贸易立国"转向"科技立国"，1980年，日本科学技术厅发布《科技白皮书》，再次明确提出"科技立国"战略，在此基础上推动产业结构调整和升级。签订《广场协议》后，日本加速海外投资，开启了海外投资的第三次高潮。国内方面，日本积极扶持电子通信、计算机、新材料、生物工程、航天等产业，高科技产业及服务业迅速发展，以信息技术为代表的知识密集型产业逐渐成为支柱产业，尤其是在电子信息、生物医药等领域取得了重大成就。

第五，积极发展城市群，推动区域协调发展。日本在1958年编制了《第一次首都圈建设规划》，开启了日本都市圈规划的实践。20世纪60年代初，日本就已形成以东京为顶点的三大城市圈，城市体系的基本格局呈现出"东京突出，三极并立"的特征。1986年，日本将首都圈划分为东京大城市圈和周边地区，强调要重新构筑"多核多圈型"的区域结构，推动部分政府机构从东京市中心转移出去，进行重新配置。同时，积极发展中小城市和农村工业，提高最低工资，推动区域均衡发展。

通过实施多项政策，日本在20世纪80年代的"内循环"转型效果良好，实现了经济发展模式由出口拉动向内需拉动的切换。但在刺激消费、扩大内需的同时，过于宽松的政策也导致日本居民部门杠杆暴增，催生资产大泡沫。可以说，日本可以为中国推动双循环提供宝贵的经验和借鉴。

第二篇

畅通产业链，以生产激发循环动力

以国内大循环为主体、国内国际双循环相互促进的新发展格局，其重点绝不仅仅是简单扩大内需，而是聚焦内需，着重进行供给侧结构性改革。消除供给侧的各种梗阻，使产业链、供应链、创新链能够更好更高效地循环，以生产激发循环动力，畅通并巩固国内大循环，凝聚发展新动能，实现供给侧和需求侧同步扩张和高质量发展。

第四章
全球产业链重组，中国产业链面临风险

当前新一轮科技产业革命、发达国家再工业化以及中美贸易摩擦升级正推动全球产业链和供应链进行新一轮的战略调整，这种调整预计比过往更剧烈。如何有效应对外部环境变化引发的"断链"和"断供"风险，如何有力破解已步入深水区的改革衍生的"短板"和"梗阻"，是实现畅通循环、构建新发展格局的必答题。

当前新一轮的科技产业革命或新工业革命，是一个全球化的概念。在全球工业及科技发展的历史长河之中，共经历了三次工业革命，当前全球正迎来第四次工业革命。第四次工业革命并不是仅仅发生在某一个国家或聚焦某一产业的变化，而是全球所有国家共同面对的一个发展机遇。前三次工业革命，中国都是一个"局外人"，并非最重要的参与者。当前的第四次工业革命，中国正好处于产业结构向高端跃升的关键期，也正好处于与美国高端产业竞争的敏感期，是新一轮产业革命的关键参与者，更是核心引领者。

全球产业转移与"断链"

从全球产业转移的规律来看，中国产业转移和企业外迁并非个例，其背后体现的是全球范围内的产业转移和升级大势。当前，叠加疫情影响，在"更加关注安全"的新型全球共识下，新一轮科技产业革命、发达国家再工业化以及中美博弈升级正推动全球产业链和供应链进行新一轮战略调整，这种调整预计比过往更剧烈。

过去：基于"成本中心"原则，几轮产业"单向转移"形成了"欧美研发设计—中国制造—欧美消费"的国际大循环

纵观全球，自18世纪第一次工业革命爆发后，在资本的"逐利"本能推动下，基于"效率至上""成本中心"原则，世界曾出现过多次全球性的产业大转移，产业布局和价值分配在全球范围实现了时间和空间维度的动态调整（见图4-1）。过去几轮产业转移，主要是由英国、美国占据产业链主导地位，由跨国公司的全球布局行为推动。在这一过程中，很多发展中国家对产业转移持保守甚至抵制态度。中国通过改革开放，有力地抓住了全球第四次产业链重构的机遇，成为第四次产业转移的最大受益者。中国形成了全球规模最大、门类最全、配套最完备的制造业体系，也是全世界唯一拥有联合国产业分类当中全部工业门类的国家，且在多个全球领先的高附加值行业和领域形成产业集群。

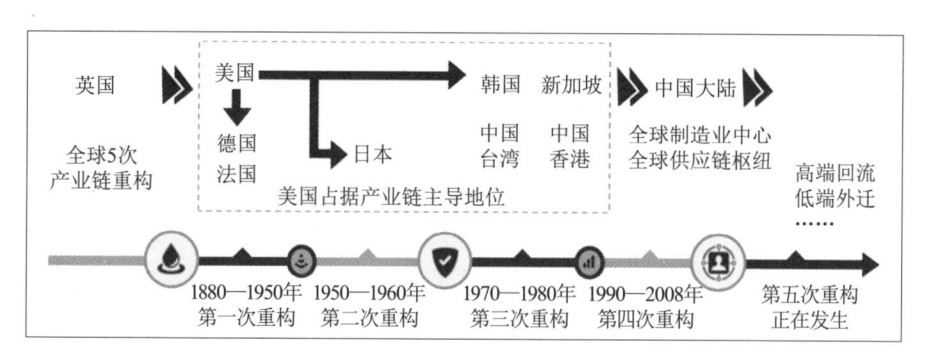

图 4-1　全球产业链重构路径图

第一次产业转移：英国→美国等，为美国成为世界经济霸主奠定基础

19 世纪下半叶至 20 世纪上半叶，在第一次工业革命的推动下，随着英国国内用工成本增加，英国通过国际贸易的方式逐渐对外进行产业转移，开启了第一次国际性的产业转移浪潮。美国作为主要的承接国，成功抓住这次机遇迅速发展，为其成为世界经济霸主奠定了基础（见图 4-2）。

美国承接全球产能转移、实现制造业崛起的过程十分漫长，即使在 1850 年前后，美国已经拥有世界上规模最大的 10 家工业企业中的 7 家，也不表示美国已真正成为制造业强国。在产业和技术竞争中，直到 1920 年前后，美国制造业才完全毫无争议地登上世界之巅，这主要得益于美国在

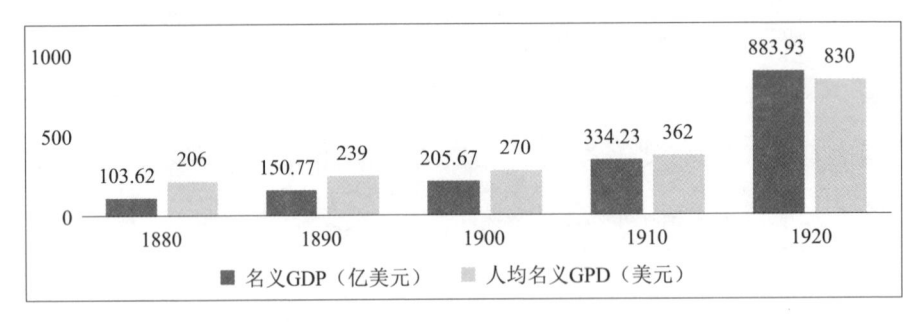

图 4-2 1880—1920 年，美国 GDP 变化
资料来源：美国经济分析局

制造端、产品端上的全面创新。20 世纪初期的美国，四处闪动着伟大发明和伟大企业，福特的 T 型车和凯迪拉克的电子启动装置开启了人类的汽车时代，华纳兄弟的《爵士乐歌手》带动了有声电影的繁荣，不锈钢和人造树胶重塑了美国制造业，电话和电气化使美国的工业基础设施全面升级。到 20 世纪 20 年代，英国与美国在制造业领域的差距已十分巨大。当时，官方数据显示，美国的研发支出在国民收入中所占的比例高达 2.5%，而同期的英国只有 2%；美国土木工程师在总就业人口中所占的比例已高达 13%，大幅领先英国的 5%。

第二次产业转移：美国→日本等，推动日本在战后迅速崛起成为世界经济强国

第二次世界大战后，以原子能、电子计算机、合成材料等为标志的第三次工业革命爆发，发达经济体面临产业升级的内在需求。第二次世界大战结束以后，美国在执行复兴欧洲、日本的产业规划中，让德国和日本优先发展钢铁、纺织轻工等传统产业。美国、欧洲等将传统加工组装制造业逐步向日本转移。1950—1955 年，日本确立了"贸易立国"发展战略，凭借劳动力价格优势和工业基础，主动承接美国的纺织、钢铁等产业，同时战后的"特需经济"也加快了这一产业承接进程，1955 年，日本经济就已快速恢复到战前水平（见图 4-3）。

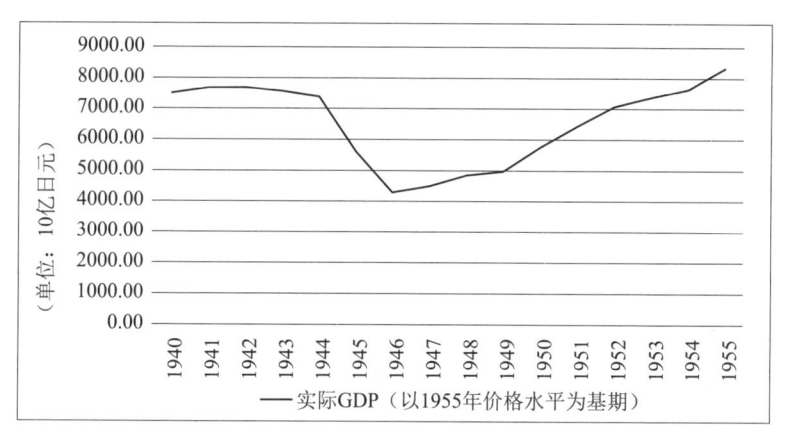

图 4-3　1940—1955 年，日本 GDP 增长情况
资料来源：沟口俊幸和野岛纪之"1940—1955 年国民经济核算研究"。

第三次产业转移：日本→韩国等，形成"亚洲四小龙"的发展奇迹

20 世纪 70 年代，以日本为领头雁，随着比较优势的变化，纺织、机电等劳动力密集型、出口加工型产业开始逐渐由日本国内转移到新加坡、中国香港等"亚洲四小龙"（见图 4-4）。本次产业转移形成了"亚洲四小龙"的发展奇迹，日本国内资源不断向高精尖产业倾斜，精密仪器等高科技产品的竞争力大幅提升，全集成电路等大型计算机及电器工业技术取得了重大突破。

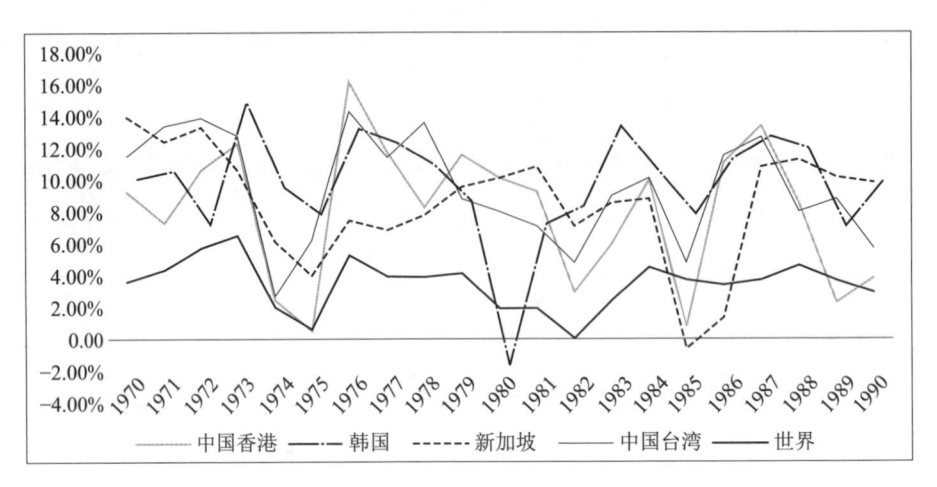

图 4-4 "亚洲四小龙"与全球 GDP 增速对比
资料来源：世界银行

第四次产业转移：发达经济体→中国等，成就中国全球制造业中心和全球供应链枢纽

20 世纪 90 年代，随着经济全球化的发展，跨国公司的规模得到进一步扩张。在信息技术革命的推动下，以美、日为首的发达国家开始了新一轮产业结构优化调整，并主导推动劳动密集型产业和低附加值的技术密集型产业继续向发展中国家转移。在这一阶段，中国凭借早期的人口红利优势和后期的产业集群优势，快速融入全球产业链和价值链体系，迅速成为全球的"制造中心"。

从成本优势来看，1978 年，中国职工的平均年工资仅为 615 元，1987 年为 1459 元，而同期美国、韩国的劳动力成本分别是中国的 41 倍、15 倍。尽管中国制造业劳动力成本在 1990—1999 年呈逐渐上升趋势，但无论是与美国这样的发达国家相比，还是与印度等发展中国家相比，中国制造业的劳动力成本仍然具有绝对优势（见图4-5）。

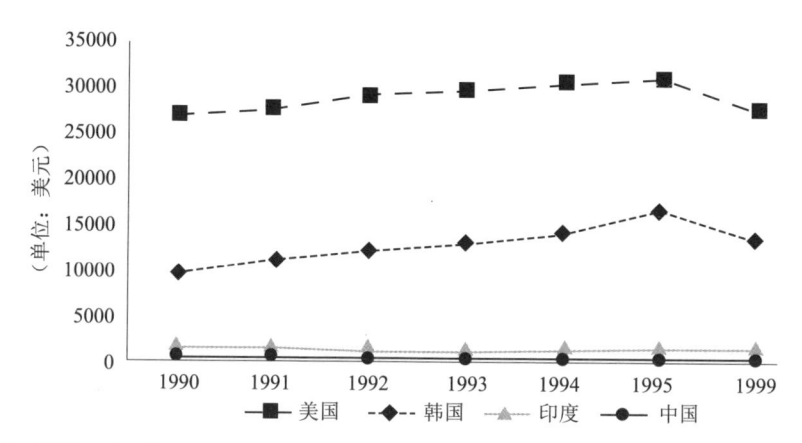

图4-5 1990—1999年，4国制造业雇员年均工资比较
资料来源：《国际统计年鉴》

从产业集群优势来看，在国家和区域产业政策的推动下，制造业在快速发展中不断集聚形成产业集群。制造业的集群式发展推动了生产规模的快速扩张，同时生产规模的扩张又进一步促进了制造业的集聚（见表4-1）。规模效应与集聚效应进一步降低了制造业综合成本，从而形成了新的竞争优势，加速了中国制造业在全球份额的提升。

表4-1 中国代表性制造业集群

序号	中国产业集群基本模式	代表集群
1	依靠当地企业家发展起来的特色产业集群	浙江温州的打火机，广东中山小榄的五金
2	依靠历史传统产业基础形成的产业集群	福建德清的瓷器，江西省万载县、湖南省浏阳市的花炮制造业

续上表

序号	中国产业集群基本模式	代表集群
3	依靠当地资源形成的产业集群	河南漯河的食品加工，江苏邳州的木材加工业
4	依靠外部市场形成的产业集群	福建晋江的制鞋业，广东佛山的陶瓷、南海西樵的纺织、云浮罗定的针织等
5	通过引进外资，在"三来一补"基础上形成外向型加工业集群	珠江东岸的电子信息产业集群，珠江西岸的家电产业集群
6	配套大型企业形成的产业集群	武汉汽车产业集群，长三角汽车产业集群
7	依靠高校资源和科技人员创业形成的产业集群	北京市中关村科技园区
8	通过政府规划引领形成的产业集群	贵阳大数据产业集群，上海临港产业园

资料来源：中国（深圳）综合开发研究院参考倪鹏飞《产业集群调查：浮现的龙脉》整理

中国制造业总产出在2005年超越德国，随后在2008年超越日本，在2010年超越美国，制造业规模已连续8年全球第一。至2018年底，中国制造业增加值占全球比重超过28%（见图4-6）。在世界500多种主要工业品中，中国有221种产品的产量居全球第一位。同时，中国制造的产品层次逐步提高，智能手机、集成电路、汽车等中高端产品的产量占全球总量的1/3以上。2018年，中国手机、计算机产量已经达到全球总产量的90%以上，均居全球首位。中国承担了全球制造业供应链枢纽的作用，"欧美研发设计—中国生产制造—欧美消费"的国际大循环逐步形成。

值得关注的是，从过去的几亿双鞋换一架飞机，到今天的智能手机，中国总体仍处于世界制造业的中下游（见表4-2）。中国出口的很多产品如智能手机、家电和PC（个人计算机）产品等单品利润率不到5%。其余95%的部分，除了用于引进部分核心的、高端的电子元器件外，更多的是需要支付的工人工资、厂房租金、水电费、缴纳各项税费、代理商佣金、物流费用等，这些支出才是构成产品成本的主要部分。

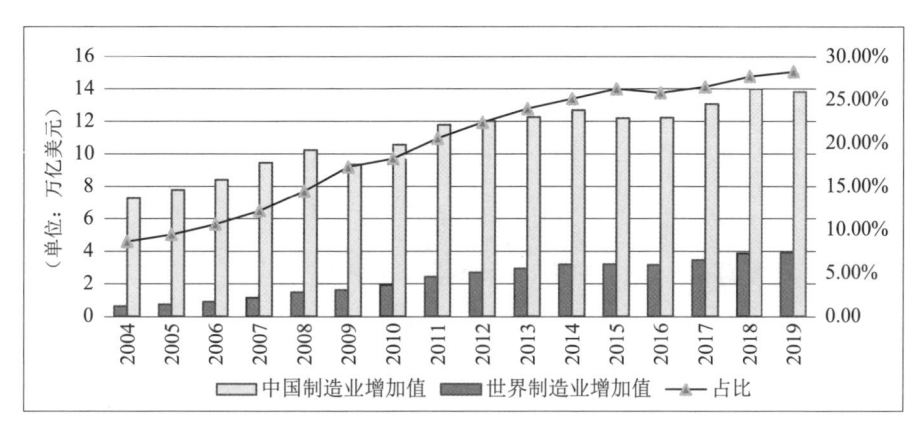

图 4-6　2004—2019 年，中国制造业增加值占全球比重变化
资料来源：世界银行

表 4-2　中国部分制造业产品产量 / 产值占全球比重

	印制电路板产值占全球比重	汽车产量占全球比重	智能手机出货量占全球比重
2010	38.40%	23.51%	—
2011	39.76%	23.01%	20.08%
2012	40.03%	22.89%	37.40%
2013	43.74%	25.35%	43.60%
2014	45.62%	27.11%	31.23%
2015	48.03%	27.02%	32.12%
2016	50.40%	29.61%	34.87%
2017	51%	29.82%	30.03%

资料来源：国家统计局、工业和信息化部

现在：在"更加关注安全"的新型共识下，新一轮产业转移呈现回归与转移"双向调整"的态势，中国处于旋涡中心

发达国家"再工业化"政策号角吹响，高端回流风险逐步显现

新一轮制造业争夺战正在全球打响，主要国家都在积极围绕制造业进行战略部署。以美国为首的发达国家通过鼓励资本和制造业回流的方式促进本国产业复苏和就业，原有国际产业体系面临压力。和简单的制造业增长不同，"再工业化"的核心是推动以制造业信息化和服务化为特征的现代制造技术与先进制造业的发展，一是结合最新技术实现传统产业的转型升级，二是加快前沿技术研发培育新兴产业。两条路径双管齐下，引导高端制造业回流，旨在通过技术创新和品牌优势占领价值链关键节点，在未来全球新技术、新产业竞争中占据有利地位，从而形成整个产业链的竞争优势。美国、德国等发达国家根据自身基础纷纷制定了符合本国现状的"再工业化"战略。

2016年的G20（二十国集团）杭州峰会上提出的两个倡议，也充分显示了发达国家实施"再工业化"、发展"新型工业化"的决心。一是新工业革命的行动计划（《二十国集团新工业革命行动计划》），在这个倡议里提出这场正在兴起的新工业革命是以人、机器和资源间实现智能互联为特征，由新一代信息技术与先进制造技术融合发展并推动，是物理世界和数字世界、产业和服务之间的融合的一种发展形态。二是《二十国集团数字经济发展与合作倡议》，就是以使用数字化的知识和信息作为关键生产要

素、以现代信息网络作为重要载体、以信息通信技术的有效使用作为效率提升和经济结构优化的重要推动力的一系列经济活动。

1. 美国：重点布局高端制造业，重振传统制造业

作为世界领先的制造业大国，强大的实体经济积累是美国在全球政治、军事、经济统治地位的坚实后盾。2019年，美国制造业增加值仅次于中国，位列第二，占全球制造业总产值的比重近20%（见图4-7）。美国的制造业不仅在规模上处于领先地位，在质量上更是具有绝对优势，2017年，全球制造500强排名显示，美国企业占据133席，居全球之首，与第二名的日本拉开48家企业的差距。

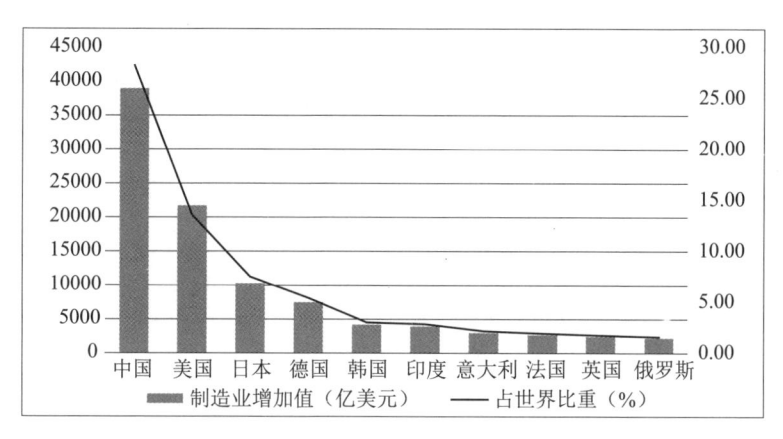

图4-7 2019年，世界各国制造业产值（前十）
资料来源：世界银行

在新一轮产业革命背景下，得益于制造业的良好基础和雄厚的科技实力，美国"再工业化"战略的核心是发展高技术和高附加值产业（见

图4-8）。除在高端制造业领域保持并巩固自身优势之外，美国针对传统制造业成本过高的劣势，通过引入自动化技术，弥补本国与东南亚国家在人工、土地等方面的成本差距，重振传统制造业。尤其在特朗普上台后，美国政府对于钢铁、汽车等传统制造产业的发展更为关注，这一点从近年来美国实行的贸易政策也可看出。2018年6月，富士康在威斯康星州的LCD（液晶显示屏）面板生产工厂正式动工，为该州带来100亿美元投资并创造13000个工作岗位，美国政府为此给予富士康40亿美元的财政补贴和免除环保审查的政策支持。

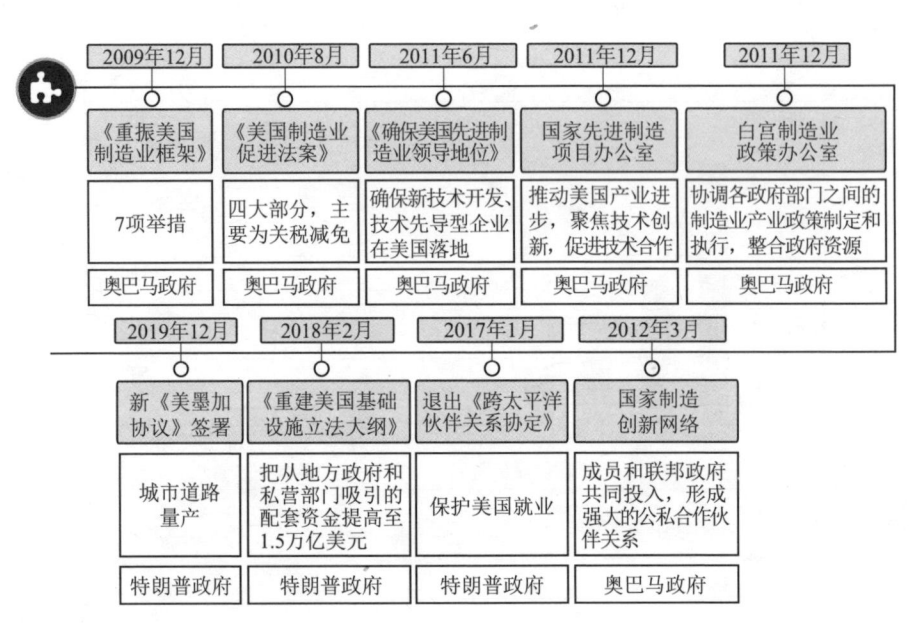

时间	政策	内容	政府
2009年12月	《重振美国制造业框架》	7项举措	奥巴马政府
2010年8月	《美国制造业促进法案》	四大部分，主要为关税减免	奥巴马政府
2011年6月	《确保美国先进制造业领导地位》	确保新技术开发、技术先导型企业在美国落地	奥巴马政府
2011年12月	国家先进制造项目办公室	推动美国产业进步，聚焦技术创新，促进技术合作	奥巴马政府
2011年12月	白宫制造业政策办公室	协调各政府部门之间的制造业产业政策制定和执行，整合政府资源	奥巴马政府
2012年3月	国家制造创新网络	成员和联邦政府共同投入，形成强大的公私合作伙伴关系	奥巴马政府
2017年1月	退出《跨太平洋伙伴关系协定》	保护美国就业	特朗普政府
2018年2月	《重建美国基础设施立法大纲》	把从地方政府和私营部门吸引的配套资金提高至1.5万亿美元	特朗普政府
2019年12月	新《美墨加协议》签署	城市道路量产	特朗普政府

图4-8 美国的"再工业化"战略
资料来源：中国（深圳）综合开发研究院整理

美国除"再工业化"战略外,又提出了"制造业创新中心"的发展愿景。为促进美国制造业科技创新和成果转化,2012年3月,美国政府宣布启动国家制造业创新网络计划,在重点技术领域建设制造业创新中心。一是能够助力区域经济快速发展。美国制造业创新中心的建设地点是经过仔细考量的,所建创新中心能有效依托当地资源,并反过来带动地区产业经济发展。如先进复合材料制造创新中心吸引了澳大利亚的聚合物复合材料制造商Leisure Pools在其附近设置工厂,将为诺克斯维尔在未来10年提供多达1000个就业岗位。二是助力成员单位能力提升。美国制造业创新中心积极为成员单位创造良好的创新生态环境,提供发展机遇。如国家增材制造创新中心美国制造（America Makes）,帮助其创始成员牛津性能材料公司成为美国第一家获得美国食品药品监督管理局认可的可生产3D打印外科手术聚合物植入物的公司。三是助力专业领域人才培养。以美国制造业创新中心作为"教学工厂",积极帮助企业培训员工提升劳动技能,为企业研发和运营提供技术支持。电力美国（Power America）设立了一个宽禁带半导体电力电子的硕士学位,目前每年已有超过200名硕士研究生在北卡罗来纳州电力美国的会员大学从事电力电子研究,并吸引了超过225名工程专业的大一新生选择宽禁带半导体相关专业。

2. 德国：以工业互联网推动智能制造

德国"工业4.0"计划的核心是利用信息产业让现有先进工业模式实现智能化和虚拟化,即智能工厂和智慧生产。截至2017年底,德国投入实际应用的"工业4.0"案例已经达到317个,250人以下中小企业虽然绝对规模较高，但考虑到总体数量，"工业4.0"在中小企业中的应用仍然不高，未来该类企业将是德国政府关注的重点（见图4-9）。在产业领域，德国最新出台《高科技战略2025》，指出未来7年内的重点发展领域将集中在健康和护理、可持续及气候保护和能源、零排放智能化交通等七大方面，具体将落实到癌症抗争、智能医学、研究与护理数字化互联、完善塑料循环经济等12项任务。

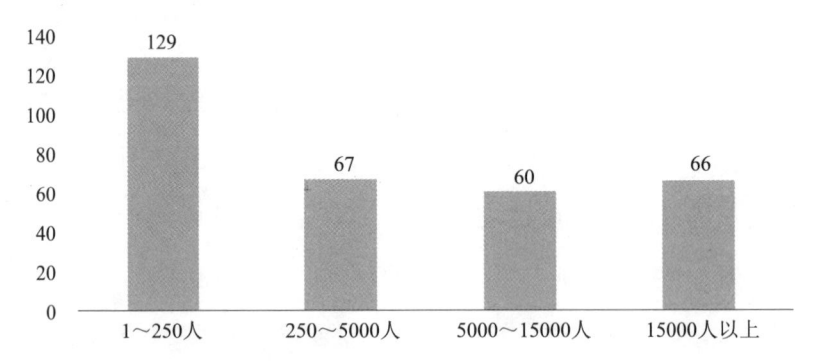

人员规模	案例数
1~250人	129
250~5000人	67
5000~15000人	60
15000人以上	66

图4-9 "工业4.0"在德国企业中的应用案例数
资料来源：德国联邦教育和研究部

疫情在全球蔓延，各国将产业链安全提升到国家战略高度

根据英国智库亨利·杰克逊协会的相关研究，美国有414种商品的生产依赖中国，其中有114种商品应用于关键基础设施。近年来，美企开始反思与中国产业链黏性过高的问题，考虑将部分产业链迁出中国。瑞士银行一项最新的调查数据显示，在中国拥有制造业务的企业中，有76%的企业希望至少把一部分产能移出中国。其中，92%的医疗保健公司和89%

的消费必需品公司计划或已经将部分产能移出中国。疫情加速美国产业链布局由"效率至上"向"效率与安全并重"转型，本地化生产和多元化分散布局将受到更多重视。高度依赖外国供给的现状让各国政府更是如芒在背，各国将会把供应链的安全性及对供应链的自主可控性摆在更重要的位置。为此，供应链"去中国化""中国+1"战略获得了不少国际共鸣，有利于美国借此形成更广泛的"去中国化联盟"。

具体来看，美国方面，美国白宫国家经济会议主席拉里·库德洛提出一项吸引美国企业撤出中国、回流美国的建议。他提到，一种可能吸引美国企业从中国回流的政策是，将回流支出100%直接费用化，为美企撤离中国的费用买单，以鼓励它们尽快回流美国。日本方面，菅义伟在访问越南期间于当地大学发表演讲时表示，在新冠肺炎疫情之下，供应链过于集中，存在风险，建议日本企业的供应链分散到东南亚各国。同时，他计划大幅增加对在东南亚国家扩大生产基地的企业发放补贴。其中，大企业补贴费用最多达到1/2，中小企业补贴最多达到2/3，此举将纳入2020年确定的经济对策。根据日本经济产业省公布的政策细节，日本计划拿出"改革供应链"所需费用中的2200亿日元（约合人民币143亿元）用于资助日本企业将生产线转移回日本本土，将235亿日元（约合人民币15亿元）用于资助日本公司将生产转移到其他国家以实现生产基地多元化。

越南等发展中国家拥抱产业转移，低端产业外迁态势明显

较之前的四次产业转移，本次产业转移一方面表明了中国在全球的重要产业地位，另一方面也为中国带来了更多的挑战。中国"人口红利"与"成本洼地"的比较优势不断被削弱的推力，越南、印度、泰国、墨西哥等国家全力承接产业外迁的拉力，使劳动密集型产业尤其是成本敏感、"两头在外"的国际代工企业加速外迁。与此同时，国际贸易摩擦也加速了企业的外迁步伐。贸易摩擦升级，对企业造成了较大冲击。部分企业尤其是外资企业倾向于外迁，以摆脱加征关税的掣肘，分散企业经营风险。如台资企业中裕电器(深圳)有限公司出于规避风险的考虑外迁部分产能至柬埔寨。部分企业外迁的例子，如表4-3所示。

表4-3 部分企业外迁案例

企业	撤出时间	撤出地点	拟迁入地
微软	2014年	东莞、北京	越南河内
西铁城	2015年	广州	部分迁入泰国
希捷	2017年	苏州	扩大泰国原有工厂规模
三星	2018年	深圳、天津	印度和越南
日东电工	2018年	苏州	越南
奥林巴斯	2018年	深圳	越南
精工爱普生	2021年	深圳	泰国

越南方面，作为13个自由贸易协定（FTA）的缔约国之一，使其成为最开放的经济体之一。《全面与进步跨太平洋伙伴关系协定》（CPTPP）和最近签署的《欧盟-越南自由贸易协定》（EVFTA）对于希望搬迁其供应链的企业来说，成为其落地越南的重要推动因素。越南人口接近一亿，且在过去10年，每年均以6%~7%的速度增长。低成本、政治稳定、对投资者有利的政策、

不断改善的基础设施以及国家支持的促进科技创业公司的努力，使该国对企业很有吸引力。2019 年的数据显示，韩国是越南最大的投资地，占越南 380 亿美元新外国直接投资总额的近 20%，其次是中国香港、日本和中国内地。

印度方面，根据俄罗斯塔斯社 2020 年 5 月 8 日的报道，印度政府通过自己在美国的渠道，同时通过国外使团已与 1000 多家在华有生产线的公司进行了联系，并向它们表示，如果它们迁往印度市场，印度将为其提供各种优惠。从报道中可以看到，莫迪明确希望，借助潜在的美国伙伴提高亚洲第三大经济体在全球生产链和供应链中的作用。莫迪在印度商会第 95 届年度全体会议上表示："每一个印度公民都决心把当前的危机转化为一个机遇。我们必须使之成为国家的一个重大转折点，目前到了打造一个具有全球竞争力的国内供应链的关键节点。"

未来：在大循环架构下的美欧亚三大自成体系的区域中心和区域自循环

在更加逆风逆水的国际环境中，在全球产业布局的新型逻辑之下，长期来看，在国际大循环的整体架构之中，全球将形成以美洲、欧洲、亚洲为中心，你中有我、我中有你的三大"区域板块化"格局。将全球最优秀的企业聚集在区域层面进行专业化的产业分工，形成垂直整合的集群模式，而收益仍由各国企业共享，这种既实现水平分工，又实现垂直整合的生产关系，在提高抗风险能力的同时兼顾市场效率，是全球产业链的重要转型方向。控制产业链核心环节的国家将考虑产业的纵向整合以缩短供应链条，并在本土或周边国家配置预备产能或加大库存以备不时之需。跨洲的远程供应链会相应减少，每个区域都拥有较为完整的产业体系，形成基本的"自成体系""有备胎"的高中低的梯度产业集群。我们具体以美洲和欧洲为例分析一下。美洲方面，经过两年内和墨西哥及加拿大的谈判，最终新的《美墨加协议》于 2019 年 12 月 11 日签署，并于 2020 年 7 月 1 日生效。现任美国贸易代表莱特希泽表示，受新冠疫情影响，美国现在比以往任何时候都更应努力增加国内的制造能力和投资，停止"就业外包"，《美墨加协议》生效是为此而迈出的一大步。欧洲方面，日本电产计划在欧洲建三座电机工厂，分布于塞尔维亚、法国和波兰。到 2023 年，塞尔维亚工厂的电动汽车年产能将达到 20 万辆至 30 万辆。

中美科技博弈与"断供"

当前，美国将中国定位为战略竞争者，中美博弈已经上升到大国竞争的层面。中国逐步进入后发优势叠加自我创新的发展新阶段，很多领域需要从模仿创新、跟随式发展向自主创新、并跑式、领跑式发展转变，这将会进一步影响美国在科技领域的全球性优势和核心利益，双方的对抗将不断激化。中美科技关系从"和风细雨的合作"转向战略博弈，美国着力剥离科技领域的中国元素，通过极限施压科技龙头、有选择性地剥离中国科技产业市场、限制两国科技数据、科技资本、科技人才的自由流动，对华打出全面科技遏制的组合拳，促使两国科技生态不再紧密连接。

中美"锯齿型引领"：美国主导的科技体系与中国崛起的挑战

中国的"追赶"和技术攻势让美国感受到百年未有的大挑战的潜在威胁（见图4-10），对华战略遏制已是美国两党共识，双边处于从合作转向竞争的过渡性阶段。在美国国际交往逻辑里存在一个"60%定律"，即当另一个国家的经济规模达到美国的60%，并有快速赶超美国的可能时，美国就一定会将其定义为对手。2019年，中国GDP相当于美国GDP的67%。美国国际战略研究中心（CSIS）发布的《中美的合作、竞争与冲突》提出，若中国保持6.5%的年均增速、美国保持2%的年均增速，中国的GDP总量将在2028年超过美国，成为全球第一大经济体。英国财政研究

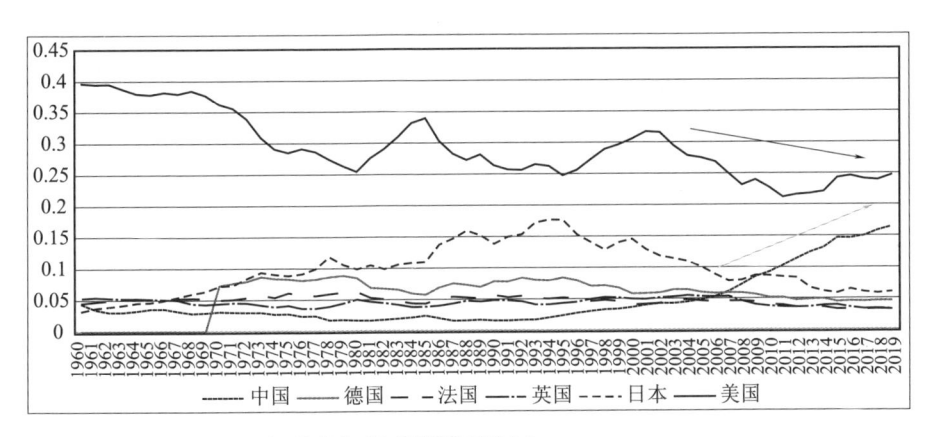

图4-10　1960—2019年，主要经济体对全球经济的贡献变动
资料来源：世界银行

所也提出了同样的观点。2020年5月，白宫发布的《美国对中华人民共和国的战略方针》认为，美国应该采取以全面战略竞争为基础的侵略性做法，将中美关系定性为"大国竞争"，美国"愿意付出成本"，采取"施压"原则实现目标。

中美在科技领域的"锯齿型"引领态势尤为明显。过去40年，中美的发展互动是一种锯齿型引领关系，这种锯齿型咬合也成就了中美的共同"伟大"。这种锯齿型引领，是中美共同作为世界经济发动机的两大动力齿轮，两者相互咬合、相互连接、相互补充，共同推动全球经济发展和全球化进程。在初始阶段，中国资源、人力资本、土地等与美国的技术、品牌的互补合作，创造了中美经贸合作的辉煌。当前，中国依托市场优势、产业链优势等在数字经济的局部领域实现了一定的超越，但这种超越和发展，并不是全面的领先，而是各有所长、相互依赖（见表4-4）。

表4-4 中美GDP规模及增速对比

年份	美国（亿美元）	中国（亿美元）	GDP：中国/美国	增速：中国/美国
1949	2728	202.6	7.4%	—
1978	23565.7	1496.4	6.4%	—
2019	214300	136080	67.0%	—
2019/1949	78.6	671.7	—	9.0
2019/1978	9.1	90.9	—	10.5

资料来源：世界银行

具体以5G（第五代移动通信技术）产业为例，据国际知名专利数据公司IPlytics统计，截至2019年6月，华为的5G SEP（标准必要专利）达2160个，位居世界第一，比第二名的诺基亚高出600多个，排名第三的中兴拥有1424个专利，而高通只有921个专利声明（见图4-11）。美国方面认为中国的5G技术是"有史以来第一次，中国能够和美国并驾齐驱，而非与以往一样慢2~5年"。中国的科技攻势对美国全球科技领导地位和经济制裁权构成了百年大挑战。当前中国已经成为美国在全球科技领域强有力的竞争者，对美国及其盟友而言，它们必须在有限的时间窗口内快速采取行动，避免其对全球经济及科技的主导权拱手让人。

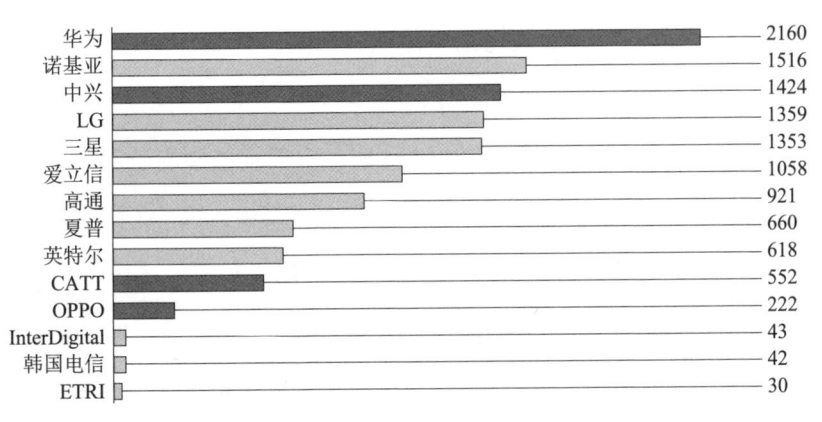

机构	数量
华为	2160
诺基亚	1516
中兴	1424
LG	1359
三星	1353
爱立信	1058
高通	921
夏普	660
英特尔	618
CATT	552
OPPO	222
InterDigital	43
韩国电信	42
ETRI	30

图4-11 5G SEP申请量全球机构排名（截至2019年6月，单位：个）
资料来源：IPlytics

科技领域为主战场，核心技术"断供"与中国科技创新的困境

在大国博弈的过程中，科技将是最终的主战场，科技实力的角逐最终将

落到两国之间产业实力（生产力）竞争的层面。我国从制造业发展期进入科技发展期，这就意味着我国将从人口红利的比较优势向后发优势转型，进而向自我创新的比较优势转型。我国的很多领域需要从模仿创新、跟随式发展向自主创新、并跑式、领跑式发展转变。这将会进一步影响美国在科技领域的全球性优势和核心利益，双方的对抗将不断激化。归根结底，实现中美在供应链、科技领域的博弈是美国主导的中美经济博弈的重点，贸易制裁、投资限制甚至可能叠加的金融打击都是服务于科技博弈，都是为了促使两国科技生态不再紧密连接，对中国的经济崛起、科技追赶实现全面压制。

贸易领域：高筑关税等壁垒打击中国科技产品

美国作为中国前三大贸易伙伴，除2008年金融危机、2016年全球经济疲软出现双方贸易额下滑外，2018年前，中美贸易额均呈现稳步上升的态势。2019年，中美进出口额同比下降13.8%。其中，进口下降21%，出口下降12.5%。从对美进出口占中国进出口总额比重来看，2019年，中国对美国的进出口总额占中国对全球的进出口总额的比例为11.95%，同比下降2个百分点，为中国加入WTO以来历史最大降幅（见图4-12和图4-13）。其中，出口美国占比和进口美国占比分别下降2.5个百分点和1.3个百分点。

投资领域：安全审查的升级限制科技企业投资

近年来，美国外国投资委员会的审查力度不断加大，越来越多的中国企业赴美投资被撤销。美国财政部已全面实施于2018年8月13日签署的

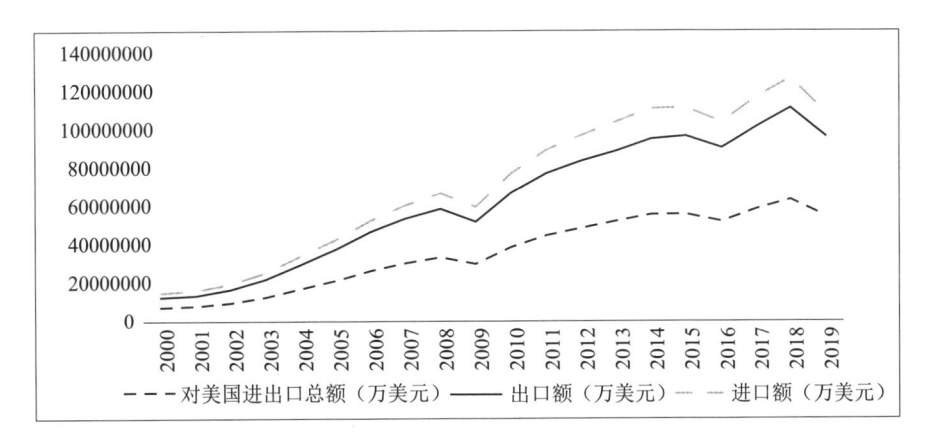

图 4-12　2000—2019 年，对美国进出口情况
资料来源：国家统计局

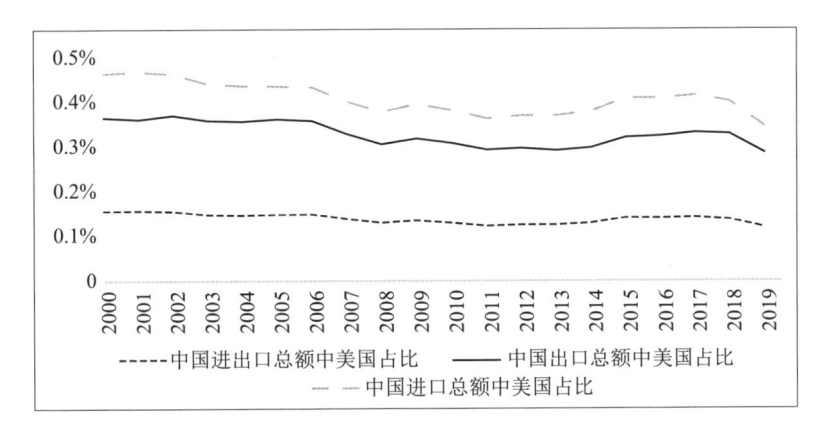

图 4-13　2000—2019 年，对美国进出口占比情况
资料来源：国家统计局

《外国投资风险评估现代化法案》(FIRRMA)，凡在美国涉及关键技术或关键基础设施的企业以及敏感个人信息的所有交易，无论其是否会造成外资控制的后果，都被纳入审查范围（见表 4-5）。同时，由外国政府持有的投资

者在进行对美非控制性投资时，必须进行强制申报以接受国家安全审查，此举对我国赴美投资增加了更多限制。这是一场以国家安全为名，却主要针对中国投资者的美国法律改革。随着美国不断加大对中国投资的审查，中国对美投资将面临更多的政策性及制度性障碍（见表4-6）。

表4-5　FIRRMA 限制列表

关键技术	需要出口许可的或具特定用途的商品、服务、软件和信息技术。当交易中涉及的美国企业使用的关键技术与27个相关指定行业有关时，美国外国投资委员会对其具有管辖权，而相关交易也具有强制申报义务
关键基础设施	美国企业拥有、运营、制造、供应或服务特定类型的关键基础设施的情况，包括向军事设施提供电力或位于军事设施附近的某些电力能源系统或设施；某些石油设施、液化天然气站或存储设施，以及州际石油和液化天然气管道；某些直接为军事设施提供服务的电信和信息服务或光缆
敏感个人信息	美国企业如果满足以下条件，将被视为保有或收集敏感个人数据：针对或为敏感团体（例如，军事人员）量身打造的产品或服务；收集或保有至少100万人的敏感个人数据；存在明确要保有或收集超过100万人的个人敏感数据的商业目标，且此等敏感个人数据是该美国企业主要产品或服务的组成部分

资料来源：美国财政部网站

表4-6　2009—2020年，因美国外国投资委员会审查而被撤销的部分中国企业赴美投资

年份	投资方	投资标的	行业
2009	中国西色国际投资有限公司	美国优金采矿公司	能源
2010	中国华为技术有限公司	美国服务器技术公司	通信
2010	中国鞍山钢铁集团	美国钢铁发展公司	制造业
2016	中国金沙江创业投资基金	荷兰皇家飞利浦旗下 Lumileds 公司含美国业务	制造业
2017	中国华信能源有限公司	美国考恩集团	金融业
2017	中国 TCL 集团	美国诺华达无线通信公司	通信
2017	中国海航集团	美国全球鹰娱乐有限公司	娱乐
2017	中国忠旺集团	美国爱励制铝公司	制造业
2018	中国新纶科技有限公司	美国阿克伦聚合物系统公司	新材料
2018	中国蓝色光标集团	美国 Cogint 大数据营销公司	大数据

续上表

年份	投资方	投资标的	行业
2018	中国海航资本集团	美国对冲基金天桥资本公司	金融业
2018	中国重型汽车集团有限公司	美国 UQM 科技股份有限公司	制造业
2018	中国蚂蚁金服集团	美国速汇金国际有限公司	金融业
2019	碳云智能	美国 PatientsLikeMe 健康医疗科技公司	生命健康
2020	中长石基信息技术股份有限公司	美国 StayNTouch 信息服务公司	信息技术

资料来源：中国（深圳）综合开发研究院根据相关网站整理

产业领域：聚焦高科技龙头极限施压

当前，美国对中国的限制主要集中在科技企业，尤其是对科技领域龙头企业，美国政府推动了多项对中国龙头企业的制裁手段。截至2020年5月，中国共有314个实体被纳入美国实体清单（见表4-7），其中中国大陆企业共215个，ICT（信息通信技术）产业（包括电子行业、信息通信、人工智能）实体比例达到65%，是美国压制中国科技的核心点。以华为为例，从2019年1月美国司法部起诉华为"敲诈勒索与合谋窃取美国商业机密和尖端科技"，到将华为及其下属子公司列入出口管制清单，甚至要求全球科技公司和组织抵制华为。2020年5月15日，距离华为被美国列入出口管制"实体清单"一周年之际，美国对华为的限制再次升级，从华为供应端到海思芯片端，企图全面围剿华为（见表4-8）。即使芯片本身不是美国开发设计的，但只要全球公司使用了美国芯片制造设备，就必须获得美国政府的许可，才能向华为或其附属公司提供芯片，这等于全面封杀了华为的全球芯片采购链。美国对中国龙头企业的限制和制裁正逐步从信息技术领域往外拓展。

表 4-7 美国"实体清单"涉及的主要国家及主体数量（截至 2020 年 5 月）

国家	数量
俄罗斯	320
中国	314
阿联酋	135
巴基斯坦	87
伊朗	78
马来西亚	32
土耳其	30
英国	29
阿富汗	29
乌克兰克里米亚地区	26
加拿大	21
新加坡	20
其他	26

资料来源：中国（深圳）综合开发研究院根据相关网站整理

表 4-8 美国对华为的限制政策

时间	限制政策
2019 年 1 月 13 日	美国司法部起诉华为："敲诈勒索与合谋窃取美国商业机密和尖端科技"
2019 年 5 月 15 日	特朗普签署行政命令，宣布进入国家紧急状态，允许美国禁止被"外国对手"拥有或掌控的公司提供电信设备和服务。同日，美国商务部宣布，将把华为本体及 68 家相关公司列入出口管制的"实体清单"
2019 年 5 月 19 日	谷歌已经暂停与华为的部分业务，包括需要转移硬件、软件和技术服务的业务，开源业务则不受影响，给华为及其合作伙伴 90 天的临时许可
2019 年 5 月 20 日	英特尔、高通、赛灵思、博通等美国芯片厂商已告知员工，在接到进一步通知前不会向华为供货。美国手机零部件商 Lumentum 停止向华为供货

续上表

时间	限制政策
2019年5月22日	微软下架华为笔记本，软银、KDDI和NTT同时发布了最新声明，原定5月在日本发售的华为P30系列手机将暂停发售
2019年5月25日	Wi-Fi、SD、Bluetooth联盟撤销华为的会员资格，世界上最大的非营利性专业技术学会IEEE协会禁止华为员工参与旗下的期刊的编辑和审稿工作
2019年8月19日	对华为的临时采购许可证延长90天，并增加46家华为子公司进入实体清单
2020年5月15日	美国商务部再度延长华为的临时许可到8月13日，但同时它正在更改出口规则，意图打击华为的芯片供应链

资料来源：中国（深圳）综合开发研究院根据相关网站整理

2020年5月，继华为之后，美国商务部再度出手以"威胁国家安全"为由，将33家中企、机构列入"实体清单"，这是自2019年美国将华为及28家中企列入该清单后的又一个大动作。这次的清单，既包括奇虎360、云从科技、烽火科技等企业，还包括公安部法医科学研究所、哈尔滨工业大学、哈尔滨工程大学等政府相关机构或高校。从行业领域看，基本都是以计算机科学、物理科学领域为主，包括精密光学元件、纳米技术、物流、外贸、网络安全、人工智能、安防等行业领域。

科技领域：不断升级技术出口及科技人才交流限制

当前中美科技博弈的一个突出表现是技术出口政策限制。根据USTR（美国贸易代表办公室）的政策，决定是否向中国某进口产品施加额外关税的考虑主要有三方面，其中最重要的是是否具有重要战略意义或与《中国制造2025》等产业政策相关等。美国的"实体清单"中列入了集中于军工、航空航天、电子科技、大数据计算等领域大量科研机构和学校，如北京航空航天大学、电子科技大学、西北工业大学、国家超级计算所（广州、天津、长沙）、中国空气动力研究与发展中心、中国航天科工集团等，意图阻断两国的技术交流，进一步遏制中国科技的发展。

科技博弈的另一个表现是人才和科研交流限制。美国对国家安全的忧虑和美国保守主义势力的上升，为"减少情报收集者的盗窃行为"，对中国留学生的签证政策日渐严苛。2020年5月，美国政府发布新规，若中国学生学习、工作或做过科研的单位，实现或者支持中国"军民融合"发展战略，将被禁止前往美国读研或进行科研交流，具体专业包括量子计算、大数据、半导体、5G、先进核技术、航空航天和人工智能等。同时，美国也加强了对华人在美国科研院所工作的限制，多个研究及学术机构如美国安德森癌症研究中心、埃默里大学等研究机构在美国相关部门调查国外势力的要求下解雇华裔学者。

中国科技突围与"短板"

面对产业链转移的"断链"风险和中美博弈的"断供"风险，科技突围成为中国实现战略突围的关键一招。但目前我国科技创新体系仍存在基础科学研究短板突出、关键核心技术受制于人、科技成果转化渠道不畅、统筹协调机制不健全等问题。

基础科学研究短板突出

科技创新认识不足

科技创新包含科学研究和技术创新，科学作为一种认识活动，其基本功能在于解释和预见。科学发展和技术创新的文化内涵是不一样的，文化与科学活动、技术创新之间的作用机制是有区别的。我国科学研究文化短板导致科学研究氛围严重缺失、个体创新精神明显不足、评价体系不完善，导致基础研究过程中容易出现科学精神缺失，研究人员难以做到"坐住冷板凳"和"十年磨一剑"。世界各国都想建立自己的"硅谷"，成为下一个硅谷的必要条件是拥有强大的基础学科。硅谷有全球领先的大学及科研教育，特别是化学、物理、数学三门基础学科。

基础研究投入不足

第一，基础研究投入强度低。据国家统计局统计，2018年，我国研究与试验发展（R&D）经费支出为19657亿元，比2017年增长11.6%。但是，基础研究经费仅为1118亿元，只占R&D总费用的5.69%，与国际发达国家基础研究投入占总研发投入15%~20%相比，我国仍有较大差距。

第二，尚未形成多元化的基础研究投入体系。投入结构不合理，基础研究过度依赖中央财政，地方财政投入明显偏低、企业对基础研究投入严重不足。目前，中央财政投入约占基础研究总投入的90%，地方政府约占7%，企业、公益基金、慈善捐助等社会力量对基础研究的投入非常有限。

1995—2016年，我国企业研发经费中基础研究投入比例始终不足1%，应用研究投入比例由14.51%下降到3.04%，试验发展投入比例由84.64%增长到96.75%，企业对基础研究投入严重不足。在美国，联邦政府对基础研究投入约50%，地方政府投入约20%，社会资金投入约20%，社会投入对于支持非共识项目可以发挥重要作用。

第三，基础研究项目竞争性的支持方式需要改革。目前基础研究项目大多数采用竞争方式予以支持，通过项目指南、科技人员申报、专家评审一系列程序，优胜者获得支持。然而，这种支持方式使得科研人员失去选择研究方向的自由，非共识研究思想很难获得支持，不利于产生原创性成果，不利于产生从非共识开始走向共识的颠覆性作用的重大发现。

基础研究活动不足

第一，基础研究主体的基础研究活动占科技研发比重低。在主要创新型国家，基础研究一般是高校或政府研究机构最重要的研发活动类型。我国高等院校研发支出中基础研究、应用研究和试验发展的占比为40∶49∶10；研发机构研发支出中基础研究、应用研究和试验发展的占比为15∶28∶57。法国、美国高等院校的基础研究占比分别高达74%和63%，英国、俄罗斯和韩国政府研究机构的基础研究支出比例分别达到42%、32%、29%，美、法、日都在20%左右。

第二，学科划分过细制约协同融合创新。随着科技、产业融合创新的趋势日益凸显，多学科协同创新成为科技创新的重要突破点。而我国基础研究学科划分过细，造成各个学科隔离，成为制约基础研究发展的一个深层次问题。在国家标准学科分类中，共分 13 个学科门类，下设一级学科 111 个，二级学科 375 个，三级学科 2382 个；从科学资助机构项目的申请代码看，国际上科学基金会申请代码均少于 500 个，我国自然科学基金 2018 年的三级申请代码有 2111 个。学科划分过细不利于多学科协调创新和融合创新，已不适应当前发展的需要，需要前瞻性地、与时俱进地对学科布局进行优化调整。

科学研究评价体系不完善

第一，科研项目评价机制不合理。对科研项目未能进行分类立项审批，未能根据学科特点、研究规律等开展分类评价。项目选题采取政府部门行政主导的选题与分配方式，容易让一些社会关系、行政级别等与科学研究无关的因素对选题和经费分配产生重要影响，从而影响选题质量和经费分配的公平合理性，甚至造成学术资源浪费和学术腐败等现象。科研成果评价存在重量不重质、重形式不重内容等现象，使得一线科研人员经常疲于应付填报各类表格、发表没有创新的论文等，无法集中精力完成真正有创造性的研究工作；对基础研究和应用研究缺乏差异化评价体系，从而使一些评价指标无法体现基础研究的长期价值和根本价值等。

第二，项目管理重过程控制，不重结果控制。自然科学基金、社会科学基金等有关政府部门对科研项目的管理，在财务管理方面很严，尤其严格控制经费的使用方向，只求不出违规事件、不要随便乱花钱，而对科研成果的内容和实际效果则缺乏有效监督。缺乏与基础研究的不确定性、研究时间的长期性、精力投入的高强度等相匹配的薪酬激励机制，缺乏适合基础研究的稳定支持模式和重大成果事后奖励机制，没有为科研人员营造潜心科研、十年磨一剑的机制氛围，从而影响了科研人员开展原创性基础研究、前沿研究的积极性。

关键核心技术受制于人

我国关键核心技术受制于人的局面尚未根本改变，在信息通信、高端装备、工业基础材料、航空航天、生物医药等关键领域和关键产业，涉及最基础的产业技术和前沿工艺、核心器件和关键装备、关键基础材料、系统与架构等方面的核心技术受制于人，这是影响我国经济高质量发展和国家安全的最大隐患。

关键领域"卡脖子"短板明显

由于核心技术欠缺，我国创造新产业、引领未来发展的科技储备远远不够，产业还处于全球价值链中低端。欧美发达国家的跨国公司掌握核心技术和关键技术，在全球价值链中居主导和掌控地位，占据了国际竞争的制高点，并且通过对价值链的各个环节在各个国家进行深度分解和对全球资源的不断战略组合，成为全球价值链的治理者，并在产业链上采取打压措施。2018—2019年，美国对中兴、华为、大疆等高科技企业施行一系列打压或封锁行为，阻止我国的领先技术在世界布局全球价值链。我国在高端芯片、基础软件、核心发动机、高档数控机床、特种材料等战略性领域，存在一系列明显的"卡脖子"短板（见表4-9）。例如，在以核心处理器、存储器和FPGA（现场可编程门阵列）等为代表的高端基础芯片产业，国内的商用化研发刚刚起步；作为全球最大的显示面板制造和集成电路消费国，我国在芯片光刻机、面板真空蒸镀机等产业核心工艺设备和材料方面仍然高度依赖国外产品与技术。

表4-9 目前"卡脖子"的关键核心技术一览

	项目名称	技术差距	技术类别
1	制造芯片的光刻机	中国生产的最好的光刻机，加工精度是90纳米，国外已经做到了十几纳米	电子信息
2	芯片	低速光芯片和电芯片已实现国产，但高速光芯片和电芯片仍全部依赖进口。国外最先进芯片量产精度为10纳米，我国只有28纳米，相差两代。在计算机系统、通用电子系统、通信设备、内存设备和显示及视频系统中的多个领域，我国国产芯片占有率很低	电子信息
3	操作系统	三家美国公司垄断手机和个人电脑的操作系统。数据显示，2017年，安卓系统市场占有率达85.9%，苹果iOS为14%。其他系统仅有0.1%。这0.1%，基本也是美国的微软的Windows和黑莓	电子信息
4	航空发动机短舱	航空推进系统最重要的核心部件之一，我国尚无自主研制短舱的专门机构	装备制造
5	触觉传感器	工业机器人核心部件，中国100多家企业的行业中，几乎没有传感器制造商进行触觉传感器的生产。日本阵列式传感器能在10厘米×10厘米大小的基质中分布100个敏感元件	装备制造
6	真空蒸镀机	OLED（有机发光二极管）面板制程的"心脏"。日本Canon Tokki独占高端市场，Canon Tokki能把有机发光材料蒸镀到基板上的误差控制在5微米内。目前，我国还没有生产蒸镀机的企业	装备制造
7	手机射频器件	信号发送和接收的基础零件，高端市场基本被Skyworks、Qorvo和博通三家垄断	电子信息
8	iCLIP技术	一种新兴的实验技术，是研发创新药最关键的技术之一，国内实验室却极少有成熟经验	生物技术

续上表

	项目名称	技术差距	技术类别
9	重型燃气轮机	我国具备轻型燃气轮机自主化能力，但重型燃气轮机仍基本依赖引进。国际上主要是美国通用电气、日本三菱、德国西门子、意大利安萨尔多4家掌握。它们与中国的合作都附带苛刻的条件：设计技术不转让，核心的热端部件制造技术也不转让，仅以许可证方式许可本土制造非核心部件	装备制造
10	激光雷达	一种自带光源的传感器，是自动驾驶汽车的必备组件。目前，几乎都是美国Velodyne的产品，占八成以上市场份额，国产没有话语权	装备制造
11	适航标准	航空发动机的标准体系，国际上，以美国联邦航空管理局和欧洲航空安全局的适航审定	航空技术
12	高端电容电阻	中国是最大的基础电子元件市场，国内企业的产品多属于中低端，在工艺、材料、质量管控上，相对薄弱	电子信息
13	核心工业软件	国产EDA（电子设计自动化）与美国主流EDA工具相比，设计原理上并无差异，但软件性能却存在差距，主要表现在对先进技术和工艺支持不足，和国外先进EDA工具之间存在"代差"。国外EDA三大巨头公司Cadence、Synopsys及Mentor占据全球该行业每年总收入的70%	工业软件
14	ITO靶材	国外可以做宽1200毫米、长近3000毫米的单块靶材，国内只能制造不超过800毫米宽的。日式装备月产量可达30吨至50吨，我国年产量只有30吨	智能制造
15	核心算法	中国是世界第一大机器人应用市场，但高端机器人仍然依赖进口。由于没有掌握核心算法，国产工业机器人的稳定性、故障率、易用性等关键指标远不如工业机器人"四大家族"发那科（日本）、ABB（瑞士）、安川（日本）、库卡（德国）的产品	机器人
16	航空钢材	起落架依靠特种钢材。目前，使用范围最广的是美国的300M钢，国内用于制作起落架的国产超强度钢材有时会出现点状缺陷、硫化物夹杂、粗晶、内部裂纹、热处理渗氢等问题	基础材料
17	铣刀	铣磨车最核心的部件铣刀仍需从国外进口	基础部件
18	高端轴承钢	高端轴承用钢的研发、制造与销售基本上被世界轴承巨头美国铁姆肯、瑞典SKF垄断。前几年，它们分别在山东烟台、济南建立基地，采购中国的低端材质，运用它们的核心技术做成高端轴承，以10倍的价格卖给中国市场	关键部件
19	高压柱塞泵	中国液压工业的规模在2017年已经成为世界第二，但产业大而不强，尤其是额定压力35MPa以上高压柱塞泵，90%以上依赖进口	关键部件
20	航空设计软件	设计一架飞机至少需要十几种专业软件，全是欧美国家的产品。国内设计单位要投入巨资购买软件	工业软件

续上表

	项目名称	技术差距	技术类别
21	光刻胶	我国已成为世界半导体生产大国,但面板产业整体产业链仍较为落后。目前,LCD用光刻胶几乎全部依赖进口,核心技术至今被TOK、JSR、住友化学、信越化学等日本企业垄断	关键材料
22	高压共轨系统	中国是全球柴油发动机的主要市场和生产国家,而在国内的电控柴油机高压共轨系统市场,德国、美国和日本等企业占据了绝大份额。和国外先进公司的产品相比,国产高压共轨系统在性能、功能、质量及一致性上还存在一定差距,成本上的优势也不明显	关键部件
23	透射式电子显微镜	目前,世界上生产透射式电子显微镜的厂商只有三家,分别是日本电子、日立、FEI,国内没有一家企业生产透射式电子显微镜	基础部件
24	掘进机主轴承	国产掘进机已接近世界先进水平,但关键的主轴承全部依赖进口。德国的罗特艾德、IMO、FAG和瑞典的SKF占据市场	关键部件
25	微球	2017年,中国大陆的液晶面板出货量达到全球的33%,产业规模约千亿美元,全球第一。但这种面板中的关键材料——间隔物微球,以及导电金球,全世界只有日本一家公司可以提供	关键材料
26	水下连接器	目前,我国水下连接器市场基本被外国垄断。一旦该连接器成为禁运品,整个海底观测网的建设和运行将被迫中断	关键部件
27	燃料电池关键材料	国外的燃料电池车已实现量产,但我国车用燃料电池还处在技术验证阶段	基础材料
28	高端焊接电源	我国是全球最大的焊接电源制造基地,年产能已超1000万台套,但高端焊接电源基本上仍被国外垄断。我国水下机器人焊接技术一直难以提升,原因是高端焊接电源技术受制于人。国外焊接电源全数字化控制技术已相对成熟,国内的仍以模拟控制技术为主	核心技术
29	锂电池隔膜	电池四大核心材料中,正负极材料、电解液都已实现国产化,高端隔膜目前依然大量依赖进口	基础材料
30	医学影像设备元器件	目前,国产医学影像设备的大部分元器件依赖进口,中国最早的专利比美国平均晚20年。在专利数量上,美国是我国的10倍。所有的原创成果,所有的科研积累都在国外,中国只占很少一部分	关键部件
31	超精密抛光工艺	美日牢牢把握全球市场主动权	核心技术
32	环氧树脂	目前,国内生产的高端碳纤维,所使用的环氧树脂全是进口的。目前,我国已能生产T800等较高端的碳纤维,但日本东丽掌握这一技术的时间是20世纪90年代。相比于碳纤维,我国高端环氧树脂产业落后于国际的情况更为严重	基础材料
33	高强度不锈钢	用于火箭发动机的特种钢材。完全依靠材料自身实现高强度和防锈性能兼备,这是世界性难题。现在,我国航天材料大多用的是国外20世纪六七十年代用的材料	基础材料

续上表

	项目名称	技术差距	技术类别
34	数据库管理系统	目前，全世界最流行的两种数据库管理系统是 Oracle 和 MySQL，都是甲骨文公司旗下的产品。竞争者还有 IBM 公司以及微软公司的产品等。甲骨文、IBM、微软和 Teradata 几家美国公司，占了大部分市场份额。国产数据库管理系统国货市场份额只是个零头	软件系统
35	扫描电子显微镜	每年我国花费超过一亿美元采购的几百台扫描电子显微镜中，主要产自美、日、德和捷克等国。国产扫描电子显微镜只占 5%~10%	关键部件

底层技术掌握不足

当前，我国在科技创新过程中普遍存在"重工程轻基础、重集成轻部件、重引进应用轻消化吸收"等现象，这已成为制约我国科技自主创新能力提升、解决关键核心技术"卡脖子"问题的关键短板。底层技术的突破往往涉及系统的基础知识和技术的连接与支撑，隐藏着深层次关键科学问题的识别和突破。我国产业发展利用后发优势，直接在应用层面进行迭代创新，虽然为产业发展节省了大量时间和金钱，也带动了产业快速增长，但在基础理论、底层技术等领域，我国能力不足甚至存在空白。那些涵盖各个服务领域的中间层及应用层软件，必须依托强大的底层技术和基础设施能力，若没有底层技术做基础，很多软件应用都是无本之木。底层技术不足的问题，在全球一体化框架下，可以全球分工协作解决，但全球分工协作体系正被有意分割，这就有可能成为中国企业的致命罩门。有数据显示，ARM 架构的处理器几乎覆盖目前 95% 以上的手机设备，华为也并不例外。ARM 断供华为被业内人士称为"釜底抽薪之举"，从根本上打击了华为芯片的"备胎计划"。

关键材料、零部件、设备依赖进口

我国产业发展需要的高端设备、关键零部件和元器件、关键材料工业基础能力依然薄弱，与发达国家仍存在较大差距，大多依赖进口。工信部对 30 多家大型企业的 130 多种关键基础材料的调研结果显示，32% 的关键材料在我国仍为空白，52% 依赖进口，绝大多数计算机和服务器通用处理器 95% 的高端专用芯片、70% 以上智能终端处理器以及绝大多数存储芯片依赖进口。在装备制造领域，高档数控机床、高档装备仪器等，运载火箭、大飞机、航空发动机、汽车等关键精加工生产线上 95% 以上制造及检测设备都依赖进口。在生命健康领域，高性能医疗器械、创新原研药、细胞制备关键物料与设备都严重依赖进口。能源、材料和信息科学是当前核心技术的支撑，能源和材料科学包括物理、化学、数学、生物学等传统学科，相对西方国家，我国底子弱、基础薄，要想迎头赶上还需时日。与此同时，与材料息息相关的精细化工，也与发达国家存在较大差距，随着国家层面对环保和安全问题的重视，地方政府在操作时出现了过度执行、过度管控、过度避险的趋势，正在打断我国化工产业精细化升级发展的进程，未来也可能和韩国半导体材料"卡脖子"一样，面临关键原材料断供风险。

技术引进战略形成的路径依赖

改革开放初期，我国产业全面落后于发达国家，多个产业领域存在空白，引进技术对于国内市场来说就是革新，企业大多考虑如何从外面引进新技术，长期实施技术引进战略逐步形成路径依赖，企业要么对投入科学研究的重要性认识不足，长期的技术引进策略使企业没有开展科学研究的知识和技术基础，另外，过去几十年来我国科学研究主要采取"跟随式"发展路径，所以才在关键技术上受制于人。当我们想从"跟跑"转为"领跑"时，原来的"跟随式"路径不再适用，但长期"跟随式"形成的急功近利、短平快的思维模式却影响了创新文化和科学精神的普及与深入，这在一定程度上会对投入大、时间长、风险大的原创研究带来负面影响。

科技成果转化渠道不畅

科研成果产业化率低

研究成果、实验技术到商用的生态缺失导致我国科技成果多、转化少、产业化率低。2018年，我国全社会研发投入强度达到2.19%，超过欧盟最发达的15国2.13%的平均水平，仅次于美国。但是我国在2019年全球创新指数仅排名第14位。我们的科技成果转化率不足30%，真正实现产业化的不足5%，专利实施率仅为10%左右，与美国、日本等发达国家80%的科技成果转化率差距甚远。

缺乏对于创新的激励与保护

第一，知识产权布局尚未形成对创新的全方位支撑。知识产权布局在创新链和产业链上的支撑明显不足，尚未形成全链条支撑；尚未形成有效的产业协同，关键环节知识产权缺失是我国产业难以形成良性竞争的根本原因；尚未与其他方面的国家战略有效协同，比如知识产权战略在推进制造强国战略过程中的定位、作用、意义等还不够明确；虽然国家近年来相继发布了保护和应用知识产权的规章及配套政策，但地方和单位相关配套实施细则没有全面落地。

第二，创新成果知识产权的有效激励机制尚未形成。促进科技创新成果转移转化政策正加快落地，明确了职务发明人的知识产权，并进一步加大中央级研究开发机构、高校科技成果转化有关国有资产管理授权力度。但在实际操作中，还存在落地难问题。一方面，科技成果转化后，国资在其中占有比例，虽然简化了管理，但是目前国有资产的一系列管理规定不适应新产业的高风险、快速发展，一旦新产品上市后企业将面临掣肘。另一方面，明晰创新成果产权归属也有难度。多年来，高校院所的研发经费来源和支持方式多元，但高校院所科研人员的发明创造很容易被视为职务发明，知识产权归单位所有。另外，一些重大创新成果往往是经科研大协作或几代人努力取得的，知识产权涉及多个协作单位和合作团队。一旦转让获利，容易引起专利权属纠纷，使得一些职务发明人宁愿不转让。

科技成果转化体系不完善

第一，技术转化服务发展滞后。国内市场上缺少成果转移转化的专业服务机构，信息传播渠道不畅，导致企业与高校、科研机构出现"背靠背"现象，企业难以找到合适的科研合作机构，而有些高校、科研机构的许多科技成果被束之高阁、无人问津。另外，技术服务市场在监督机制、评估机制及风险控制机制等方面还不够完善，使得成果交易缺乏法制化和规范化管理，常出现成果外流、被占为己有、低质量成果充斥市场等现象。《中国科技成果转化2018年度报告（高等院校与科研院所篇）》调查显示，2766家公立研究开发机构、高等院校中，仅9.5%的单位设立了专门技术转移机构，其中只有19家认为其专门机构发挥了重要作用；缺乏专业化成果转化管理和服务人才，特别是既懂得成果转化，又具备法律、财务、市场等专业知识的复合型人才。

第二，科技成果转化市场导向不明确。目前，我国的科技资源主要集中在高校、科研院所，单位和人员的考核评价较少考虑科技成果转化成效或权重很小，多侧重论文发表、纵向科研项目等，科技活动的开展主要遵循项目申报、发论文、申请专利、鉴定报奖等传统套路，"重学术、轻转化"，也缺乏成果转移和应用的意识，造成科研成果的技术成熟性差，难以实现产业化。

第三，对成果转化的非技术性因素关注不够。近两年，出现了由科技竞争带来的"卡脖子"现象，全社会对关键核心技术的关注度提升，这致使一些企业片面地认为突破性技术就必定带来产业化成果，只盯着"前沿性技术"却不评价技术本身的适用性等问题。而对于处于创新追赶阶段的国家，传统动能改造和产业层次提升需要一个过程，在转化过程中尤其需要更加注重非技术性因素。科技成果转化不仅需要创造成果，更要从成果中获利。大量事实表明，技术经济性、市场适用性、产品管理与营销等非技术性因素往往是决定成果是否能成功转化并实现利润的关键。科技成果多为实验室阶段成果，一般做到样机或初级产品阶段，大多不能"即时转化"，企业对科技成果"接不住、用不了"，不关注非技术性因素，容易导致"前沿性技术"适用性不足的问题。

"研+用"产业生态不健全

第一，核心技术商用生态未建立，不少研发止步于实验室与样机阶段。国家在关键核心技术方面前期进行了不少前瞻的科研布局和政策引导，也对研发项目攻关投入了大量的资金和人才。但是有时研发的样品和样机的某些技术性能达标了，在科技成果宣传"报喜"后，面对后续产业商用研发的高度复杂性和困难性，往往缺乏坚持长期攻坚的决心和勇气，最后半途而废。

第二，新兴领域发展初期的产品市场培育不足。由于新产品在成长初期的成本高于传统产品，价格偏高，且市场对新产品和服务的认知度不足，迫切需要应用场景和条件。目前，新产品市场培育不足，就很难找到合适的商业模式、监管机制、管理条例、标准以及管理架构，这致使科技成果市场化、产业化滞后。同时，新兴产业的推广应用需要建立相关标准体系，我国目前在无人机、生命健康、无人驾驶等领域，应用的相关标准还存在空白，导致新兴产品推广应用缓慢。

第三，政府采购未能与产业发展政策有效融合。高新技术产品的政府采购过程中，创新型产品的认定、产品的扶持力度不同以及地方保护政策的存在都给采购带来实践过程中的困难,政府采购对我国高新技术产品保护不足,导致外国高新技术产品对我国本土高新技术产品的冲击较大。美国政府通过政府采购,促进了自主创新产品的研发和产业化,硅谷作为美国电子计算机和导弹、宇航设备的重要生产基地,其迅速崛起是与美国的政府购买所形成的电子产品、导弹产品、计算机产品等的需求密不可分的。

统筹协调机制仍不健全

我国在构建高质量科技创新供给体系的过程中,面临全局观与协同观缺乏、顶层设计缺失、统筹协调无序、产学研用创新链条松散等问题。

政府管理碎片化

前沿领域的科技创新具有跨行业、全链条的典型特征,而我国现行的法律法规、行业规范、管理政策都是以条块管理为主,科学发现、技术发明、产业发展的全链条没有统一协调管理部门,支持"成果对接产业"的机制体制不畅,负责科学研究、成果转化和应用推广的各部门存在机构重叠、职责交叉、权责脱节现象,部门协调不足,管理碎片化,多头管理,甚至相互掣肘,导致企业无所适从,新技术转化为新产品、新服务处处受阻。如在生命健康领域,科技研究、成果产业化、成果应用推广分别属于科技部、发改委、卫健委和食药部门,各部门协调不足,无法形成合力,资金、人才等资源分散，迟迟未能产生领先的技术和产品，更没有形成有规模的新兴产业。

产学研用创新链条松散

一是缺乏围绕核心关键环节的产学研合作攻关机制，高校、科研机构、产业界等各个创新主体之间缺乏联系沟通，难以聚焦一个共同的方向开展创新活动，导致"成果对接产业"不畅，新技术转化为新产品、新服务进程缓慢。二是没有真正形成、未能真正建立以企业为主体的重大技术创新体制。缺乏有效激励引导科研机构和企业主动与国家战略紧密对接的制度安排。高校和科研机构主要从事基础研究，成果转化困难等"老大难"问题长期未能有效解决，不支持从事底层技术创新。而产业界热衷于应用创新，对创新周期长、风险大的底层技术缺乏参与的动力和能力。

资源未能有效集聚

当前，我国缺乏以培育战略产业为目标的全局观和协同观，由于部门职能分割，在国家重大科技项目上人、财、物等"分散式""平均性""区域照顾性"的制度安排，使有限的资源不能有效集聚、形成合力，很难实现高技术产业前沿领域技术、模式的突破发展。例如，在集成电路领域，虽然成立了国家集成电路产业发展领导小组和咨询委员会，但是没有对集成电路的科学发现、技术发明、产业发展的全链条进行统筹，有限的资源不能有效集聚，致使持续增加的国家投入"撒胡椒面"，真正的专家人才也分散在各个机构，结果迟迟未能产生领先的技术和产品，更没有形成有核心竞争力的新兴产业。

国内大循环与"堵点"

在双循环新发展格局下，当前我国国民经济运行遇到了各种梗阻，循环越来越不畅通。这些梗阻，尤其是供给端的各种梗阻不解决，不仅会影响我国经济的持续增长能力和高质量发展能力，还会影响施政效率和政策的投放效果。畅通循环是我国"十四五"时期甚至更长远时期需要迈过去的门槛，是事关国家竞争力的战略性、全局性的重大问题。

政策梗阻：减税降费等政策落地梗阻，企业减负效果不明显

中央采取了一系列大力度的减税降费措施，但由于部分政府部门的不作为或部门利益纠葛，中央的减税降费政策不能有效落地，甚至部分企业的税负不减反增。2018 年，中央政府实施了 1.3 万亿元规模的减税降费，其重点在于调低增值税、企业所得税和个人所得税，并发布一系列政策支持小型、微型企业发展。2019 年，中央减税降费决心只增不减，3 月 5 日发布的政府工作报告确定了全年减轻企业税收和缴费负担两万亿元的目标，进一步降低增值税，并下调与民生密切相关的电价、交通费和网费。

然而，减税降费政策在推进过程中遭遇了一系列阻碍。第一，国税、地税机构的合并，以及运用最新信息技术的"金税三期"征管系统的进一步推广，使得税务部门的征收能力大幅提升，企业避税的机会大减。但是，我国原先按照"宽打窄用"思路制定的偏高的名义税率却没有做出相应下调，从而导致原先实际税负较低的企业突然需要按照高昂的名义税率缴税补税。第二，国家降低名义税率，不同性质的企业的收益程度很不一样。历来完税状况接近100%的国有企业得到了最大利益，而合规程度不高的中小民营企业却对名义税率的降低无感，还有可能因征管力度的增加而感到税负变重。第三，全国社保费用交由监管能力更强的税务部门统一征收，这在一定程度上也使得企业成本进一步升高。第四，减税降费政策事实上对地方财政施加了更大压力。一些地区的政府为了弥补财政缺口，大幅加强税务和合规稽查力度，甚至命令企业清缴多年未缴纳的社保费用，从而对小微企业构成了巨大压力。

投资梗阻：投资与行业发展需求错配，金融服务梗阻待打通

改革开放40多年来，我国经济运行的基本模式是高储蓄率、高投资率与低消费率。投资具有两重性，投入的时候产生需求拉动经济增长，一旦投资完成就形成供给，如果消费低迷或者供需不匹配，就会出现产能过剩。2008年金融危机之后，我国经济增长的驱动模式从出口驱动逐渐转向投资驱动，投资规模快速扩张，这保障了经济的稳定增长。但是，在投融资体系和相关政策的影响下，国有资本成为增量投资的核心主体，民间资本投资增速快速回落，投资流向与市场实际需求产生偏差，最终导致投资梗阻。

一是金融机构的放贷行为导致的国企过度投资。我国的投资资金主要通过银行等金融机构发放，在经济下行期，企业面临的经营环境更加复杂，金融机构在发放贷款时更加注重风险防范。因此，金融机构不愿意给规模较小、抗风险能力较弱的中小民营企业贷款，而是更倾向于给国企贷款。总体来看，当前的融资环境更加利好国有企业。便利的融资条件和较低的融资成本促使国企投资规模迅速扩张。但是，部分国企只是盲目扩张、做大规模，而不是提质增效做优做强，导致大量投资流入钢铁、水泥、电解铝、平板玻璃等产能充足的行业，过度投资进一步加剧了这些行业的产能过剩。与此同时，众多致力于研发高质量产品的创新型中小企业，普遍具有资产规模小、经营风险大、资金需求量大等特征。这些企业很难通过银行等金融机构获得充足的资金，这制约了产品的研发、生产和市场推广。

二是发展焦虑引发地方政府恶性竞争和重复投资。在传统的将GDP作为主要指标的政绩考核体系下，地方政府普遍处于发展焦虑之中，导致地方政府相互之间的竞争行为发生异化。为了提高经济增长速度，不少地方政府采取了形象工程建设、地方保护主义、招商引资过度优惠等非理性的恶性竞争策略，这造成大量重复建设和产能过剩。

三是利润率低、赢利空间小难以吸引民间资本投资。在当前的产业发展政策和投资环境下，具有丰厚利润回报的行业基本上都被国有企业垄断，如电信、能源等行业。允许民营资本进入的行业多数是充分竞争的微利行业，有的利润率甚至低于银行存款利息率，难以激发民间资本的投资热情。同时，在社会保障支出、税费成本、融资成本较高等因素影响下，民营企业投资回报率更低。因此，民间资本投资实体经济的积极性普遍不足，资金大量流入回报率较高的金融和房地产等领域。

供需梗阻：供需错配与城乡流通壁垒，阻塞国内经济大循环

一是供给与需求错配。2019 年，我国社会消费品零售总额突破 40 亿元大关，消费连续 6 年成为拉动经济增长的第一引擎。[①] 在消费规模持续攀升的同时，一方面，供给与消费适配度不高、消费质量提升不显著等问题并未得到根本性解决，最终形成"供给无法有效满足需求侧升级－消费无法支撑供给侧创新"的恶性循环，无效和低端供给过多，消费外溢等消费者"用脚投票"的现象也没有从源头得到改善；另一方面，大量的供给，如过剩的产能、优质的特色农产品等无法获得精准且有效的需求信息。大量的农产品烂在田间地头，大量的产品积压在工厂的库房。与此同时，90后及00后等新势力消费人群在消费理念中较为明显地体现出"自我""为认同买单""更愿意尝新"等特征。在供给与需求适配性不高、新需求持

---

① 资料来源：国家统计局。

续迭代两大命题之下，我们需要强化供给与需求的联动协同，通过正向反馈与逆向反馈的实时相互作用，实现有效需求和高质量供给的精准对接。

二是城乡间的流通不畅加深了消费梗阻。现在，我国城乡间的流通和融入壁垒依旧较大，这限制了消费的进一步释放。历史上，任何经济体在工业化过程中都经历了基尼系数上升，贫富差距扩大的阶段，然而在进入后工业化社会的过程中，一定会出现城镇化加速，农民进城成为市民，进一步释放城市乃至全国的消费活力。由于我国人口基数大，国内各地区的情况差别非常显著，严格的户籍制度无形中增加了城乡之间的流通和融入难度，城乡流通不畅也是消费梗阻的一个重要原因（见图4-14）。

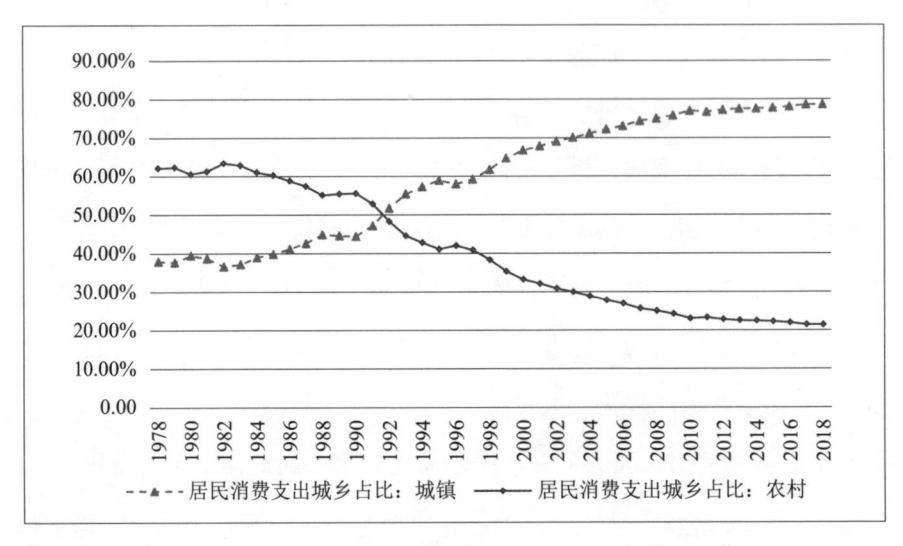

图4-14 1978—2018年，我国城乡居民最终消费对比
资料来源：统计年鉴

信息梗阻：信息孤岛等问题依然明显，数据要素循环未形成

目前，我国统一开放、竞争有序的市场体系尚未完全形成，特别是要素市场改革滞后，使得资本、土地、劳动、技术、知识、数据等生产要素流动不畅，这不利于经济高效循环运行。技术、数据等新型要素市场规则建设滞后或缺乏，要素产权不清晰、市场化交易机制不健全，数字孤岛现象较为突出，难以满足经济高质量发展的需要。信息孤岛问题仍然广泛存在。阿里巴巴达摩院认为，一个城市的全部摄像头记录环境、设备、市民日夜不停地产生环境、活动等各类视频数据量，相当于1000亿张图片。一个人要看完所有视频需要100多年。海量视频数据都在"沉睡"，能被城市管理者查阅的数据不到10%，而且城市不同部门的智能设备尚未做到互联互通，导致数据孤岛越来越多。这些视频数据基本都沉入"海底"，能被监管者查阅的不到10%。这些海量数据隐藏着真实的交通需求，可是却不能被有效挖掘。另外，政府、企业、公共服务机构之间因各种原因，如部门保护问题、数据安全、部门利益等，存在各自为政现象，相关部门很难获取相关数据，一些摄像头视频的调取还相对困难。此外，医疗数据、金融数据一般都掌握在医院和金融机构手中，出于自身利益以及患者、用户的隐私安全考虑，这些重要数据的开放、流通进程始终难以推进，这又是另一种数据孤岛现象。不仅如此，不同企业、机构之间的数据标准规范并不统一，数据质量也参差不齐，数据共享困难重重。

区域梗阻：地方保护主义的隐形梗阻，制约统一大市场形成

在地方经济发展的过程中，地方政府无疑成了各利益主体的主要协调者和掌控者。当前，我国国内市场的绝对规模已有相当的体量，但我国国内市场仍非一个高效的统一大市场，在很多领域依然是分割型的市场，阻碍国内循环的堵点和梗阻仍然突出。英国学者的实证研究显示，中国制造业开拓国内市场的难度可能要比搞国际市场困难。法国学者桑德拉·庞塞特的研究显示，中国省际的贸易成本接近于欧盟国家与美国和加拿大之间的贸易成本。在区域竞争"锦标赛"中，虽然当前地方政府对一般商品和服务的粗暴限制和封堵鲜少出现，但市场仍不乏对隐形壁垒的抱怨。市场封锁和地方保护的表现更隐蔽、形式更多样，如地方政府利用市场监管、税务、环保等各种行政手段保护本地企业的"软封锁""软阻隔"。隐形的地方主义阻隔企业无法最大化享受到国内大市场的规模红利，企业发展仍受制于"行政区经济"限制和藩篱。个别地方政府甚至保护"制假造假"。尽管企业创新活动可以帮助企业获得规模扩张和发展，但市场分割使企业创新的作用减弱，使创新活动变得不再重要。

垄断梗阻：国企公共资源的垄断梗阻，民企仍处于弱势地位

早在 2005 年，国务院就发布了《关于鼓励支持和引导个体私营等非公有制经济发展的若干意见》，其中明确允许非公有资本进入金融、电力、电信、铁路、民航、石油等原国有企业垄断的行业和领域。有关调查数据显示，在这些国企垄断行业中，民营资本进入比重最多的不过 20%。按照市场准入，在全社会 80 多个行业中，允许国有资本进入的有 72 种，允许外资进入的有 62 种，而允许民营资本进入的却只有 41 种。"国企垄断"的地位在大多数情况下并非市场自然选择的结果，而是依靠行政力量"禁入"而形成的。只要是市场"禁入"仍被非市场的力量牢牢把持，这个行业就可以获取垄断利润。被行政性的"禁入"手段保护起来的垄断却是一种硬性垄断，它几乎可以随意制定价格，因为竞争者已经被行政手段拒于门外。

公共资源是由全体社会成员共同享有的自然、行政和社会服务资源。因为其中的不少资源具有用途和运营者上的排他性（比如土地资源、矿产资源），且其调配权限属于政府，所以公共资源交易是否公平将直接影响整个市场环境的公平程度。为确保公平公正，政府在各地设立了公共资源交易平台，制定严格的招投标程序并设立了监管机制。然而，尽管中央三令五申，在公共资源交易领域，排斥限制民营企业的现象仍然普遍存在，民企无论是在交易前、交易中还是交易后，都难以获得一个透明、竞争中性的市场环境。公共资源交易竞标之前，民营企业已经遭遇各种显性和隐性排斥。一些招标中设置的门槛明显不利于民营企业，使得民企被排除在竞标过程之外。还有部分地区的招标从一开始就受到严重的行政干预，比如，一些地方政府通过操控信息发布范围和选择特殊时点的方式，将非本地企业排除在外；还有部分地区的政府采取"打擦边球"的方式，将实际上不符合规定的项目列入"可以不进行招标的项目"，直接跳过招标程序，向政府内定对象进行采购。在竞标之中，民营企业也无法得到完全公平的对待。首先，虽然法律严格禁止，但陪标、串标现象以及相关腐败仍然存在，这严重损害了竞标过程的公平。许多地区对陪标、串标行为的惩罚过轻，不足以震慑相关责任人。其次，本为了确保公正的评审专家机制，由于存在对专家管理不严，单个专家参与同领域竞标次数过多等弊端，反而导致竞标偏离公正。公共资源交易后，民营企业在面对后续审批、施工许可等一系列程序中依然相对处于弱势地位，而遭遇废标的民营企业也要付出更大的时间和经济成本。

行政梗阻：中央与地方之间行政梗阻，导致政策信用被透支

由于政策制定不到位、传导不到位，加上部分地方政府部门官僚主义、形式主义和"不作为""乱作为"的懒政作祟，各种优惠政策仍然落地难、兑现难，结果政策信用透支，民企和社会获得感不强。部分地方政府部门只是"收发"政策，一"收"了之，一"发"了之，让企业望梅止渴。此外，还存在地方政府不作为式的监管，如在环保领域，上面一纸公文，下面就"一刀切"，停工停产，而非帮助企业整改和技改，这轻则导致企业无法正常经营，重则导致企业"猝死"。

第五章
消除产业链梗阻，
构建高质量发展的创新供给体系

构建国内国际双循环相互促进的新发展格局是我国"十四五"时期事关国家竞争力的战略性、全局性的重大问题。对外，我们面临更加逆风逆水的国际环境。对内，我国国民经济运行遇到了各种梗阻，循环越来越不畅通。"十四五"时期，我国将面临"两个转变"，即从快速发展的经济体向相对成熟的经济体转变，从投资主导型经济向消费主导型经济转变。要实现这"两个转变"，就要消除这些梗阻，畅通国民经济和产业的循环。当然，梗阻有大梗阻，也有小梗阻，循环有大循环，也有小循环。因此，要畅通国民经济循环，既要抓住大梗阻、大循环等关键因素，又要重视小梗阻、小循环的畅通，综合施策，才能有效。党的十九届五中全会高度强调了创新在现代化建设全局中的核心地位，为"十四五"时期乃至更长时期的创新发展擘画蓝图、明确目标，这必将进一步提振全社会的创新自信，释放创新活力，为推进高质量发展提供战略支撑。

创新土壤，打破科技创新梗阻

进一步加强对基础研究和应用基础研究的投入保障，构建多元化投入机制，布局建设重大科技基础设施、基础研究和应用基础研究机构及跨学科前沿交叉研究平台，吸收利用全球创新资源，瞄准世界科技前沿和国家战略需求开展原始创新研究，引导企业积极开展基础研究和应用基础研究，实现前瞻性基础研究、引领性原创成果重大突破。

分类支持基础研究

美国、欧洲、以色列等国的科技基础是扎实的基础教育、强大的工业基础、融化在骨子里的创新文化。中国想要于短期在上述三个领域有突破难度较大。印度的软件外包代工，已经不适合现阶段我们的科技发展模式。全球的创新技术分为三类：第一类是开创型、无中生有的技术，例如，电的发明、互联网的普及；第二类是延续型技术，是在现有技术基础上做进深，例如，半导体工艺从14纳米到7纳米；第三类是应用型的商业模式创新，是将现有技术整合，应用于传统产品，例如，智能手机、电动汽车等。第一种创新需要灵感，且需要长时间的等待及验证。第二种创新需要坚实的基础学科技术，这个短期内也不能快速提升。第三种创新是为积累的技术找到突破的应用出口，整合优化现有技术，通过商业化应用到生活中。长期来看，一个国家或地区要想实现创新型社会，必须注重第一类和第二类创新。毫无疑问，基础研究是一个大国崛起无法回避的路径，这既没法模仿，也没法绕过，需要的是持续的投入和久久为功的大国耐性。

自主创新的重要性被进一步凸显。举国体制、大规模投资、技术靠引进的增长模式，已经走到终点，经济和产业增长的动力必须由投资－规模扩张，转向技术创新－效率提升。此时，必须把创新放在突出位置，因为创新是效率提升的源泉。效率提升无止境，创新是可持续的经济增长点。

一是要突出精准、高效、持续的分类分级策略。根据基础研究、应用研究和技术创新的特点，突出分类支持，提升研发投入的精准性、高效性、持续性，超前部署和鼓励发展纯基础研究，着重弥补定向基础研究的短板，大幅提升应用研究的质量效益，继续强化试验发展优势，完善相关科技成果转化体系。

二是细化基础研究的分类管理。基础研究包含纯基础研究和应用基础研究，根据基础研究实现科学目标和导致技术创新的时间尺度不一样，可以进一步将基础研究细分为面向重大科学目标的基础研究、国家需求牵引的基础研究、以人才为本的自由探索型基础研究和以实际应用为目标的基础研究，相应的支持方式和力度也有所不同。欧盟"通过地平线2020"投入近250亿欧元开展基础研究，主要集中在前沿科学、未来新技术领域及重大科技基础设施，美国大部分基础研究经费集中在生命科学领域（近50%）、其他自然科学（14.7%）以及工程领域（11.7%）。为此，在我国国力有限、面临紧迫需求的情况下，对不同类型的基础研究应实施差异化的稳定支持。

三是优化调整学科布局。推进创新主体协同努力，抓住机遇，优化学科布局，促进学科交叉融通。按照"源于知识体系逻辑结构，促进知识与应用融通"的原则优化学科布局，充分考虑分科知识、共性原理、应用领域①的相互关系，形成新的学科布局体系，为应对范式变革和促进学科交叉做出制度性安排。

加大基础研究投入

在国家经济发展进入人均 GDP 一万美元关口后则伴随着基础研究经费投入规模长期稳定增加。为此，我们要充分认识到基础研究具有很强的外部性、公共品属性和基础设施特征，是产生颠覆性技术、关键核心技术、高精尖技术、战略前沿技术的源头，紧扣构建高质量科技供给体系的战略安排，确立政府投入主体的地位，带动更多社会资源投入，稳定增加基础研究投入。日本全社会研发强度在 20 世纪 50 年代中期达到 1% 的时候，其基础研

---

① 分科知识，指物理、化学、工程科学、地球科学、信息科学、生命科学、医学等人类探索自然、认识生命等形成的专门化知识；共性原理，指数学、力学以及数据、计算、理论和实验方法等共同的知识基础和方法手段等；应用领域，指人类生产活动中形成的能源、材料、环境、交通、制造和土木等领域，这些领域无一例外地涉及不同层次的分科知识和共性原理。

究占研发经费的比重就已经达到20%，甚至在1965年达到30.3%。

一是鼓励各类研究主体开展研究活动。美国、法国、英国等国的高等学校是全社会基础研究活动的主要执行部门，其基础研究支出基本占50%以上，法国更是高达69%；政府研究机构占比20%以上；企业一般为5%~10%，高等学校、政府研究机构和企业都承担了投入基础研究的责任，并发挥了相应作用。充分发挥各自的优势和特色，形成机构战略定位明确、各有侧重、协调互补的基础研究体系，明晰政府部门、资助机构、科研院所、高等院校、企业研发机构和正在筹划的各类国家研发单元等主体在基础研究中的功能定位。

二是推动融合协同创新。推动基础设施优化升级，抓紧布局国家实验室，重组国家重点实验室体系。借鉴美国经验，面向重大科研领域和方向，加强学科整合，鼓励开展跨学科研究，设置以承担重大任务为基础的交叉研究大平台。通过创新体制机制，真正实现各主体的有效联动，发挥创新体系的整体效能。加强在前沿科学及产业关键技术领域的联合研发、区域间的开放创新合作、国际科技创新合作平台的搭建，推动建立多层次的科技对外开放合作体系，着力解决科技活动中的各类"孤岛现象"。

建立多元化的基础研究投入机制

美国构建了联邦政府主导，企业、高等院校、非营利性组织等各类机构共同投入的多元资助体系。2016年，美国联邦政府、企业、高等院校、非营性组织和地方政府投入的基础研究经费比例依次为43.5%、27.2%、13.6%、13.0%和2.8%。我们可以借鉴美国的经验，建立基础研究多元化投入机制。

一是大幅增加中央财政的投入力度。将基础研究作为中央财政科技资金的战略性投资，继续加强中央财政对基础研究的支持力度。建立中央财政对基础研究领域的长期投入预算制度和稳定投入增长机制，对标科技强国，拉动全国基础研究投入占研发经费投入比重大幅提升。特别是现阶段我国基础研究尚未建立多元化投入体系，中央财政仍需给予较大的支持力度。

二是引导和调动有条件的省、区、市加大基础研究投入。推动经济条件较好的地方政府围绕区域创新发展需求，因地制宜设立稳定支持基础研究的专项经费，着力解决区域经济社会发展中的重大科学问题。鼓励面向粤港澳大湾区、京津冀地区、长三角地区、综合性国家科学中心、全球科技创新中心等重大区域，以中央地方联合投入的方式设立基础研究专项基金，面向全国和全球开放，共同资助重大基础研究项目、重大国际合作项目、重大人才团队项目。鼓励条件成熟的省市通过地方立法的形式，确保政府对基础领域的科技投入。

三是吸引企业和社会力量加大基础研究投入。借鉴美国政府采取税收抵免的方式鼓励企业加大基础研究投入的经验，采取税收杠杆激励措施，落实企业研发经费加计扣除政策，推动企业和社会组织加大基础研究投入。同时，鼓励企业与高校、科研院所合作，利用国家重点实验室、国家工程研究中心等支持行业领先企业开展应用基础研究和基础技术研发。改进科研计划立项机制，吸引企业更多地承担和参与需求导向的基础研究计划，提升研发能力。拓宽科学研究投入渠道，建立健全科学捐赠、现代研发PPP（政府和社会资本合作）、税收优惠、科学研究基金会等体制机制。通过税收优惠等政策措施鼓励社会资本以科研基金、捐赠等方式支持基础研究，设立专注于科学研究的基金会，允许私人命名发起设立基金会，并给予注册，增加社会力量对基础研究的投入。

改革基础研究投入与评价方式

一是改革基础研究项目投入方式。发达国家以基础研究为主的科研机构通过年度预算拨款稳定支持绝大部分科研经费，辅以部分竞争性科研项目，稳定性与竞争性经费配置的比例一般为7∶3，甚至8∶2。日本政府在2009年推出"最尖端研发支援计划"，支持顶级科学家潜心研究，文部科学省组织专家遴选出30个有可能在未来3~5年冲击世界一流水平的科研团队及领军科学家，投入2000亿日元（约合160亿元人民币）。为此，我们需要借鉴发达国家的先进经验，对从事基础研究的重大平台、重大科技基础设施、重点机构、重点人才、重点学科建立长效稳定支持机制，大幅提高基础研究项目的实施周期。探索建立"基本科研经费制度"，在基础研究、应用基础研究等需要长期积累的领域，给予优秀人才长期的稳定支持。加大对青年科研人员的项目资助力度，在国家和地方各类基础研究项目中扩大对博士、博士后及45周岁以下青年科研人员的资助比例。

二是建立科学的评价体系。建立健全符合基础研究特点和规律的评价机制。开展基础研究差别化评价试点，针对不同高校、科研院所实行分类评价，制定相应标准和程序，完善以创新质量和学术贡献为核心的评价机制。自由探索类基础研究主要评价研究的原创性和学术贡献，探索长周期评价和国际同行评价；目标导向类基础研究主要评价解决重大科学问题的效能，加强过程评估，建立长效监管机制，提高创新效率。支持高校与科研院所自主布局基础研究，扩大高校与科研院所学术自主权和个人科研选题选择权。健全完善科技奖励等激励机制，提升科研人员荣誉感。建立鼓励创新、宽容失败的容错机制，鼓励科研人员大胆探索。

创新补链，突破核心关键技术

加强对接基础研究和应用基础研究成果，加大对战略高技术研发的支持力度，找准源头性技术创新领域，着力攻破关键核心技术，形成关键核心技术攻坚体制，抢占事关长远和全局的科技战略制高点，牢牢掌握科技发展主动权，为产业技术进步积累创新资源，为我国发展提供有力科技保障。

以"大科学计划"集中力量推进科技创新

推进"大科学"思维的国家科技战略规划。例如，美国先后实施了人类基因组计划（1991年）、再生医学计划（2005年）、脑地图计划（2012年）、精准医疗计划（2015年）、肿瘤登月计划（2016年）、人工智能计划（2019年）等一系列"大科学"计划，在国家层面统一发展蓝图、行动计划与资金出口，聚焦重点领域、关键环节，拿出推进的总目标、时间表、路线图，在全国乃至全球范围内动员公私部门合力参与，不同创新主体构建协同创新网络，相互之间形成有序的梯次布局。为改变我国目前在国家重大科研项目上的人、财、物等要素资源"分散式""平均性"，甚至还有"区域照顾性"的制度安排，建议在国家中长期科技创新发展规划的指引下，有组织地实施国家战略计划，以跨学科、跨领域的"大科学"思维，统一规划，明确目标，针对特定科技领域展开重点攻坚，每年根据科学技术发展趋势聚焦两三个领域，集中资金、集中人才、集中资源、集中攻关，打通科学发现、技术发明、产业发展的全创新链条。

科学布局关键核心技术研发

一是注重底层技术研发。借鉴谷歌、高通等企业的经验，围绕人工智能、区块链、新一代信息技术等领域，以企业为主导，加强产学研结合，对底层技术坚持研究、投入，通过市场应用拉动研发驱动底层技术和基础理论上的突破。掌握和遵循关键核心技术的本质规律。关键核心技术对产业的全球竞争力至关重要，世界强国几乎都是通过关键核心技术的群体性重大突破来实现赶超的。聚焦高质量发展的需求，围绕产业核心技术新的

"变革临界点"和"突破切入点",抓住新技术的"战略窗口期",凝练关键核心技术的研发方向和重大任务,突出优势、协调互补、错位发展,形成有重点、有梯度、有层次的关键核心技术领域布局,既要避免一哄而上的重复低效布局,也要避免重要领域方向出现"断层"和"空白"。同时,要提高政策的精准度,做到不同阶段的核心技术突破需要什么政策就给什么政策。

二是突破长期存在的"市场换技术"的路径依赖。应该充分认识到在全球化的进程中,核心技术并非完全可供交易的,当发生贸易摩擦时,它是武器而不是商品。为此,必须彻底扭转过分追求短期效益的研发导向,摆脱惯性思维,解决传统思维定式造成的创新路径依赖问题,鼓励既向国际同行学习,又敢于提出自己独创的科学思想、科学假说,敢于开辟新的研究方向,敢于尝试新的技术路线。

三是在开放中推进自主创新。要利用当前有利时机,用好国际创新资源,加快国际技术并购,在海外创新密集区域设立研发中心,积极开展对外技术交流,提高自主创新的起点和水平。要提高人才引进的针对性,在创新链的薄弱环节,加大力度,引进急需、特殊人才。要学习借鉴国外有益的先进管理经验,特别是后发国家在追赶阶段实现关键核心技术从跟踪模仿到自主创新乃至引领发展的经验和做法。

四是把握科技革命产业变革的新机遇。实施全球科技扫描计划,要保持对科技革命和产业变革等大环境变化的战略敏锐性,特别是以大(大数据)、物(物联网)、云(云计算)、移(移动互联网)为代表的深度数字化、智能化趋势，使得跨产业跨学科融合创新趋势越发明显。分析识别产业核心技术新的"变革临界点"和"突破切入点"。

加强"卡脖子"技术攻关

一是搜寻技术轨道，努力掌控迭代步伐。找到一个新的价值空间，创造新产业，引领新需求，以"正和博弈"实现崛起，正是关键核心技术迭代升级过程中的重要切入点。中国台湾和韩国的半导体技术实现后来居上的战略目标，关键就在于选择进入那些周期短的技术轨道，以"双倍速度"迭代实现了赶超。为此，需要在符合WTO规则的背景下，鼓励和支持大企业协同高校、院所、中小企业和服务组织等实施应用交付导向的协同创新，破除地方保护主义，以统一大市场落实和优化首台套、首批次创新采购政策。贯彻以5G、人工智能、智能电网等为新基础设施的政策理念，加大相关领域投资力度，促进应用场景落地，实现自主技术与市场互动升级。

二是通过产业联盟对"卡脖子"问题进行重点攻关。国际上先进国家往往通过以"大科学"项目，组织产业联盟攻克"卡脖子"问题。如日本为克服半导体产业关键设备和原料必须从美国进口的短板，于1976年启动了"DRAM[①]制法革新"国家项目，政府出资320亿日元，日立、NEC、富士通、三菱、东芝五大企业联合筹资400亿日元，同时联合日本电子综

---

① DRAM，即动态随机存取存储器。

合研究所和计算机综合研究所，组织 800 多名技术精英，共同研制国产高性能 DRAM 制程设备。韩国政府实施"超大规模集成电路技术共同开发计划"，由韩国电子通信研究所牵头，三星、现代、LG 等大企业参加组成半导体研究开发组织，集中人才、资金，进行从 1M 到 64M 的 DRAM 核心基础技术开发。为此，要解决"卡脖子"问题，需要政府牵头，发挥市场资源配置的决定性作用，利用科技产业政策和其他手段引导市场，将大学、研究机构、企业以及其他社会主体整合到一起，加强官产学研合作，集中资金、集中人才、集中资源、集中攻关，打通科学发现、技术发明、产业发展，全链条创新设计，一体化组织实施。

三是建立关键核心技术安全预警机制。可以对"卡脖子"项目的立项、审批、投入、产出、评估等进行全链条式监测。一方面，实时监控全球科技动向、捕捉科技前沿信息，为基础性、关键性、前沿性技术领域立项提供信息支撑，尤其是对"卡脖子"技术领域的预警信息更要予以重视。另一方面，及时对关键核心技术研发产生的新成果及其产出效益进行科学评估，为下一步研发重点、投资方向、产出形式提供借鉴依据。积极开展底层技术自主研发。谷歌在人工智能领域的一系列新技术，都源于谷歌的开源机器学习框架 TensorFlow 这一人工智能底层能力。高通在通信产业的底层核心技术上投入了大量研发资源，拥有一大批顶级的研发科学家团队，每年将 20% 以上的营业收入投入研发，建立了全球最先进的底层技术，包括苹果在内的智能手机生产商都需要支付专利授权费用。我国未来应该借鉴谷歌、高通等研发的经验，围绕人工智能、区块链、新一代信息技术等领域，以企业为主导，加强产学研结合，对底层技术坚持研究、投入，通过市场应用拉动研发驱动底层技术和基础理论上的突破。在加强自主研发的同时，坚持走开放和合作之路，共同形成全球化的主流技术。

四是强化企业创新主体地位和主导作用。从问题出发积极部署基础技术，促进"上下游"形成联盟式创新。政府可以组织重大科技工程计划，鼓励企业加入重要领域的底层技术突破攻关。以"财政+政策"并举，激励企业深度参与原本缺乏投资意愿、回报率低、早期以及尖端技术的研发，系统布局核心领域的知识产权。

加大关键设备、物料研发

韩国在半导体追赶中，注意发展关键零部件和设备的研发。三星电子在 Note 7 爆炸案后，面对手机市场占有率下滑趋势，加大了 OLED、半导体器件的生产，目前，三星手机闪存市场占有率达到 64%。与此同时，韩国从 2009 年底开始重点推进低温化学气相沉积、蚀刻设备、铜制程化学机械研磨设备、关键点测量设备、离子掺杂设备等 7 个商业化项目，现已逐渐有了成效，开始取代进口产品，半导体核心设备正迅速国产化。针对核心基础零部件、元器件、高端制造装备、产业关键物料等薄弱环节，要加大研发投入，开展专项攻关。建设和运营产业公共服务平台，提供技术攻关、资金支持、成果转化、测试推广、信息交流、创新孵化等服务。

链条融通，畅通成果转化渠道

加大产业技术应用转化力度，以推动重大科技项目为抓手，促进创新链和产业链精准对接，构建包含上游、中游、下游研发伙伴协同合作的产业生态，面向商用推动技术和产品持续市场化，把科技成果充分运用到现代产业体系的构建中。

优化科技创新成果转化体系

一是建立以需求为导向的科技成果转化机制。借鉴德国史太白技术转移服务体系的组织结构和运作模式，构建完善的科技成果转化体系和机制。史太白体系由经济促进基金会、技术转移公司，以及众多技术转移中心、咨询中心、研发中心、史太白大学和其他参股企业组成，史太白经济促进基金会的宗旨是促进知识和技术的转移、科学与经济的结合、创新潜力向实践的转化，每年完成5000多个汽车、机械制造、航空航天、能源和环境等优势产业的技术转移项目。技术转移公司为基金会的全资子公司，管理技术转移、咨询中心、研究中心及其他下属公司。技术转移中心是史太白体系的基石和主要收入来源，每个转移中心相对独立、实行市场化运作。咨询中心向企业、公共部门提供中短期咨询服务，覆盖技术领域和企业设立、市场开拓、运营管理、企业发展战略等环节，同时为企业、信贷机构及投资者提供项目及企业分析和评估，帮助客户抓住机遇、规避风险。研发中心利用大批优秀的技术专家和人才，深度开发已有技术，使其更好地与客户需求吻合。史太白大学致力于培养精通技术与经济的实用型人才和技术转移的使者，还通过举办研讨会、培训班等为企业或员工提供在职培训。

二是培育产学研融合型企业。开展产学研融合型企业建设培育工作，支持龙头企业整合科研院所、高等院校力量，鼓励科研院所和科研人员进入企业，建立创新联合体。推动"引企入教"改革，建立市场需求导向的育人体系、产业牵引的学科体系和教育支撑的科研体系，建立以企业为主体的协同创新和成果转化机制，提高企业职工在岗教育培训覆盖水平和质量。建设市场导向、教育支撑的科研体系。

三是探索科技成果产权激励，推动科技成果的转化。一方面，鼓励科研人员采用科研成果评估作价入股的方式进行科技成果转化，通过赋予科研人员科技成果所有权，使科研人员分享科研成果的收益，促进企业成为科技成果转化的主体。另一方面，改革创新资金扶持方式，从单纯的"资金拨付"模式向"项目奖励"或"资金追加"模式转变，由直接对高校、科研机构、企业的支持转变为对科技成果转化项目的奖励，依据项目质量获取相应程度的税费减免与其他政策扶持。

四是建立多元化风险投资主体。借鉴美国经验，发挥科技引导基金在市场上的作用，建立与科技产业生命周期相适应的科技金融服务产业链，形成"科技种子基金、天使母基金、VC/PE（风险投资/私募股权投资）、产业投资、并购投资"的全生命周期科技金融生态产业体系。

完善核心技术突破的商用生态

一是发挥"中国市场"的需求侧牵引作用。构建涵盖上游、中游、下游协同合作的产业生态，实现关键核心技术的商业化突破。一方面，通过产品转化和大规模应用的解决方案实现关键核心技术的产业价值；另一方面，为关键核心技术提供测试、应用的场景，在产业实践中不断试错和测试，积累大量经验数据持续提高性能。将关键技术突破、样品规模商用和产业生态培育紧密结合，重视提高核心产品与技术的稳定性和可靠性，不断驱动关键核心技术的商用突破进展。

二是要重点解决好核心技术转化应用的"最后一公里"问题。建立首批次应用保险保费补偿机制，建立健全优先使用自主创新成果的机制，通过市场选择技术、产品和企业，促进自主技术、品牌、标准的成果优先使用，形成高效强大的共性关键技术供给体系，把关键技术掌握在自己手里。

完善"四新"推广和使用的配套条件与环境

研究建立新经济产业发展的先行先试示范区。发达国家在发展新经济时，通常也会采取先行先试的方法。借鉴国内外相关先进经验，探索在有条件的区域，建立新技术新产品应用示范特区。整合统筹面向"四新"推广应用的政策突破和场景规划，加大对"四新"研发和应用等环节的政策支持力度，搭建现实应用模拟场景，重点推动生命健康、无人汽车、无人机、互联网金融、分享经济、跨境电商和新能源等创新产品和服务的试验发展与推广应用，在新经济市场准入、行业监管等方面采取综合授权、先行试点等方式，率先建立更加弹性包容的监管制度，形成符合新经济发展的制度框架、体制机制以及多部门合作体制。国家相关部门在此基础上，加强事中事后监管，及时总结经验，并向全国复制推广。

产业强链，培育产业链国际竞争优势

构建"以我为主"的全球价值链体系，做强以中国为核心的亚洲价值链中枢，打造能够不断诞生全球性制造品牌的市场环境，形成集聚全球产业及创新资源的"强磁场"，推动数据重新定义中国制造，以高品质供给培育产业链国际竞争优势。

做强以中国为核心的亚洲价值链中枢

当前全球经济复苏缓慢，世界银行和国际货币基金组织的报告显示，2020年，全球主要经济体只有中国实现正增长，日本、韩国虽然受疫情影响，但经济快速复苏只是时间问题，而东盟各国现已蓄势待发。疫情过后，亚洲价值链将成为全球经济格局变化中耀眼的一环，也必将成为下一步新型全球化的支撑者和助跑者，中国双循环新发展格局将成为亚洲价值链中的主要引擎。目前，亚洲有 45 亿人口和 32 万亿美元 GDP，分别占全球的 60% 和 37%。随着中国双循环新发展格局、《区域全面经济伙伴关系协定》（RCEP）签订以及未来中日韩自贸区的建成，将使亚洲价值链成为经济快速增长的亮点。"互利共赢，共商共建"的理念将贯穿亚洲经济共同体，打造亚洲价值链形成全过程。利用好全球价值链调整的机遇，以"一带一路"为重心打造"人类命运共同体"。将中国产业链链接到亚洲绝大部分国家，共同打造一条开放、协作和稳定的亚洲价值链。

构建"以我为主"的全球价值链体系

一是鼓励企业尤其是出口导向型企业重新审视自身市场拓展策略，转变经营理念，内外并重，实现"两条腿走路"。鼓励企业在产品研发、生产、销售环节打破"内外割裂"的现状，开发适合国内市场需求的商品和品牌，抢抓国内市场快速扩张的机遇期，使得企业有备无患，推动从出口导向型向内需导向型工业道路转变。

二是鼓励企业向价值链两端延伸，构建"以我为主"的价值链体系。基于强大的国内市场为企业研发、设计及营销环节提供平台，最大限度激发本土企业价值链位置跃升积极性。借助消费国在国际分工体系中天然的需求推动优势，推动"以我为主"的国家价值链向"以我为主"的全球价值链转型，构建以自身为中心的世界产业分工体系，介入并引领全球治理。

三是促进形成"链主 + 中小企业"的发展格局。优化产业组织模式，强化龙头企业对上下游中小企业的行业引领作用，改变当前"多小散乱"的行业组织模式，鼓励龙头企业与中小企业协同创新。实施"专精特新"中小企业培育工程，推动产业资源向新兴中小企业倾斜。鼓励中小企业深耕细分市场赢得话语权，培育一批高度专业化、掌握核心技术、具有国际影响力的"隐形冠军"企业，为最终产品提供关键零部件，推动产业链向高端跃升，提升产业链整体附加值及竞争力。

四是利用国内需求吸引全球创新产业资源集聚，吸引全球企业、资源落地中国。利用国内需求吸引全球产业资源集聚，吸引全球集成电路、人工智能、生物医药、航空航天、新能源汽车等领域企业落户中国，在中国设立制造基地、研发部门或投资公司。对于短期内国内仍然无法完全替代的关键零部件，鼓励欧洲、日、韩等国际品牌实现在中国本土生产或扩大中国产能，实现国际供应商与中国需求方的双赢。利用强大的国内市场吸引全球高端创新要素及人才流入，以新型研发机构为平台，撬动国际高端科技项目及高端创新资源，从依靠"国外市场"走向利用"国外大脑"，深度嫁接优质技术及创新资源。利用国内大市场的虹吸效应，鼓励外资企业与中国上下游供应商深度绑定，使用中国的零部件，实现中国与全球产业链的更深度融合。

五是推动数据重新定义中国制造。抓住以5G、AI（人工智能）等为代表的信息通信技术和量子科学技术的两大颠覆性技术风口，着力布局关键赛道，为下一轮技术革命积蓄力量。与此同时，鼓励企业依托5G大数据、云计算、人工智能、区块链技术，强化数据赋能传统制造，促进传统制造业产业形态的平台化、网络化和深度服务化，用智能制造作为应对我国全球价值链位置相对较低、人口红利消失，制造业外移的现实挑战和参与全球竞争的重要砝码。

打造能够不断诞生全球性制造品牌的市场环境

一是掌握好名义税率降低与征管力度加强的平衡。对于减税降费政策在执行中遇到的梗阻，应掌握好降低名义税率与加强征管力度两者的平衡。第一，应深入推进税制改革，进一步降低企业的名义税率，有针对地对需要扶持的产业实行更低的税率。随着经济的发展和信息技术的进步，税务部门征管能力的强化是必然趋势。其中的关键在于，国家的税制应该与时俱进，在征收能力增强的情况下降低名义税率和增加减免条款，方能真正减轻企业尤其是中小企业的负担，达到疏通国民经济梗阻的效果。第二，应逐步将我国以流转税为主的税制转变为以所得税为主的税制，切实降低企业税负，对个人实行按收入多级累进的所得税制。第三，加大研发费用的抵扣力度。第四，加强对地方的监管，切实缩减政府运营成本，不以清缴税费和罚款作为填补财政缺口的手段。

二是在扶持双创的过程中尊重市场规律。对于中央支持双创政策落地过程中的梗阻，宜采用"尊重市场规律，加强重点引导"的应对方针。第一，平台和孵化器项目并不能从本质上增加创新能力。各地在上马此类项目的时候应秉承谨慎态度，尊重产业集群的自然规律，不贸然建立人为划定的大规模科创园区，而是重点落实对符合双创标准的小微企业的优惠政策，政府做好服务工作，建立相关信息平台。第二，简化科创类企业申请优惠政策和税收减扣的相关流程，缩短审批时间，节约相关企业的时间成本。第三，国家尽快牵头建立权威、有效的知识产权价值评估体系，方便科创企业获得质押贷款。第四，运用市场机制对金融机构进行激励。面对"脱实向虚"的趋势，应鼓励银行在对实体经济融资方面更加奋发有为。同时，必须意识到，金融机构向科创小微企业融资的风险确实较高；若要充分激发金融机构贷款给此类企业的积极性，除了在机制上要允许更高的银行坏账率之外，还应设法准许银行能够分享科创企业的"未来红利"——从科创企业未来的收入中取得更高的回报。

三是把政府市场作为创新"试验田"。面对民企，特别是科技民企，在公共资源交易中仍处弱势的现状，以实现各类企业的竞争中性为目的，对政府的项目加大向社会企业开放。实现准入制度的公平，坚决贯彻中央在公共资源领域对民营企业和小微企业的倾斜政策，依据各地情况为非国有企业留出政府采购份额，在竞标报价时给予小微企业价格扣除优惠，并严格执行。完善信息平台建设，加强部门间协作和信息共享，完善相关法律法规，对陪标、串标行为进行力度更大的惩处，维护公共资源交易的公信力。在竞标结束后的后续审批、许可等一系列过程中加强对民营企业的权益保护；鼓励招投标相关服务业朝着专业化、规范化发展。鼓励各地加快在"城市大脑""数字政府"等政府公共服务、政府投资项目中支持科技企业参与，持续拓展"政府服务"项目给科技企业提供应用场景。以应用场景为带动，强化新技术在政府服务领域的率先试用，将政府服务打造为新技术的试验田，促进新技术、新产业、新业态、新模式发展，不断释放数字经济企业的市场空间。

四是减少政府对资源的直接配置。加强政府对产品和服务质量的监管，让国内市场最大限度发挥优胜劣汰的作用。引导各级政府对制造业发展尽量推出普惠性的支持政策，最大限度减少专项和一对一的扶持政策。由国家法制办对各级政府出台的各类优惠政策进行审核和清理，对不符合公平竞争的做法进行制止，并考虑制定针对地方政府的反不公平竞争规定；强化各级政府对制造业生产经营行为的事中事后监管和服务，要求把政府的财政资金更多地用到监管和服务方面而不是各种产业政策上，支持打造高水平的和值得社会信赖的实物产品标准、检验检测、计量、认证体系，加强行政执法的力度和公平性，打造有效率的市场环境。

五是建设更适应于新一轮知识型产业发展的更高层次的营商环境。打造更完善的营商环境，争取进入全球营商环境第一梯队，护航企业发展。加大对破坏知识产权行为的打击力度，成立更多的知识产权法院，对破坏知识产权的企业顶格处罚。推进互联网知识产权保护平台建设，打通数据闭环。将知识产权保护领域的国际司法实践引入国内，实现与国际接轨。

把外资企业纳入全国制造业创新体系

一是率先在创新方面给予外资企业与本土企业同等待遇。为了激励外资企业在中国从事高端创新，政府应当积极营造公平的竞争环境，在创新方面对于外商投资企业与本土企业同等对待允许所有企业就产业创新补贴进行公平竞争；简化外资企业申请政府科研项目补助和补贴流程，使其像本土企业一样；允许符合条件的外资公司享受政府奖励创业公司优待；尽快出台符合条件的外资企业在国内资本市场上市及发行企业债的法规，建议优先考虑让中小型、具有核心技术的外资企业在国内上市或发债。

二是推动"外国人 + 外国技术 + 中国资本 + 中国注册"的新型国际化模式，催生国内高密度国际创新活动。分析智能电动汽车的拜腾公司、盲人眼镜公司 Wicab、中风急救设备公司 Cerevast 等"外国人"带着外国技术在中国注册落地的成功经验，充分发挥我国制造生产能力强和民间资本充足的优势，并结合前述提到的政府产业引导基金、投资基金，培育优质创新土壤，吸引外国科技到中国产业化，而不仅仅是以前单一的跨国公司分公司模式。同时，积极发展专业的技术转移机构和海外创新平台，打通境外知识产权引进的政策通道和落地渠道，以便直接获得先进技术。

大力引进具有丰富经验的海外制造业专家

一是避免双重缴纳社保，减少用人单位和外籍专家不必要的负担。根据引进外籍专家主要来源国的情况，在对等的前提下，把中韩互免社保协议中对短期（5 年内）服务的外籍从业人员免于强制参加社保的条款推广到更多双边协议中。

二是为引进外籍专家提供较高水平的公共服务，促进外籍专家缴税负担与其享受的公共服务相一致。鼓励地方政府创办公立国际学校，为符合条件的外籍专家子女提供与其本国相当的义务教育，或者仿效国外一些城市的做法，向其提供学券，让其子女可以选择国际学校就读。加快外资医院、诊所创设的审批程序，落实符合条件的外资医院纳入社保的政策。

三是借鉴国际经验提供更多的信息服务。借鉴美世咨询发布全球城市生活成本排名报告的做法，支持和鼓励中国人力资源机构收集并向全球发布外籍专家在中国的薪酬及生活成本的信息，以促进外籍专家对中国人才市场的了解。

前瞻布局，抢占敏捷治理制高点

世界各国均处于迈向敏捷治理的同一起跑线。由是观之，抢占变革性产业发展的全球竞争制高点，在相当意义上等同于抢占敏捷治理体系建设的全球竞争制高点。打造以敏捷治理为核心的产业治理框架，是完善社会主义市场经济的关键性系统工程之一，是国家治理体系和治理能力现代化的重要组成部分，不啻一场近似于市场经济体制转轨的经济社会深刻变革。构建变革性产业的崭新治理框架，同样应该秉持历史阶段性思维，渐进式推进治理体系改革。并且随着经验和技术的积累，这种渐进性在前进速率上较过去应有明显提高。

近中期夯实治理变革的推进基础

在现有监管基础上,加快在各层次、各领域构建科技安全与科技伦理相结合的"一体两翼"治理架构。

一是创造机制政策将产业治理扩展到政府部门外。构建市场主导、资政和政府引导、规制相结合的治理机制,搭建政府授权—行业认证—协同治理—评估反馈—政策优化的治理闭环。市场负责提供技术、风控等方面的政策建议,弥补政府信息盲点;政府负责制定政策、评估审核、发布信息、维护秩序。

二是将法律、政府职能交叉或空白控制在最低限度。全面梳理已出台的和正在立法中的法律法规,做好法律之间的衔接,尽量减少立法交叉与重复,弥补现有法律空白。

三是探索以加速创新为目标的动态均衡治理机制。坚持将持续学习、动态控制、迭代优化作为基本方法论,将追求过程动态优化作为常态机制。按照行业类别、产业链环节等维度,在划定风险底线的基础上,完善健全各自的风险管理清单,并推进动态更新。对于可能触及风险底线的行业或环节,严格实行审批制管理,对于其他风险级别,逐级下放治理权限,原则实施备案制或者"备案 + 认证"制度管理。

四是前瞻布局支撑治理变革的技术应用互联计划。构建专家、协会、非政府组织等治理参与者的互联互通数据库，支持围绕特定行业问题，快速精准组建核心专家组、行业咨询团，提高决策咨询效率；开发针对特定治理应用的专用工具或软件，在技术创新中建立治理便捷性和透明度。

五是用好用活"政策实验室""监管沙盒"工具。鼓励全国有条件的地区用好用足较大市立法权、综合配套改革授权及自贸试验区、数字经济试验区、无人驾驶测试区等"政策实验室"功能，并综合运用"监管沙盒"等创新工具，积极探索变革性产业的治理创新和新鲜经验，深入开展政策试验和社会试验。同时，创造或强化包容性文化，建立适度放宽的容错率标准，允许合理的试验失误，及时总结经验，纠正偏差。积极平衡变革性产业与传统产业的发展矛盾。采取适度的非均衡发展战略，核心城市群和特殊经济区承担探索示范任务，鼓励探索变革性产业的先发路径，并举推进传统行业失业压力等风险测试。

中远期持续建设治理框架灵活性和全面性

一是引导行业自我监管并推动行业自治。引导建立第三方权威认证、公众监督、政府评估奖惩等保障措施下的行业自我监管模式，帮助企业将道德行为和原则内在化，逐步形成自治格局，进而增加监管效益。

二是研究推动科学技术发展伦理环境的系统化建设。建立科学决策—科学研究—技术发展—应用—传播整个链条的伦理规制和监测指标体系，构建完善的科技伦理发展环境。制定公私数据互联的促进政策和利益分享机制，发挥龙头企业带头作用和行业协会纽带作用，借助信息系统/平台，鼓励公共与私人数据共享合作，扩大利益相关者参与范围，以创造更大的公共价值，提高行业治理的敏捷性。

第三篇

对内加快改革,提升供给体系对国内需求的适配性

国内大循环是指国内的供给和需求形成的经济循环，因为生产、分配、流通、消费各环节都发生在国内，所以促进国内大循环就是进一步促进国内各要素与资源的有效流通，以追求经济效益最大化。要坚持供给侧结构性改革这个战略方向，立足扩大内需这个战略基点，使生产、分配、流通、消费更多依托国内市场，提升供给体系对国内需求的适配性，形成需求牵引供给、供给创造需求的更高水平的动态平衡。

第六章
分配：优化收入分配，
　　　推动区域协调发展

位于产业链条的第二个环节的分配，在调整贫富差异、推进城镇化水平及平衡区域协调发展上，起着至关重要的作用。第一，初次分配应注重公平。以调整收入分配为切入点，全面推进制度革新，在根本上提升居民收入水平和消费能力，增强人民群众的获得感。第二，二次分配应注重均衡。以农业人口城镇化为目标导向，促进城乡居民大融合、大发展，增强人民群众的归属感。第三，再分配应注重协调。以落实新发展理念为核心要义，持续推进区域协调发展，落实产城融创政策体系，加速推进区域一体化建设，增强人民群众的幸福感。

提高收入改善分配，稳定居民就业

当前收入分配结构有待完善，存在收入分配结构大幅倾向企业、基尼系数较高等问题。优化居民收入分配制度，可以稳定居民就业，刺激居民消费，进而有效推动双循环。

收入分配有待完善

收入分配存在一些梗阻，主要表现在：收入分配结构大幅倾向企业、基尼系数较高收入差距较大、低中高收入居民消费的有效需求均有不足等方面。

收入分配结构大幅倾向企业

收入分配结构倾向政府和企业，国民收入分配格局增长不对称。从初次收入分配占比来看，我国居民初次分配的占比总体呈现先降后升状态。1992年，我国的居民初次收入分配占比为66.1%，此后逐年下滑至2008年的57.6%。至2018年，我国居民在国民收入分配中的占比为62%左右，远低于发达国家80%以上的水平，这限制了居民的消费能力。

由于我国居民初次分配收入在国民收入分配中的占比较低，进一步导致居民可支配收入不足。从企业、政府和居民的可支配收入来看，居民可支配收入占比在1992年达68.7%，此后开始下滑，自2008年达到占比低点仅57.2%，下滑了11.5个百分点。此后再逐步提升，到2018年，我国居民可支配收入占国民收入占比超过62%，依旧远低于发达国家水平（见图6-1）。

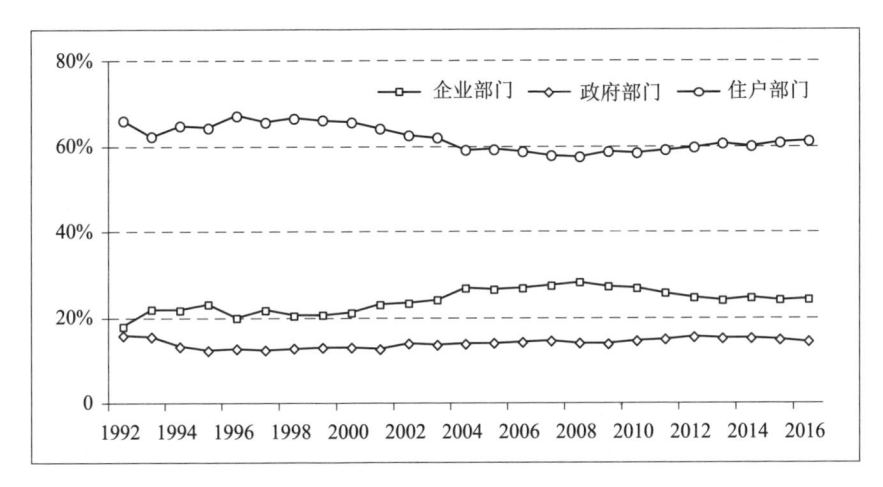

图6-1　1992—2016年，我国政府、企业和居民的初次分配收入占比
资料来源：中国经济统计年鉴

从增长幅度来看，1992—2016年，我国政府、企业和居民可支配收入分别增长了24.6倍、46.9倍和24.9倍，企业的可支配收入的增幅显著领先于政府和居民（见图6-2）。一方面，国企可支配收入的增长达不到"藏富于民"的效果，不能提高整体消费水平。另一方面，民企可支配收入的增长好像是"藏富于民"，但容易产生"暴富者"，收入的增长难以分摊到全体居民头上。国民收入分配不均导致居民整体消费能力明显不足。

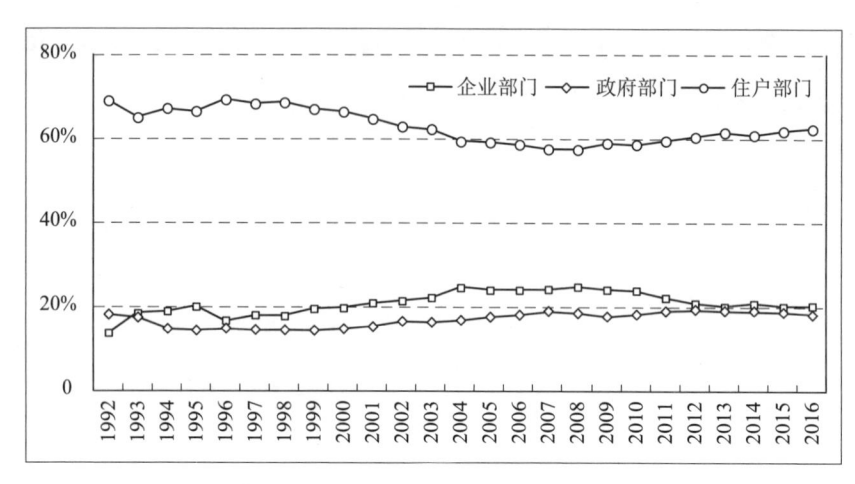

图6-2 1992—2016年，我国政府、企业和居民的可支配收入占比
资料来源：中国经济统计年鉴

基尼系数较高

我国的收入分配问题不仅仅体现在初次分配过程中按要素分配不公平，也体现在再分配甚至三次分配中产生许多不公平现象，导致我国的基尼系数较高，收入差距较大。2017年，我国的基尼系数为0.467，大幅高于德国和法国的0.29，欧盟平均的0.31和英国的0.33，略低于美国的0.48。城乡、区域发展的不平衡使得居民内部的收入分配出现失衡。收入差距较大，出现明显的分层现象，致使有效需求不足。

居民收入差距存在两极分化现象。2016年，我国低收入户（收入最低的20%群体）人均可支配收入仅为13004.13元，当年收入增速为6.3%，低于中等收入户（中间收入的60%群体）和高收入户（收入最高的20%群体）的8.1%。2017年，低收入群体的收入增速仅为5.5%，显著低于中等收入群体的 7.2% 和高收入群体的 9.6%。低收入群体收入增长过慢导致社会总体边际消费倾向低。

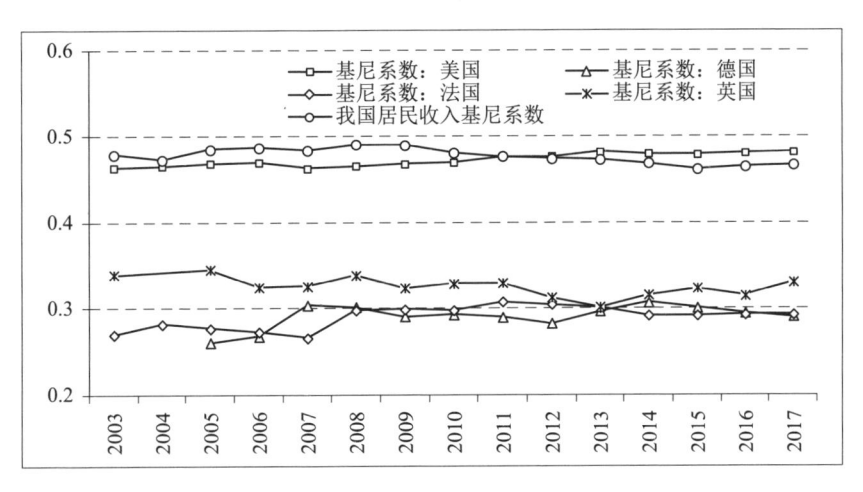

图 6-3 2003—2017 年，我国和欧美主要国家基尼系数对比
资料来源：WIND 资讯

低中高收入居民消费的有效需求均不足

在我国，由于较大的收入差距限制了有效需求，低收入居民、中等收入居民以及高收入居民消费的有效需求均不足。低收入居民拥有最大的消费需求，然而收入低且增速慢导致这些消费需求无法得到满足，这部分居民的生活质量也普遍较低。高企的房价则明显抑制了中等收入群体的消费能力。在欧美国家，中产阶级往往是居民消费的主力群体，而在我国高房价对居民消费需求带来挤出效应。2009 年以来，随着房地产价格的上涨，我国居民杠杆率快速上升，由 2009 年的 24% 上升至 2018 年末的 52.5%。

个人住房债务规模的大幅上升，使得居民用于消费的现金流下降，挤压了居民，尤其是中等收入群体的消费空间。而高收入群体的消费需求也并不能在我国得到满足，留学、跨国旅游、海外代购、跨境购买奶粉的需求量逐渐攀升，这反映了我国的供给端未能在质量上满足人民对于日益增长的美好生活的向往。

优化收入分配体制，深入推进全方位制度改革

调整收入分配制度，提高居民收入水平，建立有利于扩大消费的财政税收制度。建立有利于扩大消费的财政税收制度，立足我国市场的最终消费需求，打造"中国市场2025"。

调整收入分配体制，提高居民收入水平

以提升居民收入占国民收入比重为导向，扭转居民最终消费占比逐年缩减的现象。提升低收入群体的整体收入，扩大中等收入群体的人口数量，完善有利于提高居民消费能力的收入分配和再分配制度。引导企业工资分配制度，鼓励工资集体协商，完善《劳动法》，保护劳资双方的权益。机关、事业单位、高校和科研院所等机构的工资和津贴制度应当更加透明化，同时提高这些机构的自主分配权，鼓励勤劳致富，按劳分配。通过大数据分析协调人力资源市场的供求关系，给中低收入群体拓展更多的收入渠道，一些需求比较大的领域比如网约车、外卖员、快递服务和家政服务都可以导入更多中低收入群体。完善社会保障制度，在进行社会保障分配的时候适当地更多关注低收入群体的利益。扩大医疗保障覆盖面积，让农村居民也可以享受现代医疗服务。全力支持中央调剂养老金制度，养老金富余的地方可暂时缓解养老金紧缺的燃眉之急。

建立有利于扩大消费的财政税收制度

以扩大消费为目的，推动消费税立法，建立综合和分类相结合的个人所得税制度。增值税和企业所得税为我国收入最多的两个税种，2019 年，制造业增值税从 16% 降至 13%，然而仍然大幅高于金融业的 6%。从扩大最终消费的角度来看，应进一步降低制造业、批发和零售业的增值税，可以适当提升金融业的增值税，力争把降税的好处分享给更多的低收入人群。

对于符合条件的小型微利企业，我国按 20% 征收企业税，但是并非所有中小企业都能达到符合减免企业税的条件。此外，其所能享受的政策依然不如在横琴、平潭和前海所设立的绝大多数企业 15% 的优惠税率。应以保证优惠政策有效地在中小微企业落地为导向，大力扶持中小微企业发展，适当放宽对于小型微利企业的认定条件，进一步降低中小微企业的企业税，从而放宽对于低收入人群的税收，加大健康、养老、家政、医疗等生活性服务业的税收优惠政策，从源头激发居民消费力。

立足最终消费需求，打造中国市场

作为世界第二大经济体和人口第一大国，目前我国的市场和消费潜力并没有充分发挥，市场的供给水平尚未跟上经济增长的步伐以及老百姓对美好生活的向往。应积极打造"中国市场2025"，把自己的市场规模做大，进一步聚集更多跨国企业。发展新经济，培育新动能，尤其是消费新动能，应改善低收入居民、中等收入居民以及高收入居民消费的有效需求均不足的局面。以中国巨大的市场作为吸引外资的条件，鼓励更多外企在中国独资建厂，降低国内外企业的营商成本和沟通成本。进一步降低外商投资壁垒，在不完全否定"以市场换技术"的同时，强调"以市场聚产业"，吸引更多的国际企业来中国投资，共同开发中国市场的潜力，让我国市场成为全球最有吸引力的市场。

促进农业转移人口市民化

自2009年中央经济工作会议首次提出"农业转移人口"称谓后，促进农业转移人口市民化这一议题已备受瞩目。1978年，农村开始实行家庭联产承包责任制改革，在提升农业劳动生产率的同时，也逐步将农村劳动力从农业中解放出来，产生了大量农业剩余人口。伴随着快速工业化与城市化，农业剩余人口开始大量向城市和非农产业转移。改革开放40余年来，我国人口规模持续稳定增长，受人口老龄化逐渐加速的影响，全国劳动力和流动人口规模由上升转向下降，并表现出新的特征与趋势。

我国农业人口发展特征及趋势

目前,国家尚无"农业转移人口"的统计数据。"流动人口"和"农民工"均为"半年以上"统计时间要求,与"农业转移人口市民化"内涵的"常住化"时间要求一致,但人口范围不一致。因此,从总体上看,人口规模持续稳定增长,劳动力总量缓慢下降但仍充裕,农业转移人口市民化任务依然艰巨。

未来 10 年,人口规模仍处于增长中

作为全球第一大人口大国,我国人口一直保持增长,由 1978 年的 9.63 亿增长至 2019 年的 14 亿。从人口出生率看,由于积极推行计划生育政策,1987 年开始进入下降趋势。1987—2003 年,人口出生率呈快速下降趋势,2004—2015 年呈缓慢下降趋势,2016 年和 2017 年受"全面二孩"政策影响,人口出生率出现短暂上升,2018 年和 2019 年再次大幅下滑,2019 年人口出生率仅为 10.48‰。未来即使全面放开生育,若没有激励人口生育政策出台,人口增速大概率将保持持续下降态势。从人口死亡率看,近 40 年来,大体可以划分为 2006 年之前和之后两个阶段,后一阶段死亡率略高于前一阶段,但基本保持稳定,未来趋势不会出现大的变化。因此,我国人口自然增长率长期来看主要受人口出生率影响,其走势与人口出生率保持高度一致(见图 6-4)。

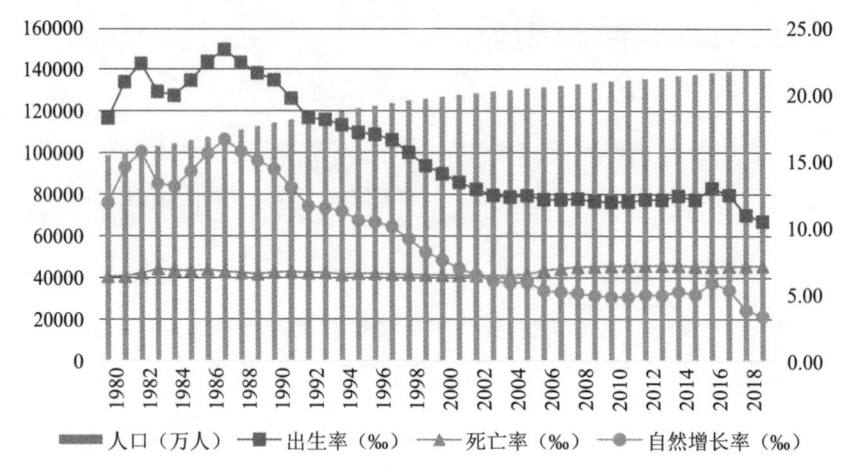

图6-4 1980—2018年，全国人口与劳动力变化趋势
资料来源：国家统计局

未来人口规模发展方面，据联合国《世界人口展望2019》方案预测，我国人口将在2031年达到14.6亿峰值，之后进入持续下降阶段。虽然联合国对中国人口预测偏乐观，但未来10年仍将是我国人口微增长时期，峰值人口将出现在2030年左右，为14.4～14.5亿人。

劳动力规模缓慢下降但仍充裕

尽管我国人口仍处于增长阶段，但受老龄化逐渐加速的影响，全国16~59岁劳动年龄人口于2011年达到峰值9.25亿后，开始持续下降，2019年为8.96亿，占总人口的比重也由2011年的峰值68.7%下降为2019年的64%（见图6-5）。与其对应，劳动力规模于2016达到8.07亿峰值后开始下降，2019年为8.04亿，占总人口的比重由2008年的59.7%下降为

2019 年的 57.5%。因此，未来劳动年龄人口将长期处于下降状态，但下降速度较为缓慢。根据前几年的趋势估计，至 2030 年，全国劳动力将保持在 7.8 亿~7.9 亿，劳动力总量仍充裕。

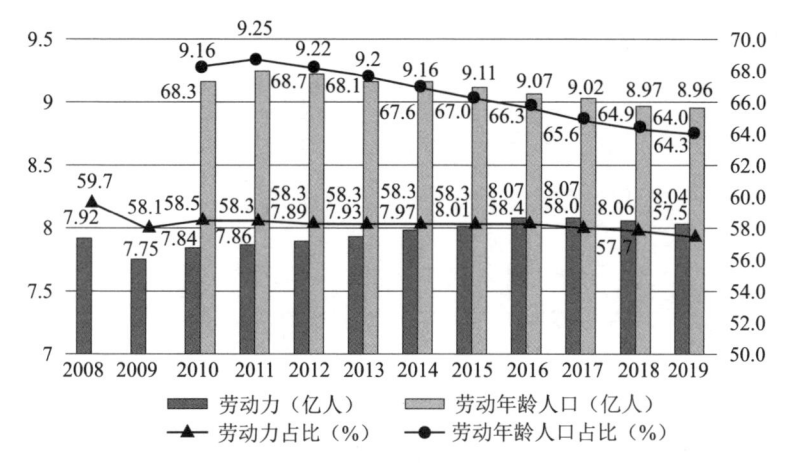

图 6-5　2008—2019 年，全国 16～59 岁劳动适龄人口和劳动力变化趋势
资料来源：国家统计局

流动人口规模由上升转为下降

改革开放 40 余年，我国人口流动的历程大致可以分为三个时期。1990 年之前为第一阶段，依托乡镇企业的发展，农业剩余劳动力主要实现就地转移，呈"离土不离乡、进厂不进城"式流动特征，跨区域人口流动规模较低。流动人口规模从 1982 年的 657 万人增加至 1990 年的 2135 万人，年均增长约 7%。1985—1990 年，跨省流动人口年均仅 221 万；1991—2010 年为第二阶段，随着乡镇企业的萎缩、中国加入 WTO 和人口流动政策进

一步放开，农业剩余劳动力开始向城镇转移，呈"离土离乡"式流动特征，人口流动速度加快，跨区域人口流动规模上升。流动人口规模从1990年的2135万人增加至2010年的22143万人，年均增长约12%。2005—2010年，跨省人口迁移规模年均约1100万，约为1985—1990年的5倍。2010年以来为第三阶段，流动人口规模由缓慢上升转入下降。2010—2014年，流动人口规模由2.21亿上升至2.53亿，年均增长3.4%，增长速度明显下降。从2015年开始，流动人口规模由之前的持续上升转为缓慢下降，2019年降为2.36亿，年均下降1.4%（见图6-6）。

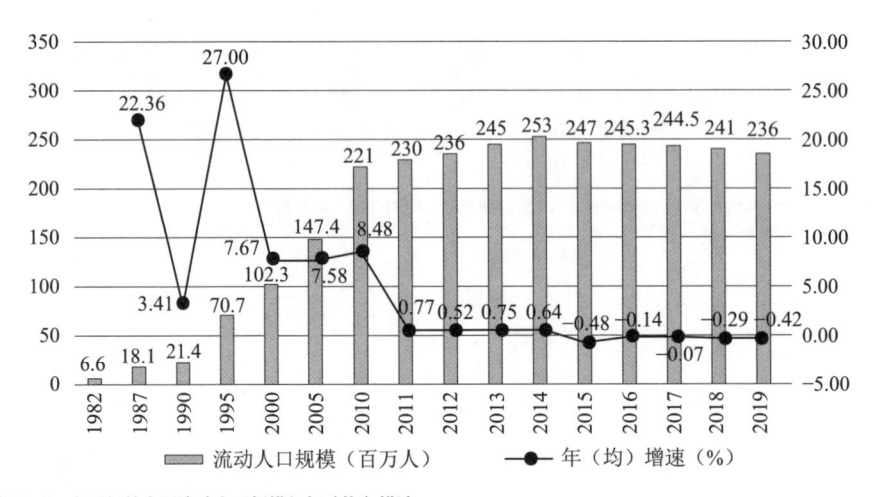

图6-6 主要年份全国流动人口规模与年（均）增速
资料来源：国家卫生健康委员会，《中国流动人口发展报告2018》；国家统计局，《中国统计年鉴2019》

农业转移人口市民化的策略

新时代，大量农业转移人口希望转移至大城市，实现比以前更高水平的市民化，现有的"半市民化"农业转移人口要在城市留下来，融入城市生活。虽然我国对农业转移人口市民化工作越来越重视，出台了一系列政策推动相关工作，但未来农业转移人口市民化工作任重而道远，且需要在制度方面予以逐步完善。

建立农业转移人口市民化专项财政转移支付机制

尽管我国财政转移支付制度日益完善，总体改革方向是增加一般性转移支付，降低专项转移支付，但财政转移支付政策作为新型城镇化的催化剂，直接影响农业转移人口市民化的执行效果和各城市政府的积极性，未来在同农业转移人口市民化挂钩机制方面尚有完善空间。为此，有必要在中央财政预算的专项转移支付下增加"农业转移人口市民化"细项，作为一种阶段性的激励政策工具，对人口流入地城市政府进行奖励，并根据新型城镇化目标实施效果，调整该专项转移支付项目的标准和计算方式。建议"农业转移人口市民化"专项转移支付项目的标准，近期从各城市最迫切的痛点问题"基础教育专项"入手。由于一般性转移支付中已纳入公用经费补贴，因此，可以将支付标准确定为生均事业费减公用经费，全国统一标准，实现专项转移支付经费的可携带。另外，由于专项转移支付与农业转移人口直接挂钩存在数据获取难问题，缺乏可操作性，因此，建议与新增入户人数挂钩。

继续加大特大型城市户籍制度改革

党的十八大以来，我国的户籍制度改革加快。党的十八大报告、《国家新型城镇化规划（2014—2020年）》《国务院关于进一步推进户籍制度改革的意见》《国务院关于深入推进新型城镇化建设的若干意见》《国务院办公厅关于印发推动1亿非户籍人口在城市落户方案的通知》《关于培育发展现代化都市圈的指导意见》《2020年新型城镇化建设和城乡融合发展重点任务》等系列政策颁布，户籍制度改革日益深入，Ⅱ型大城市及以下全面取消落户限制。但目前对Ⅰ型大城市只要求全面放开放宽落户条件，并全面取消重点群体落户限制。超大特大城市要调整完善积分落户政策，大幅增加落户规模、精简积分项目，确保社保缴纳年限和居住年限分数占主要比例。受各种因素影响，城市政府对人才落户较为积极，对农业转移人口落户消极。下个10年是我国城市化提质的关键时期，要消除"半城镇化"现象，就必须逐步解决农业转移人口在大城市的落户难问题。为此，需要中央进一步加大户籍制度改革力度，取消除少数超大城市外的大城市和特大城市等的落户限制，压实地方政府主体责任，强化督促和监测评估。

推动都市圈基本公共服务均等化和乡村市民化

一是鼓励都市圈探索都市圈基本公共服务均等化。目前，我国都市圈的公共服务资源在空间上呈现圈层化递减特征，在时序上滞后于人口流动，叠加行政区划分割，内外圈层间落差更为显著，已成为制约都市圈高质量发展的突出短板。为此，要鼓励都市圈先行先试，推动基本公共服务均等化。分阶段、先易后难，按照城区、镇区、乡村梯次推进基本公共服务均等化，实现都市圈内城乡基本公共服务一体化趋同发展。

二是推动就地农村人口和返乡城市人享有与城市一致的市民化。大力发展农村经济，坚持以工补农、以城带乡，加大乡村基本公共服务投入，提升乡村基本公共服务品质，推进城乡基本公共服务标准统一、制度并轨，逐步建立全民覆盖、普惠共享、城乡一体的基本公共服务体系，稳步提高城乡基本公共服务均等化的水平。

落实新发展理念，推进区域协调发展

习近平在十八届五中全会上明确强调，我国要坚持"创新、协调、绿色、开放、共享"的新发展理念。新发展理念的提出，不仅是基于我国国情的现实之举，更是破解发展难题、增强发展动力、厚植发展优势的变革之策。面对百年未有之大变局，唯有以新发展理念为思想根基，以双循环发展战略为理论支点，在经济建设中持续推进区域协调发展，方能在波谲云诡的国际政治经济博弈间危中求机、变中求破。"机"之遇、"破"之局，不是简单的杠杆叠加或政策刺激，而是在秉持新发展理念思维下的再布局，是贯通双循环体系建构下的再发力。因此，要瞄准国内庞大的市场需求，加快构建完整的内需体系，依托各区域形成多增长极、多支点的经济网络，着力打通生产、分配、流通、消费各个环节，畅通国内东西部大循环，不断提升国内市场需求和供给能力，增加居民可持续收入并加速推进区域协调发展。

对标对表，转变思维理念

以新发展理念为标杆，在对接双循环格局的基础上，聚焦重点未来问题。

一是要聚焦于探索"以创新为驱动的区域发展模式"。中国经济高质量发展的内生潜力，即在于创新。创新不仅牵连着现阶段我国人口就业、财政收入、未来增长失速等问题，更直接关系到我国"两个一百年"宏伟目标的实现等重大问题。因此，在落实新发展理念的过程中，一定要将创新排在第一位，将自主创新作为发展的首要任务，进而真正实现由"中国制造"向"中国智造"的华丽转变。

二是要聚焦于"重点区域规划与建设"。土地、人力等生产要素的分配不均，使双循环的供给端出现不适配性，人、地、物等一系列空间需求矛盾激增。在经济转型、高速推进城镇化和区域间关系调整的共同背景下，原有空间规模不能适应新发展要求，需进一步推进顶层设计、重点区域建设发展，在促进各区域协调发展的同时，还要拓展城市空间，培育大规模城市群。

三是要聚焦于"优化区域产业结构和产业布局"。改革开放40余年来，我国积累的产业专业化程度和国际化程度都已显著提升，中国品牌正逐步进军全球各顶级领域。但是也应该清楚地看到，在要素投入、环境污染等方面我国企业仍存在诸多短板。在纵观全球产业链条的分配之后，可发现我国企业的布局还游离于国际高端链条之外，处于附加值较低的位置。同时，由于各区域政府之间存在竞争关系，导致产业资源协调利用等问题亟待解决。

四是要聚焦于"新型城镇化与城乡融合发展"。全面建成小康社会、实现共同富裕要求我们必须尽快解决城乡发展不平衡不充分的突出矛盾。要进一步推进建设美丽乡村、特色小镇等独有品牌，擦亮乡土文化的名片，使百姓看得见山水，记得住乡愁，留得住乡情。

五是要聚焦于"东西全面开放格局建设"。面对当下构建的双循环大格局，我国要坚持走积极的对外开放之路，秉持"一带一路"的开拓精神，努力实现海陆双向、东西互济的全面开放新格局，协同共建新时代的丝绸之路。

靶向施策，瞄准主攻方向

我国区域经济明显的特点是东强西弱、南强北弱，这种特点实质上是区域发展失衡的空间表现，如果继续发展下去会进一步导致区域现代化体系落后、资源配置效率低下、技术人才断层等问题，这会严重阻碍我国实现"两个一百年"的奋斗目标。因此，在促进双循环新格局进程中的区域政策制定上，应牢牢把握以下三个主攻方向。

一是要畅通区域要素自由流动。围绕着加快完善有助于各区域要素自由流动的政策体系，尽可能发挥市场的力量，并促进生产力合理布局。即促进要素自主有序流动，不断提高要素配置效率，加速要素自由流动的概率，进一步激发全社会的创造力和市场活力。

二是要推进市场一体化。市场经济就是法治经济。要加速推进区域市场一体化建设的政策体系，着眼国内国际双循环。以双循环为目标导向，加快破除城乡区域壁垒，构建有竞争、有秩序的市场基础。

三是要优化营商环境。围绕完善"放管服"政策体系，因势利导推进各区域具有市场竞争力的产业分工与布局，界定好市场和政府职责，通过完善负面清单、权力清单、责任清单等方式推进"放管服"改革，使各个区域间的生产力得到合理布局和产业分工，进一步打造良好的营商环境。同时，要借助互联网络平台，推进电子政务，"让数据多跑路，群众少跑腿"。加速拓宽网络进路，建构智慧政务、数字政府。阳光是最好的防腐剂，将政府的权责清单通过网络公之于众并提供监督途径，提高政务运行的透明性、公开性。

精准发力，推动区域协调发展

面对严峻的国内外大环境，未来5年，我国区域发展必须突破瓶颈，合理运用政府和市场两只手，深入推进区域协调发展。

一是要深化国内机制体制改革。合理优化财政转移支付、土地管理、生态补偿等制度，进一步优化基础设施、公共服务均等化机制，建立政府负责、社会协同、公众参与、法治保障的区域协调治理体系。

二是加大对外开放力度。在巩固沿海对外开放的同时，深入加强西部各地区的对外开放力度。我国应积极拓展西部内陆的开放新空间，把握好"一带一路""西部大开发"等建设契机，借助西部内陆交通基础设施打通西部向西开放的内陆通道。以国内各地区产业协作、生产要素流动以及市场一体化为支撑促进国内产业链重塑，充分挖掘西部的国际市场潜力，进而形成东西部共同开放的新格局。

三是要加速推进一体化建设。努力实现区域一体化与市场一体化，打通国内经济的"任督二脉"。打破各地区间资源要素流动壁垒，放宽市场准入机制；完善户籍制度，建立国内统一开放的大市场，积极构筑国内国际双循环新格局。

四是要合理配置资源要素。优化国土开发与利用，完善落实主体功能区建设。东西人口的平衡是经济平衡的一个重要参考方向，"十四五"时期区域协调发展要统筹人口、产业、资源分布，建设以城市群为依托的主体功能区，保证人口产业在空间上的适度均衡。

五是要构建区域发展新格局。依托国家"四大板块"与"五大战略"，构建我国区域均衡发展的新格局。从以往一刀切的经济政策到现在的各区域差异化政策，意味着中国区域经济发展战略逐步走向整体性和个性化的有机发展。未来还要继续深入东、中、西与东北四大板块和"一带一路"、京津冀、长三角、长江经济带以及粤港澳大湾区五大国家重大战略的对接交流合作，促进东西加强合作、南北加强互动。

第七章
流通：发展现代供应链，
推动智慧物流发展

党的十九大报告指出，要推动互联网、大数据、人工智能和实体经济的深度融合，在现代供应链领域培育新增长点、形成新动能。新时代，应在发展现代供应链为基础的前提下，全力助推"互联网+流通"行业的深度融合，从而构建产业新业态，推动智慧物流的进一步前行。

发展现代供应链，助推供给侧结构性改革

供应链是以客户需求为导向，以提高质量和效率为目标，以整合资源为手段，实现产品设计、采购、生产、销售、服务等全过程高效协同的组

织形态。物流是主要的供应链环节与供应链活动，但物流与供应链、物流成本与供应链总成本分属不同范畴。随着信息技术的发展，当前供应链已发展到与互联网、物联网深度融合的智慧化供应链新阶段。

我国供应链存在的问题与短板

我国在2017年国务院办公厅发布的《关于积极推进供应链创新与应用的指导意见》中，才首次将供应链的创新与应用上升为国家战略，国内对于供应链战略的认知方面还有待强化，存在诸多矛盾和问题。

现代供应链国家战略认知有待强化

一是供应链发展提及多年，但各地跟进不足。从2009年的《物流业调整和振兴规划》中提出"推动物流企业与生产、商贸企业互动发展，促进供应链各环节的有机结合"和"向以信息技术和供应链管理为核心的现代物流业发展"到2014年的《物流业发展中长期规划（2014—2020年）》中提出将推动与发展供应链管理列为十二大工程之一，可见供应链早在2009年就已经受到国家层面关注，但由于种种原因，从政府的角度，各地都未采取有力措施进行落实和跟进，使得供应链发展长期脱离现实而存在于理论层面。跟进不足的根本原因还是在于对供应链战略的认识不足。

二是目前国内没有建立相应的供应链业务相关机构。供应链管理是

2017年才纳入国民经济体系的概念，到目前为止，供应链仍然是一个跨部门的领域，我国也还没有设立相应的供应链管理政府部门和企业部门，因此为了推进我国供应链国家战略，建议可以增设相应的供应链业务管理和统筹机构。

在全球供应链体系中的地位尚不牢固

通过积极参与全球化进程，我国在全球供应链体系中的地位日益提升，但地位还不牢固。出于对成本等因素的多方考虑，多年来，全球大型企业一直增加在我国的制造业务份额，利用中国极具竞争力的劳动力价格优势，赚取更大的商业价值，谋求更大的增值空间。随着供给侧结构性改革的深入推进，我国通过新旧动能的转变，转变经济发展方式，促进产业结构转型，实现了在全球价值链和产业链中位置的前移，甚至一跃成为全球供应链的中心。但是，我国制造业领域多数大型企业的发展基础是国内市场，跨国发展、全球布局普遍较晚，集中采购、集体议价意识较为淡薄，自主建立完善的海外销售服务渠道的企业仍然较少。整体来看，对于上下游产品和服务议价权不足。从产品和服务供给层次来看，我国企业在全球供应链体系中处于容易被替代的地位，欠缺能够掌握产业链关键材料、关键零部件以及具有独创性的高附加值产品。

现存流通体系进一步放大了供应链总成本

一是区域经济发展不平衡，行业集中度不够高，计划经济到市场经济过渡形态的批发市场仍然存在。批发市场作为生产商与零售商的中介，可以简化二者之间的交易次数，加速交易过程，对生产商和零售商都会产生巨大的经济效益。即使生产厂商规模和零售商规模不断扩大，行业集中度也在不断提高，但在集中度不足的领域，批发市场仍能发挥其特定的优势，找到存在的市场。

二是交通基础设施连接度不足，且流通主体多样化流通环节的增加，无形中放大了供应链总成本。企业为了降低供应链总成本，正以多种方式压缩越来越难以降低的库存、人力、用地等成本。实际上，流通环节才是进一步放大供应链成本的重要因素。从我国当前流通体系来看，流通基础设施连接度不足、主体规模小、形式散、信息化薄弱，多级批发、多级零售现象普遍。现有的流通体系，无形中增加了流通环节，而这一部分的成本最终都会转嫁到整个供应链总成本。

三是信息高效、透明化流通存在一定障碍，难以准确把握快速变化的市场需求，导致供给成本偏高。处于信息时代的我们，实际上，在有限的时间内，能看到的信息只是冰山一角。同时，由于地区发展不均衡，部分地区的信息化建设相对滞后，在信息量较大的情况下，缺乏把政府、市场、生产者等主体有效连接的网络体系，对于市场供需信息的分析与选择能力相对欠缺。因此，及时准确地掌握全面、持续的市场供求信息成为行业痛点与难点。作为供应链中重要的一环，信息的不对称会导致运营成本增加，在一定程度上会增加供应链成本。

发展现代供应链，持续深化改革

党的十九大报告指出，要推动互联网、大数据、人工智能和实体经济的深度融合，在现代供应链领域培育新增长点、形成新动能。2017年，国务院办公厅印发《关于积极推进供应链创新与应用的指导意见》，现代供应链正式成为国家战略。发展现代供应链，夯实供应链发展基础。发挥物流基础性、先导性作用，强化公共服务性强的物流基础设施建设，提升国际物流大通道、跨区域的全国性物流枢纽与服务能力，深入助推供给侧结构性改革。

加大供应链基础设施建设，打通供应链主干网络

一是强化国际物流大通道基础设施服务能力。加强与"一带一路"沿线国家的航空联系，加快开通直飞航班，进一步加大航空运输通行能力，提升航空运输发展水平；加快开行双层集装箱班列，推进中欧、中亚班列建设和常态化运营，提升国际物流大通道铁路运输服务能力；加快推进港口资源整合，并完善铁路进港等港口集疏运基础设施建设，提升铁路疏港的能力，解决港口与城市之间的矛盾。

二是打造跨区域全国性物流枢纽。推动辐射范围广、标准化水平高、综合服务能力强的商贸物流园区、专业商贸市场升级改造，形成集交易、分拨、仓储、冷链物流、电子商务等多功能于一体的流通服务中心；充分发挥物流网络节点功能优势，向物流服务上下游供应链环节延伸，形成资源配置、管理、使用为一体的跨区域全国性物流枢纽。

三是提升区域物流节点的连接度。依托多式联运枢纽，选择核心节点，加大交通枢纽节点的建设力度。同时，在现有枢纽节点的基础上，规划建设一批多运输方式衔接的大型物流园区，引导区域性物流配送中心由存储型、自建自用型仓库向快速周转型自动化仓库转型升级，成为提供"一对多"社会化服务的物流节点。

提高多种运输方式的连接度，提升多式联运能力

一是推进港口集疏港铁路、公路、内陆港建设，完善铁路集装箱中心站、铁路物流基地等进出站场配套道路设施。第一，进一步加大对港口与铁路的连接度，提升海铁联运比例，提升货物集装箱运输水平，实施铁路引入港口工程，有效发挥海铁联运作为物流大通道主要交通运输方式的支撑作用；第二，优化内陆无水港节点布局，完善口岸服务功能，将内陆港与沿海国际大港有效衔接起来，提高集装箱江海联运、国际中转比例，解决港口集疏运体系矛盾。

二是畅通多式联运枢纽站场与城市主干道的连接，提高干支衔接能力和转运分拨效率。第一，完善公路港布局，提升公铁联运集疏运连接度。加快在8个经济区的核心节点城市规划建立一批综合型公路港，推进公路港与公路港、公路港与铁路港之间运输、集散、分拨、调配、信息传输等协同作业，实现物流大通道上公、铁集疏运系统的建设；第二，加快航空货运枢纽以及邮政快递分拨中心等外联专用公路项目建设，构建航空、公路一体化运输链，形成无缝衔接的公、空联运模式。

三是拓展国际联运服务，畅通"一带一路"沿线铁路联运网络。第一，在"一带一路"沿线国家建设海外集结点，增加便利运输协定的过境站点和运输线路。第二，进一步支持中欧、中亚班列的开行，丰富运输货物种类，提高其在物流大通道上的使用率。

推动供应链创新发展，优化资源配置能力

一是加强供应链智慧化建设，赋能供应链创新发展。鼓励供应链相关企业主动规范信息数据和接口，加快推广基于全球统一编码标识（GS1）的商品条码体系，推动托盘条码与商品条码、箱码、物流单元代码关联衔接，实现商品和集装单元的源头信息绑定，并沿供应链顺畅流转；加快推广大数据、云计算、区块链、人工智能等智能技术与供应链融合，发展具有供应链协同效应的公共型平台，支持上下游用户的生产、采购、仓储、运输、销售等管理系统相对接，助力提升供应链在优化生产、加快周转、精准销售、品质控制、决策管理等方面的重要作用。

二是推动供应链关键环节资源整合，打造高效协同的供应链。以供应链智慧化、绿色化和信息化为抓手，推动供应链关键环节资源要素的横向连接，打通从前端设计、生产到最后消费的各个环节，助力供应链产业组织创新、协调技术创新和管理模式创新，构建高效协同供应链，最终形成产业供应链互联网体系，拓宽产业边界，促进产业融合，形成经济增长新动能。

三是加快构建全面整合型供应链，增强资源配置能力。培育全面整合产业链、融合价值链的资源配置型平台，通过供应链一体化服务平台建设，助力企业内部和外部流程优化，提高协同效率和全要素生产率，提升资源配置能力；鼓励企业加快实施供应链一体化管理，积极融入全球供应链网络，提高全球供应链安全水平，参与全球供应链规则制定和全球化的供应链体系建设，实现资源的全球化配置，与全球利益各方构建协作共赢的战略合作关系。

"互联网+"助推行业深度融合创新，构建新兴业态

互联网融合业态主要指制造业与互联网融合所产生的新兴业态，是工业化与信息化融合的主要体现。数字经济的核心在于推动互联网、大数据、人工智能同实体经济深度融合。互联网的深度融合中，随着数字化迈向智能化，融合的边界、融合的主体、融合的业态不断扩展，并通过数字世界链接每个人、每个家庭、每个组织，构建万物互联的智能世界。

互联网向万物互联的泛在网拓展新态势下，我国具备重新布局的重大机遇

华为全球产业展望预测，2025年个人智能终端数将达400亿，个人智

能助理普及率达 90%，智能服务机器人将步入家庭，个人潜能将在终端感知；在商业和社会层面，2025 年，全球 1000 亿连接将泛在于公用事业、交通、制造、医疗、农业、金融等各个领域，推动数字化转型。届时企业应用云化率将达 85%，AI 利用率达 86%。预计到 2025 年，增长高达 20 倍，达到 180ZB，这些新增数据成为"数据石油"宝库，源源不断地创造智能和价值。

互联网融合业态中 5G 应用趋势加快：建立信息设施新通道

一是 5G 成为下一代智能经济和智能社会的基础设施。5G 网络本身具备的大带宽、广连接、高可靠、低时延特性，令 5G 成为支撑工业无线互联的最佳选项和关键网络基础设施。"5G+物联网"将形成新一代信息通信技术与先进制造业深度融合的新业态与新模式。5G 已经成为社会信息流动的主动脉、产业转型升级的加速器和构建数字社会的新基石，将引发社会生产生活方式的深刻变革。5G 时代，产业应用将是主流，同时新的应用将继续渗透生活的方方面面，通信将进一步改变社会。智慧工业、智慧教育、智慧医疗、智慧交通、智慧农业、智慧文娱等应用都会随着 5G 时代的到来而加速发展。中国信息通信研究院预计，到 2025 年，中国 5G 用户将达到 8.16 亿，占移动用户的 48% 左右。

二是 5G 深刻影响生产和生活。借助 5G 利用自动化和物联网（IoT）的智能工厂将实现更快的生产速度、更高的生产力。5G 为消费者提供无缝的观看体验，降低每 GB 的成本，更快的速度提高了移动设备上流媒体事件直播的速度。5G将通过授权使用车对车通信支持智能车辆和整个运输业。私人车辆和公共交通工具均可利用实时数据通信、收集和分析，以使道路更加安全。物联网传感器的使用将允许汽车发送和接收来自其他车辆的信息。利用创新技术(包括5G、物联网)进行数字化转换，实时健康数据分析，以及利用医疗应用扩展可穿戴技术。利用5G改善后端流程，提供个性化的产品和服务，提高移动支付应用的速度。高通公司预测，到2035年，5G将创造13.2万亿美元经济产出，并产生2230万个工作岗位。其中，5G将在制造业、交通运输业、建筑业、公用事业、采矿及采石业五个行业实现全球经济产出超过6.6万亿美元。

人工智能为互联网融合业态赋能

人工智能以技术赋能的方式对制造业、交通、医疗、文化等产业形态产生巨大积极影响。在世界范围内，人工智能领域的国际竞赛已经拉开帷幕，并日趋白热化，该领域的竞争意味着国家未来综合国力的较量。

一是人工智能为互联网融合业态全面赋能。人工智能技术步入商业化阶段后，在全球各主要城市的创新融合应用，将对金融、教育、数字政务、医疗、无人驾驶、零售、制造业、智慧城市等各行业带来深刻变革。人工智能技术能够从感知层、分析层和应用层为互联网融合业态进行全面赋能。第一，提升感知层传感器功能。感知层应用人工智能技术，会显著增强传感器功能，提高资料来源的可用性，人工智能技术的应用可以在感知层采集到更多的有用信息用于进一步的分析处理。第二，提高分析层数据挖掘能力。收集大量数据后，人工智能就可以在分析层发挥其数据挖掘的能力。第三，在应用层提供智能决策。人工智能能够为决策者提供与传统的决策支持系统、知识辅助决策系统或专家系统不同且更具价值的智能决策，助力构建决策支持系统，为决策者提供分析问题、建立模型、模拟决策过程和方案的环境，调用各种信息资源和分析工具，帮助决策者提高决策水平和质量。

二是人工智能成为国际互联网融合发展的竞争重心。推动人工智能的发展和应用已逐渐成为全球主要经济体的共识。自2013年以来，全球已有美国、中国、欧盟、英国、日本、德国、法国、韩国、印度、丹麦、芬兰、新西兰、俄罗斯、加拿大、新加坡、阿联酋、意大利、瑞典、荷兰、越南、西班牙等20余个国家和地区发布了人工智能相关战略、规划或重大计划。在全球主要经济体中，人工智能发展战略部署在近两年呈现进一步升级的趋势。

人工智能竞争力取决于市场的规模和产业技术水平

主要国家和地区在重视人工智能融合应用的同时，未来该领域的竞争将在以下两个方面尤为突出。

一是人工智能价值受应用市场规模影响。医疗、交通、制造等领域的人工智能应用开发受到广泛关注，投资与市场规模明显增加。

二是技术领先程度决定一国的人工智能产业的领先程度。世界主要国家和地区加快战略布局的同时，更是聚焦比较优势领域技术水平的提升，确保全球竞争力并进而成为全球领导者。根据《IDC 全球大数据及分析消费指南》和《IDC 全球认知 / 人工智能消费指南》，预计到 2019 年，全球范围的企业将投资 1850 亿美元于大数据和人工智能解决方案，到 2022 年，中国人工智能市场的规模将达到 98.4 亿美元，2017—2022 年的复合增长率将达到 54.5%。

"互联网 +"背景下的业态发展新模式与策略

2019 年是国际互联网融合"重监管、严监管"的元年，无论是美国、欧盟等发达经济体，还是中国、印度等发展中国家，都纷纷对互联网融合领域的监管出台新措施、新法案或者新的施政理念。传统监管模式不仅很难适应互联网融合业态发展的新趋势，也难以满足我国坚持共建共治共享的社会治理、实行包容审慎监管的要求。借鉴国际上互联网安全监管先进经验，促创新、防风险，打造政府、行业协会和企业等多方共治的网络安全生态是当前的迫切需要。

创设负面清单，严守监管红线，为新经济企业建立可预期的营商环境

主管机构应当依据法律设置的互联网融合安全监管红线，创设负面清单，依法进行监管。一类红线：国家安全。惩治网络攻击、网络入侵、网络窃密、散布违法有害信息等网络违法犯罪行为，维护国家网络空间主权、安全和发展利益。二类红线：社会安全。任何对社会安全造成严重后果的行为都应当禁止，包括违反法定义务的不作为，比如对网络服务提供者不履行网络安全管理义务并造成危害后果，以及利用网络实施违法犯罪、为他人实施犯罪提供技术支持等帮助的积极作为。三类红线：个人信息和隐私。根据我国民法对隐私的保护，制定相应监管红线和负面清单。

鼓励行业组织自行制定与行业发展相符的安全标准和行为准则。就未触碰红线的企业行为、商业项目和技术研发，监管部门应采取技术中立原则，即营造一个公平竞争和促进创新的环境，不对任何一种互联网融合业态中的企业行为施加额外的有利或者不利影响。

全面建立熔断机制，保障节点安全，做好安全风险切割

在企业、区域和国家层面建立三级熔断机制，保障节点安全。一是鼓励企业建立逻辑区域隔离安全解决方案。鼓励企业根据网络设备和业务系统的重要程度将整个网络划分成不同的安全域，形成纵深防御体系，对不同业务平面进行网络逻辑隔离。一旦发生网络安全事件，企业应当迅速进行区域隔离，将损失最小化。对重大的基础设施行业企业、重要平台企业、公共服务企业，以及相关政府服务的第三方机构，建立网络安全预警隔离。二是探索建立区域间暂时性网络隔离应急措施。鉴于我国独特的国情，区域间网络安全面临不同程度的安全风险。应当探索建立区域间网络隔离制度，切断特定区域内的风险源，防止极端势力和不法分子等通过区域互联网和网络融合技术，扩大对个人安全、社会安全乃至国家安全的侵犯。三是立法制定国家层面网络安全紧急状态制度。就国家安全层面发生的网络安全事件，应当立法进行紧急状态的规定。依据法律规定和特定程序采取相应全国断网措施，阻止危机在全国层面蔓延。

聚焦新赛道，重点培育 5G、人工智能、车联网、工业互联网、产业互联网等领域的网络安全产业

培育具有全球影响力及竞争力的网络安全龙头企业，强化数字经济时代新型网络安全企业培育，形成人才培养、技术创新、产业发展的良好生态。实现具有龙头带动的全产业链布局，加快新型网络安全企业培育，强化网络安全研究创新及人才培养，让网络安全产业比网络黑灰产业"跑得更快"。

鼓励本土网络安全企业强化与国际龙头企业如赛门铁克等企业的合作，共同研发针对特定网络安全问题的解决方案，建设互利互信的网络安全技术、人才合作机制。强化网络安全基础科研投入及专业人才培养，突出创新在安全产业发展中的引领作用，设计创新链、延长产业链、提升价值链，深入推进"产学研用"合作。全力抓好网络安全人才培养，促进网络安全学科建设及人才培养驶上快车道。

推进智慧物流发展

智慧物流是通过将智能化硬件、信息技术与物流融合，提高物流系统整体的分析决策与执行能力。其本质是让物流系统不断模仿人工智能行为，形成具有感知、学习、推理判断的能力，从而提升整个物流系统运营的效率，降低社会物流成本。具体表现为在物流系统中利用集成智能化技术，使物流系统能模仿人的智能，具有思维、感知、学习、推理判断和自行解决物流中某些问题的能力，推动信息流与物质流快速、高效、通畅运转。

我国智慧物流存在的问题与短板

我国智慧物流的发展正处于蓄势待发的起步阶段，发展速度较快但仍然存在可提升的空间。基础设施能力需要进一步提升、区域发展水平仍不均衡、信息与数据共享水平有待提高、专业化人才培养体系相对滞后、政策协调机制有待加强等成为影响我国智慧物流发展的突出问题。

基础设施能力需要进一步提升

一是我国地域辽阔，地形地势复杂，经济发展差距大，造成个别地区基础设施布局落后，特别是农村与城市之间的物流服务存在巨大差距。

二是物流企业智能化设备应用还处于普及推广阶段，目前物流企业众多，但出于成本等因素考虑，难以对智能物流实现全方位、多维度的普及。

三是数据和数字化基础设施成为新的生产要素，大数据为物流全链条、供应链赋能，成为物流企业新竞争力的关键来源，但物流大数据平台、物流云、物流 App（应用程序）、智能物流终端等数字化物流基础设施仍处于推进阶段。

此外，5G作为万物互联、人机交互的战略性信息基础设施，还未实现全面商用，其高速度数据传输、传输低时延、海量接入特性、按需组网、移动边缘计算、网络泛在能力高、功耗低、传输安全性高等特点未能得到充分运用，数字化物流基础设施之间的高速互联互通水平仍然有提升空间。

区域发展水平仍不均衡

受经济、生产力、基础设施、市场化程度、信息化水平、需求等因素的影响，物流业呈现东部发展快，中西部发展慢，城市物流相对发达，农村物流滞后且水平低的局面。具体体现在：高速铁路、高速船舶、自动化立体仓库、自动分拣设备、智能物流设备等现代物流装备在各个区域的应用水平不一；其次是互联网、车联网、物联网、大数据、云计算等信息技术的应用，以及信息技术与物流业的融合发展水平不一。

信息与数据共享水平有待提高

信息化建设的关键在于数据交换与服务共享。目前，我国大部分地区的智慧物流产业仍缺乏物流信息的基础标准制定，没有关于公共数据接口的行业和国家编码标准，使得物流信息无法交换和共享。国内很多物流信息平台遵循各自制定的规范，使得各物流系统之间难以兼容，商品从生产加工、流通到消费等各个环节难以形成一条完整通畅的供应链，严重制约了智慧物流的发展。

此外，多数中小企业的信息化还停留在网页层面或局限于个别部门内部，企业整体、企业与外部的信息共享和交互成效较差，智慧物流理念没有深入整个业务流程。

推进智慧物流发展的策略

信息与人工智能技术的应用水平决定智慧物流的发展阶段。国内领先的企业已经走过物流机械化、自动化阶段，进入智慧化物流阶段。智慧物流融合物联网技术、大数据技术、人工智能技术已经在仓储、运输、配送、物流综合管理等领域得到应用。同时，智慧物流将生产流通与服务终端联系在一起，与智慧交通相结合，逐步成为智慧城市的一部分。

将智慧物流作为我国物流业实现赶超发展的战略突破口

顺应我国物流与供应链行业发展的客观要求，将智慧物流作为供应链创新应用的重要抓手。在国家、地方、企业各个层面，重点推动先进技术的研发及其在物流领域的应用，尤其是互联网、物联网、大数据、人工智能、区块链等技术的研发与应用，使智慧物流在未来能被更大范围、更深层次的推广使用。

一方面，通过加快新技术在物流领域的应用，推动智慧物流的快速发展，实现物流业分工合作、资源配置的合理化，打造高效便捷、绿色安全的智慧物流生态体系，助力物流高质量发展；另一方面，通过技术手段提升物流服务与客户需求的匹配度，进而促进数据升级、模式创新、智能升级，满足经济社会发展的新要求，从而推动供应链创新发展。

将智慧物流纳入政策体系，给予配套资金支持

按照区域发展现状，分层级设立智慧物流产业扶持基金或补助资金，用于支持重点智慧物流项目、企业，以及人才培养等。智慧物流项目方面，主要对智慧物流公共平台项目、智慧物流示范应用项目、智慧物流智能化设备项目等给予一定补助；企业扶持方面，主要是通过选定和扶持一批技术先进、有实力的智慧物流企业，助力其发展成为行业发展龙头，有效整合各类企业闲置的仓库、集装箱、托盘和车辆等物流设施，不断提高智慧物流的覆盖率和服务效率，形成示范带动作用；人才培养方面，主要是针对智慧物流人才培训、智慧物流重大课题研究、智慧物流论坛活动等给予一定扶持。

同时，鼓励和引导社会资本参与智慧物流产业扶持基金建设，完善智慧物流技术科研投入的运营机制，提升信息科技投入占比，鼓励、组织科研人员直接参与智慧物流新市场，鼓励企业申请智慧物流示范应用项目补助、智慧物流公共平台项目补助，培养一批智慧物流领军企业。

充分发挥行业协会沟通政府和企业的作用

加强顶层设计，充分发挥行业协会作用。在国家发改委的指导下，由国家级行业协会作为智慧物流发展的政企对接平台协调，在政策层面上统筹发改委、工信部、商务部等部委的政策资源，在企业层面上统一协调政策落实机制，形成联系政府部门和企业之间的智慧物流统筹协调平台。在智慧物流各项政策制定和实施的过程中，利用好行业协会资源，充分征求企业的意见，发挥企业在智慧物流创新应用中的主体作用。提升行业协会服务能力，建立完善的政府购买行业协会服务制度。

一是建立政府购买智慧物流相关行业协会服务的制度，对行业协会受政府委托开展的智慧物流业务活动或者提供的服务，政府支付相应费用，以减轻协会的财政负担，并提高行业协会的积极性。

二是制定智慧物流行业政府购买服务清单，明确由行业协会承担的具体事项。组建具有相应资质、条件制度、可承接政府购买智慧物流服务的行业协会采购库，并建立动态管理机制。

三是推行智慧物流相关行业协会工作人员职业化、专业化制度，提高智慧物流行业协会提供专业服务的整体能力，更好地为政府、行业、企业提供服务，进而有效发挥行业协会的作用。同时，组织国内外顶尖的智慧物流相关企业、生产制造企业以及智库研究机构的首席专家，共同负责智慧物流行业政策研究、标准体系研究，指导国家智慧物流公共服务平台的建设与升级，以及智慧物流评价体系研究等内容。

第八章
消费：壮大新型消费，
保障房地产市场健康发展

消费是我国经济高质量增长的重要动力。消费增长是促进形成强大国内市场的关键领域。从我国发展阶段来看，内需和出口一样重要，成为决定中国经济走势的关键因素，将消费作为经济增长的手段也是目的。应以消费高质量增长作为实现人民美好生活愿望的重要抓手，进一步激发消费潜力，提升消费质量，优化消费环境。我国目前已进入世界银行所定义的中高收入水平国家，处于由投资主导型向消费主导型转变阶段，正在经历"从无到有"到"从有到好"的消费升级，多样化、多元化和多层次的消费新增长点加快涌现。消费增长将重新定义中国制造。新消费促进新供给，互联网平台经济、新技术、新设计等供给创新；同时新供给进一步扩大消费的内涵，丰富消费的品类，做大消费的市场，将以消费创新实现高质量发展。

培育新消费增长点，促进消费高质量增长

面临发展新阶段，应积极培育新消费增长点，激发消费潜力，促进消费高质量增长。

国内消费增长的新特征

中高端消费成为新的经济增长点，互联网、大数据、人工智能与实体经济深度融合，创新型消费、服务消费、文化消费、品牌消费和信息消费成为消费升级的主要内容和新动能。零售业向以消费者为核心转变，适应消费者追求、满足消费者极致体验衍生出新消费、新零售、新生态。

新消费内容

消费内容向能够提升生活品质的中高端消费品类和服务消费转变。同时，商品消费在经过"井喷式"扩张后，大都市成为高服务性消费人群的大本营。

一是实物消费转向更加能够提升生活品质的消费品类。根据天猫双十一成交额数据，服饰鞋包等产品成交金额增速总体呈现下降趋势，医药健康、家庭装饰、美容护理、书籍音像、3C数码成为成交金额增速最快的五大行业，大众消费进入更加品质化的新阶段。与此同时，技术革新促进了生活电器的高频创新，越来越关注舒适度的新兴家电爆款不断涌现，家

庭"三小件"从取暖器等基础生活电器向扫地机器人、空气净化器、吸尘器等生活电器转变。

二是服务消费占比持续上升，北上广深等大都市消费服务化态势更为抢眼，移动互联网技术将服务转化为可方便购买的品类。我国居民服务性消费支出占总支出的比重自2013年的38.3%增至2018年的41.7%。医疗保健消费支出、交通和通信消费支出、教育、文化和娱乐消费支出增速排名前三，远超总消费支出增速。2017年，我国国内旅游人数达到50亿人次，是1994年的10倍。全国旅游总花费约4.6万亿元，是1994年的45倍。北京、上海等大都市商品消费支出增长基本饱和，医疗健康等服务消费增速高于全国，成为引领一、二线大城市消费升级的主力军。互联网将服务转化为可方便购买的品类，共享经济、各类到家服务快速发展，消费者更愿意为效率和品质的溢价服务买单。以饿了么为例，截至2018年10月，已经有66.7万月度活跃骑手为消费者服务，平均每个用户每年下单近20次。

新消费市场

三四线城市及农村消费市场的崛起，"互联网+"的延伸促进了三、四线城市及农村收入与需求的双提升，推动产业及消费闭环的形成。

一是三、四线城市及农村消费潜力进一步被激活，实物消费升级及品牌意识崛起驱动消费增长，成为本土企业成长的沃土。2013—2015年，农村人均消费支出增速均高于城镇，2018年，农村人均消费增速达10.7%，较全国GDP增速高4.1个百分点，较城镇人均消费增速高3.9个百分点。

OPPO和vivo采用"沉下来"深入县乡市场布局，探索出国产手机溢价的新道路。根据京东的数据，虽然一、二线城市贡献了我国过半的奢侈品市场，但三、四线城市在奢侈品销量增速方面遥遥领先。

二是平台经济推动形成消费和产业闭环，低线城市及农村通过平台经济实现收入与消费的双提升。我国低线城市及农村网民数量高速增长，快手、拼多多、趣头条等是低线城市及农村市场崛起过程中的"新物种"。各类平台增加了低线城市及农村在商品、内容方面的选择空间。拼多多等平台帮助农民实现农产品等平台销售，推动农村收入增长。

新消费模式

内容电商等新模式成为引流新渠道。互联网平台渐趋成熟，并不断培育本土品牌。

一是移动消费已成为新常态，内容电商打造全新消费场景。2017年，天猫移动端完成的订单数量已占到所有订单数量的九成。直播、视频等休闲娱乐内容与购物联通的"内容电商"，已经成为消费者逐渐习惯的新消费场景，是电商新的引流方式。《2019年淘宝直播生态发展趋势报告》显示，2018年淘宝直播中的主播人数同比增长180%，日均直播场次超过60000场，带货超千亿，同比增速接近400%。

二是各类消费平台渐趋成熟，不断孵化一系列本土小而美的原创及特色品牌。2016—2018年，淘宝平台规模以上新生品牌数约3.1万个，总体成交量约880亿元。其中，2018年天猫线上发布新品5000万余个，新品销售增速为77%，相当于非新品增速的三倍。在商务部认定的1128家中华老字号企业中，有超过七成老字号在淘宝、天猫开店。2018年，淘宝消费者人均购买非遗、老字号商品超过两件。老字号、非遗手艺通过互联网平台重新焕发活力。拼多多发起了"新品牌计划"，扶植国内中小微制造企业，通过为企业提供研发建议、大数据支持和流量倾斜，培育新品牌。拼多多"新品牌计划"收到超过6000家制造企业申请，近500家企业参与了试点工程，目前正式成员为62家，共推出了1200余款定制化产品，累积订单量超过5700万件。

不断促进高质量消费

消费作为拉动经济增长是短期有效的手段，但我们更要关注消费的长期可持续。需关注"人口质量红利"带来的消费增长、促进供需的有效对接，推动新消费定义新制造，做大做强我国消费市场，长期推动向消费型社会转型。与此同时，提升消费及生活质量不能等同于建设高福利型社会，培育公共服务消费市场才是未来主方向。近期国务院也出台了相关政策促进消费，如国务院办公厅印发的《关于加快发展流通促进商业消费的意见》等，但还需要注意以下几个方面。

法律制度环境

要注重调控政策的长期可持续性，"防通胀，严控泡沫"。注重需求侧与供给侧的政策平衡，让消费者成为消费促进政策的最终受益者，建设以消费中心城市为重心的消费型城市体系。

一是以供给侧结构性改革作为经济增长的长期动力，注重消费促进政策的长期可持续性，将消费作为经济发展的目的而非手段。长期更应该关注驱动经济增长、消费扩张的结构性因素，优化结构，促进创新，深化供给侧结构性改革。将消费作为经济增长的手段也是目的，以消费高质量增长作为实现人民美好生活愿望的重要抓手。

二是建设"以城市群为主阵地"的消费型城市梯队。鼓励各地区结合自身特点出台有针对性的政策措施，最终实现区域间消费市场均衡化。选择若干重点城市和城市群，建立不同级别的消费型中心城市梯队。结合不同地域的消费水平差异和要求，如大型城市群及中心城市具有较强的消费集聚和引领作用，优化和提升区域流通环境，对培育消费新增长点的相关政策给予合理的支持和先行先试。增强调控政策的灵活性，鼓励各地方政府结合区域自身发展的难点、痛点、亮点，出台有针对性的政策举措。

需求侧

开放迁移性消费，提升"消费者红利质量"，将扩大中高收入群体作为重要的社会建设任务。倡导绿色、健康的新消费、服务消费的新业态。

一是肯定迁移性消费对消费增长的重要作用，局部适度放松对户籍制度的管制，推动住宅从投资品、投机品回归正常的生活消费品。选取都市圈进行试点，都市圈范围内允许异地购房，允许居民在卫星城市置业、居住、消费。与此同时，同步加强对卫星城市房价的合理调控，适度提高异地购房的首付比例，对个人、家庭购置房产数量进行严格限制。推动购置房产逐步回归消费，扭转过度投资化的发展态势。加快户籍制度改革，尽快解决进城农民工的市民化问题，解决子女教育、医疗等问题。

二是持续引导消费升级，提升"消费者红利质量"，提升国内需求的本土消费的程度。推动整体消费向服务消费升级，商品消费从中高档升级，服务消费向提质增效升级，传统消费模式向信息化消费升级，促进服务消费、品质消费、信息消费、绿色消费、时尚消费等发展。放宽旅游、文化、医疗、养老、教育培训和家政服务等消费领域的市场准入，鼓励民营机构参与竞争。

三是稳妥发展消费金融和互联网消费金融，鼓励消费金融市场下沉，鼓励消费金融平台企业发挥其数据及技术优势促进传统金融发展。鼓励互联网金融企业转型发展，回归消费金融初心。鼓励消费金融平台对接航旅、游戏、教育、保险、电商等多种消费场景。积极推动县域消费金融发展，鼓励商业银行、互联网平台企业创新消费金融产品，拓展新的消费金融增长点，发挥消费金融挖掘下沉市场。鼓励新型消费和平台机构加强对消费者进行合理的消费引导。引导传统银行与金融科技企业加强融合，鼓励消费金融企业回归科技本身，发挥"连接器"作用，合力推动消费增长与消费升级。

供给侧

新供给创造新需求，发起"质量革命"与"品牌革命"，数字化驱动供给端全面升级，创新"基础有保障＋中高端有市场"的公共服务模式。

一是发起"质量革命"与"品牌革命"，强化国际品牌培育，以高品质供给削减消费外溢。鼓励企业"精致生产"，增加高品质产品及服务供给，提振消费者对国内产品的信心。支持企业注重品牌建设，培育具有世界影响力的"中国品牌"，实现从"中国产品"向"中国品牌"的跨越。

二是推动"综合超市＋商业综合体"下沉工程，促进本土品牌便利店下县、下乡、下村，提升三、四线及以下城镇和农村的消费新生态。推动"综合超市＋商业综合体"下沉工程，将休闲、演艺、购物等功能融为一体，满足低线城市及农村购物、休闲和娱乐的一站式需求，为三、四线及以下城镇及农村地区居民提供与城市接轨商品和服务消费，促进三、四线及以下城镇及农村消费升级。支持商业综合体的开发，在土地出让、税收优惠等各方面进行扶持。鼓励本土"小而美"的品牌便利店下县、下乡、下村，与三、四线及以下城镇及农村的"夫妻店"合作，打造农村零售新生态。

三是促进形成"龙头＋中小企业"的发展格局，在重要消费品领域培育出更多"华为式"的企业，提升全行业的协同创新能力。优化产业组织模式，在食品、日化等领域加快培育出"华为式"龙头企业，培育中国的"可口可乐""雀巢"等综合性大型消费龙头。强化龙头企业对上下游中小企业的行业引领作用，改变当前"多小散乱"的行业组织模式，鼓励龙头企业与中小企业协同创新。培育一批高度专业化、掌握核心技术、具有国际影响力的"隐形冠军"企业，为最终产品提供关键零部件，推动产业链向高端跃升，为消费者提供更高品质的消费品。

建立多主体供给的住房制度，推动住房市场长效发展

2019年，中央政治局会议两次提及要加快房地产市场长效机制落地。我国房地产市场经历了20年的发展，其间，有数次的短周期动荡，与经济环境发展高度关联。目前，我国房地产市场作为经济稳定器的功能逐渐被发挥殆尽，国民的基本居住需求却仍然存在结构性、区域性短缺。现阶段，要实现房地产市场长效机制有效落地，主要是发挥满足基本民生需求、实现社会稳定发展的功能。

房地产市场长效机制落地存在问题

2019年，中国进入房地产市场长效机制落地的阶段，为顺利推进新一轮住房制度改革，实现预定的政策目标，需要总结在实践中的教训和问题。根据我国对房地产市场约20年的调控实践，房地产市场长效机制要落地需要解决三个"不匹配"的问题。

空间不匹配

城市人口扩张和收缩并存，但房地产市场调控政策方向单一。首先，

从省级层面看，我国人口流动自西向东流动。主要流入地集中在珠三角、长三角和京津冀地区，流出地包括安徽、河南、四川、湖南等中西部地区。其次，从城市层面看，我国城市也存在人口流失和人口净流入并存的格局。人口流动的影响带来"去库存"和"增供给"的政策需求并存。在这种人口分布格局下，我国房地产市场的政策并未根据人口流动的变化进行差异化调整。

城市住房压力分级明显，但房地产市场调控政策内容单一。首先，一线城市购房压力大，而二、三线城市购房压力低于全国平均水平。2010—2018年，我国50个大中城市房价收入比基本保持在10~12的区间，其中，一线城市房价收入比保持在20~25，二线城市房价收入比保持在9~11，三线城市房价收入比则保持在8~11。其次，东部沿海城市购房压力大，且也呈明显分级态势。深圳以34.16的房价收入比领先；上海、北京、三亚和厦门的房价收入比集中在20~25区间；珠海、海口、杭州、广州、福州和天津的房价收入比集中在10~15区间；其余城市在5~12区间。

在一、二、三线城市住房压力分级明显，东部沿海城市内部也呈4级分化趋势下，我国房地产市场调控对人口净流入的一线城市、东部沿海城市也并未提供差异化的房地产市场调控内容。

结构不匹配

住房租赁需求渐盛，但房地产市场以增加可售住房为主。首先，城市租赁住房需求逐渐形成。从地级市人口增长率看，选取我国211个地级市的数据进行分析，2009—2018年的人口年均复合增长率为正数的地级市约占73%。其次，住房租赁需求集中在大中城市。211个地级市样本中，超过60%的城市人口年均复合增长率低于1%，不到10%的城市分布在1%~2%区间，仅极少数城市超过2%的增长率，而选取的33个省会和计划单列市在同一时期人口均保持正增长，约一半的城市人口年均复合增长率超过2%，且合肥、乌鲁木齐、郑州和深圳等增速超过3%。但在住房租赁需求逐渐形成的趋势下，我国房地产市场调控政策仍然主要以提供可售住房为主，住房租赁市场并未得到有效的发展和完善。

城市租房压力集中，但发展租赁市场政策仍然"一刀切"。一方面，人口流入地的租赁需求增加。2014年后，我国流动人口规模连年下降，部分流动人口转为市民，在流入地稳定居留的需求增加。另一方面，租赁住房压力集中在少数城市。根据国际评价标准，住房消费（包括房租及水电等居住费用）占居民收入的合理比重应低于30%，根据我国互联网生活缴费数据，我国人均水、电、煤气费用约占全国居民月均可支配收入的8%左右，由于我国住房租金一般不包含租户的水、电、煤气费用，因此居民租金收入比的合理值应在22%以下。但2018年7月，我国共有33个城市房租收入比超过22%，其中北京、深圳和三亚三城市的房租收入比超50%，上海和西宁两城市房租收入比超40%。

因此，难以满足住房租赁刚需的城市主要是北京、深圳和上海，需要增加租赁住房、完善租赁住房市场管理的城市应也是这些城市，但在全国范围内增加租赁住房供应，与真实需求结构不匹配。

主体不匹配

住房供给主体单一，短缺和垄断并存。住房供给体系的供给主体过于单一，住房保障体系以政府作为唯一供给主体，住房市场体系以房地产开发商垄断供应。房地产市场供给被垄断，房价10年的刚性上涨，政府采取金融、财税等多种手段均无法有效增加供给，反而由于垄断供给主体地位，将房地产与金融捆绑。政府作为住房保障体系的唯一供给主体，导致住房保障供应始终短缺，由于缺乏市场化运营能力，投资建设效率较低，住房保障体系的供应无法实现微利运营，仅靠财政补贴，也无法吸引市场力量参与供给。

主体单一导致土地、房屋和资金供给低效。一是居住用地主要用于市场商品房供应。根据数据统计，我国居住用地主要提供给商品房，越是人口净流入的地区，用于住房保障的土地比例占比越少，导致供给进一步短缺。二是住房短缺的省市反而住房保障供给少。2009—2017年我国各地供给的保障性安居工程数据显示，广东、海南等地供应的套数全国垫底，而人口净流出的黑龙江、河南、江西等地却供应较充足。资源错配和供给低效主要是由于供给主体过于单一，缺乏市场竞争导致的。

房地产市场长效机制的落地策略

我国房地产市场长效机制包括财税、金融、土地、信息管理等一套完整的综合措施，但要实现长效机制的有效落地，需要寻找提纲挈领的抓手和重点。我国房地产市场建立多主体供给的住房制度，需要警惕近期房地产市场再次成为地方刺激经济的手段，也需要认清住房租赁市场因基于居住需求压力，并不需要在全国范围迅速铺开。要实现住房市场长效机制落地，需要做好以下方面。

定位上：坚持基本民生保障功能，警惕再次成为刺激经济的应急手段

房地产市场长效机制要实现有效落地，持续发挥市场对房地产供需的基础性作用和政府对住房供需的有效调控，需要发挥住房政策满足居住需求的功能和基本民生保障的作用，强化住房的居住属性，而非作为刺激经济的应急手段，变相强化住房的投机属性。

一是从政策方向层面，需要国家提供制度保障顶层设计，保持住房政策的独立性。首先，制定房地产市场长效机制实施意见和租赁市场法律法规，从上位规划和法律上明确房地产市场的主要功能是满足居住需求。其次，构建房地产市场稳定运行的指标，并纳入地方政府考核指标体系，从机制上约束政府利用房地产市场作为短期刺激经济的手段。从国家层面制定以满足居住需求为主的住房制度改革实施意见、规范住房租赁市场的法律和构建房地产市场平稳运行的考核指标，从金融、财税、土地、法律、机制等方面支持满足基本居住需求的住房供给，强化政府对房地产市场管理的主体责任。

二是从预期管理层面，需要建立地方调控政策监测机制，保持政策预期稳定性。在现有对地方房价监测的基础上，构建地方房地产市场调控政策的监测机制，全面掌握地方在财税、金融等方面对房地产的调控和支持政策，以及购房资格、首付比例等限购政策，建立地方房地产市场调控政策监测机制，动态掌握各地房地产市场政策的变化，约束地方通过采取收缩和刺激的房地产调控政策应对经济波动，降低将房地产市场作为短期经济刺激手段的预期。

时序上：应先行在超大城市落地，避免给其他城市造成过度财政负担

一是改革的重点区域应聚焦北京、上海、深圳等超大型城市。第一，人口流动仍然保持向城市集中的趋势。对 2009—2018 年全国 211 个地级市和 33 个省会及计划单列市的人口年均复合增长率进行计算发现，约 73% 的地级市人口实现正增长、100% 的省会及计划单列市人口实现正增长。第二，特大城市是人口最重要的流入地。211 个地级市超过 60% 的城市人口年均复合增长率低于 1%，而 33 个省会及计划单列市约 50% 的城市人口年均复合增长率超过 2%。第三，超大城市的真实住房压力极高。综合房价收入比和房租收入比计算结果，深圳、北京、上海和三亚是我国住房压力最大的城市，其中深圳、北京和上海由于经济发展和人口增量，真实的住房刚需压力最高。

二是京、沪、深先行试点落地，其他城市应警惕政策过度超前。第一，京、沪、深对政策落地具有真实的需求和足够的财政实力支撑。房地产市场长效机制应首先在人口流入巨大、存量和新增住房需求压力巨大的城市展开。第二，其他城市的住房压力并没有达到尖锐的程度，且地方财政实力有限。住房收入比和房租收入比仍在可承受范围，市场的力量足够满足基本居住需求，且城市财政实力有限，在这些基本居住需求矛盾并不突出的城市推行以满足基本居住需求的房地产市场长效机制，可能造成公共产品的过度供给，带来沉重的财政负担。第三，房价上涨趋势是超大城市形成后，将涨势和房价刚性上涨的预期传递到其他城市。超大城市是全国房价最为坚挺的地区，因此应首先在超大城市推进房地产市场长效机制落地，抑制房价上涨预期的源头，有利于实现全国房地产市场的稳定发展。

空间上：大力开展城市群内合作，突破区域协同发展政策及空间障碍

一是北京、上海和深圳等超大城市人口总量大、密度高，均承担构建城市群的国家区域发展战略，且开发强度已达到较高水平，土地资源严重短缺。为满足超大城市的发展，也为其他城市将来发展探明道路，应通过推动城市群合作，跨区域利用周边其他城市的土地资源，以创新跨市域的住房保障体系合作，推动城市群内部合作由经济向"经济＋公共服务"全面发展。

二是建立城市群住房保障专项工作协调机制，提供组织保障。京津冀、长三角和深莞惠均有区域合作的协调机制，为落实跨区域住房保障体系的建设，可在原有协调机制的基础上，增加中心城市和周边城市相互协作的住房发展机制，政府间就住房保障体系工作成立专项工作小组，实现跨区域住房保障供应、交通、医疗和教育等公共设施建设等有效衔接。

三是将住房保障体系合作纳入城市群规划，提供政策保障。将跨区域的住房保障合作纳入城市群发展规划纲要的范围，明确跨区域合作建设住房保障体系的权责和技术要求。同时，超大城市与周边城市共同编制区域住房协同发展规划，并作为重要内容纳入城市群发展实施意见和行动方案，制定土地开发安排和住房供应安排。

推进以城市群为主导的新型城市化建设

根据《国家新型城镇化规划（2014—2020年）》的要求，到2020年，我国常住人口城镇化率达到60%、户籍人口城镇化率达到45%，并将城镇化水平和发展质量稳步提升作为重要目标。按照国家对新型城镇化建设的要求和国际特大城市的建设经验，我国特大城市需在实际城市化率、基本公共服务、基础设施和资源环境等方面实现质的提升。按照城市发展规律和结合我国特大城市的实际问题，应从城市规模、行政管理层级、资源配置和管理模式上提出相关政策建议。

打破人为设限，遵循发展规律

根据经典的经济学理论，区域人口流动主要是由地区经济发展水平差异、公共服务差异、劳动力需求及待遇差异引起的。这些差异使人口逐渐向工作机会良好、教育资源充裕、基础设施齐全、社会保障完善和经济发展水平高的城市集中，这些城市由于人口的不断流入，逐渐形成人口规模庞大的特大城市，并且由于城市分工日益细化，经济实力和管理水平的不断提升，人口对城市的依赖程度不断提升，吸引更多的人口向城市集中，使城市规模进一步扩大。城市规模随经济发展和人口聚集不断扩大，是市场选择的结果。要实现经济的健康发展和人口的合理流动，需遵循城市发展规律，不应对城市发展人为设限。

一是不以控制人口数量为目标。首先，从特大城市发展的趋势看，城市的最优规模是人口、资源和环境的协调健康发展。这种"最优"是相对概念，城市的面积是可动态调整的，城市应随着人口的不断集聚而不断从规模和效率上提升承载力，而不应以划定人口规模作为城市发展的最优规模线。人口是城市生存和发展的基础，为城市建设提供源源不断的劳动力，保持城市的整体活力，减缓老龄化速度，并随着资本的广化和深化，促进整个经济社会的发展，城市的发展应以人口集聚的速度和质量进行衡量，不宜将限制人口规模作为发展目标。其次，从社会管理的公平性看，特大城市也不应对城市人口设置"天花板"。人口的自由流动不仅关系劳动力资源的合理配置，在社会管理中更与权利的自由选择紧密相关，特大城市在发挥对全国资源的虹吸效应后，获得了巨大发展。从社会管理的公平性看，人口选择向优质资源流动是个人的自主选择，特大城市若在"虹吸"全国优质资源后，限制外地人口的流入，则不仅违背市场配置资源的经济规律，更损害社会管理的公平性，不利于城市的长远发展。如果考虑城市短期的承载能力，则应遵循市场规律，由市场发挥基础性作用，对生活成本、工作机会等进行调节，让流动人口根据自身的就业、收入、迁移成本等做出流动决策。这既符合经济规律，也符合社会管理要求。

二是实现要素自由流动。特大城市的实力主要体现在对要素的配置和资源的吸纳、支配力上，要增强特大城市的辐射带动力，发挥对区域及全国的影响力，需保证要素的自由流动。经典的经济学理论认为，具备流动性的要素主要是劳动力和资本。新古典宏观经济学认为，促进经济发展的要素不仅有劳动力、资本和土地，还包括技术，而技术是随劳动力流动的。要素的自由流动可实现资源的有效配置，对经济发展有促进作用，社会的发展历程也证明了这一观点：英、美、日三国的城市在工业化的进程中，劳动人口的产业分布先后由农业社会的一、二、三产业结构向工业化阶段的二、三、一产业结构转变，并逐渐完成向后工业化阶段的三、二、一产业结构的调整，人口在产业间不断流动，促进了经济的发展。同时，城市主要向二、三产业发展，因此人口流动也体现出由农村向城市聚集的特征。这种允许人口在产业和地区间的自由流动，既实现了产业结构的升级，也实现了劳动力和技术的合理配置。我国特大城市的发展更要求要素的自由流动。由于长期的制度分割，我国在农村和城镇之间长期存在明显的二元结构，农村和城市之间的收入剪刀差随着特大城市的发展而不断扩大。而我国长期执行严格的户籍管理，造成农村人口很难融入城市，特大城市要实现劳动力资源的自由流动，提高技术的外溢效应，则应消除人口流动的人为限制，实现人口在乡—城之间的自由流动，促进社会的整体发展。

三是城市就业的"金字塔型"结构。"金字塔型"无论在自然科学还是社会科学中均是最稳固的结构，特大城市在经济不断发展、人口不断聚集的过程中，为保证产业结构的优化和社会的稳定，需要建立稳定的"金字塔型"就业结构：首先，实现第一、第二产业从业人员向第三产业转移，逐渐提高第三产业从业人员的占比；其次，随着科技的进步，劳动者素质不断提高，高素质人才比重不断提升，但产业工人仍应占据就业人员的绝大多数，以满足生产需求和保障社会稳定。因此，为增加就业岗位，确保城市平稳健康发展，也仍需发展劳动密集型产业，建立以劳动密集型产业为基础，资本和技术密集型产业为引领的"金字塔型"产业结构，从产业结构上确保就业安全。特大城市建立"金字塔型"就业结构，还能缓解我国的人口老龄化问题。2016年的最新统计数据显示，31个省老龄化最严重的是川、渝、辽、苏，而最年轻的是广东，大量的年轻劳动力流入，使广东省的老年人口抚养与常年相比保持低位，而上海和北京在2004年分别是全国老龄化排名第一和第四的地区。由于这两年庞大的劳动人口流入，稀释了老年人口的抚养比，上海2015年的抚养比由20.13%下降到16.47%，降幅最明显。北京的抚养比则下降到第17位。这些数据也充分说明，建立"金字塔型"就业结构，容纳年轻的、缺乏工作经验的流动人口的流入，可放缓特大城市的老龄化进程，保障城市社会的发展后劲，同时还能实现社会保障的资金积累，缓解由于老龄化所带来的养老金支付风险。因此，城市就业的"金字塔型"结构包括产业结构的"金字塔型"结构、要素密集型的"金字塔型"结构和人口年龄结构的"金字塔型"结构，这种稳定的就业结构能不断吸纳劳动力流入，提升特大城市对资源的吸纳能力，并且增强对经济发展的驱动力。

改革城市行政管理层级

特大城市在发展过程中，经济实力不断增强，尤其是北、上、广、深已成为引领和带动我国经济发展的核心城市，逐渐以城市群、都市圈的形式拉动全区域经济的发展，形成体量巨大的经济体。但北京、上海属于直辖市，广州属于省会城市，深圳属于副省级城市，这些特大城市的行政层级与周边城市形成了制度、政策和财政上的人为分割，尽管市场力量使区域间的经济联系不断增强，但行政层级限制了劳动力的流动和产业的互动。

一是调整行政区划。为提高行政效率，有效将国家政策转化为地方措施，可考虑在特大城市发展到一定程度时，设立小省、增设直辖市和建立大区协调机制，理顺特大城市与中央和所处地区的关系，尤其重视财政体制改革，实现财权事权相统一，以实现中央对特大城市的有效管理，进一步提升特大城市的管理能力和辐射带动力。扁平化管理体制相对于垂直型管理体制具备更高的协调性，能有效杜绝由于行政层级过多导致的部门间、层级间及区域间的权责不清、互相推诿、政策信息传递失真等问题，针对我国特大城市发展的不同阶段和与所在省份及周边城市间的经济社会关系，进行差异化的行政区划调整，逐步增强中央与特大城市间的联系，实现向扁平式的行政体制转变。

二是改革条块分割、资源分级配置的行政体制。特大城市在不断发展的过程中，要求通过调整财政体制，改变由于现有行政体制的制约造成的资源配置不合理和人为的区域条块化隔离问题。特大城市对周边的城市具有强大的辐射带动力，如上海对长三角地区城市的辐射力、北京对京津冀的辐射力，以及深圳对珠三角的辐射力，均体现了特大城市对周边地区的强大影响力，但这种影响力也存在差异：上海对长三角具有明显的外溢效应，北京则反映出显著的虹吸效应，均超越省际，与周边城市形成了经济圈；而深圳由于强大的经济、科技实力，与省内城市也形成紧密的经济圈。特大城市与经济圈的发展要求实现区域一体化，核心是基本公共服务的均等化，要实现这一目标，需要重点解决的即是现有行政体制下形成的条块分割、资源按分级配置的问题。

按常住人口配置资源

人口是城市发展的源泉，我国城市长期以来以户籍人口规模配置公共服务、规划城市发展空间和基础配套设施。特大城市对劳动力具备强大的吸引力，大量非户籍人口长期生活、工作在城市里，促进经济发展的同时，也对城市的管理提出了严峻的挑战。为满足特大城市的实际发展需求，提高城市管理的效率，应以城市的常住人口规模、结构和分布对公共服务、基础设施等资源进行配置，实现特大城市经济社会的协调发展。

一是建立以常住人口为基准的统计体系。为实现按常住人口配置资源，首先要实现对常住人口的有效统计，要求人力资源和社会保障部门及街道、社区等提高对常住人口的服务能力，准确统计常住人口的规模和特征。在此基础上，建立以常住人口为基准的统计体系，准确衡量城市在提供住房、教育、交通、医疗卫生等方面的能力，为正确考量地方政府提供基本公共服务的能力奠定基础。

二是人户分离，按常住人口配置公共资源。直面人户分离现实，厘清流动人口中常住人口的比重，以常住人口提供社会医疗、养老保险，配置教育、交通、医疗等基础设施，保证社会的公平，以增强政府公共服务的弹性。特大城市吸引了大量劳动力的流入，但由于现有城市管理模式对特大城市人口进行严格限制和管理，在这些城市中存在大量的非户籍人口，在提供产业发展生力军的同时，也要求城市为其提供合理的基本公共服务。但我国的户口登记条例规定：(1)户口登记以户为单位；(2)公民应在经常居住地登记为常住人口；(3)一个公民只能在一个地方登记常住户口。随着劳动力向特大城市不断集聚，人户分离现象急剧增多，大量劳动力以流动人口的形式存在，这既影响了普查数据的质量，也无法使城市实现有效管理。

第四篇

坚持双向开放，
推动国内国际双循环

通过对外开放，我国不仅解决了在改革之初面临的"外汇缺口、储蓄缺口"窘境，也积极地带动了我国对外贸易的快速发展和地位的提升，推动了我国企业管理理念、市场营销以及激励机制的改革和产业技术水平的提升，对我国经济发展和社会发展做出了重大贡献。新时代，面对百年未有之大变局，我国应积极推动国际国内双循环，更加积极主动地坚持双向开放。

第九章
扩大对外开放，营造优良营商环境

对外开放既是我国的基本国策，又是构建开放型经济新体制的重要内容。目前，我国已经步入"引进来"与"走出去"并重的重要发展阶段，并成为重要的资本净输出国，我们应进一步扩大对外开放水平，实施"对等开放"战略，树立"不求所有，但求所在；不求拥有，但求合作"的新理念。根据我国加入WTO的承诺，参照国际通行规则和惯例，修订有关法律法规体系，提高涉外经济法律法规和政策的统一性和透明度，为外商投资企业及其经营提供法律保障，进而营造更加优良的营商环境。

中国利用外资的发展前景与面临形势

目前，我国利用外资存量占 GDP 比重较主要发达国家和地区仍有较大差距，这与我国在世界上的经济地位和贸易地位严重不符。此外，我国中西部地区利用外资的潜力空间巨大，我国利用外资并购的规模仍有待提升，展望未来，我国仍将长期是跨国投资的热土。然而，与此同时，发达经济体税收和产业政策调整，周边发展中经济体大幅减税让利、着力招商引资均对我国利用外资规模带来了一定挑战。但是中国在高技术制造领域较发达国家始终存在较大差距，随着我国步入"引进来"与"走出去"并重的发展阶段，我国应合理审视当前利用外资的政策和制度，应对"对等开放"等新一轮国际投资贸易规则新形势。

发展前景

我国仍将长期是跨国投资的热土

过去 10 年，我国成功应对了国内外各种危机和冲击，经济保持了持续快速稳定增长，市场空间巨大，一直是跨国投资的热土。在过去十几年的联合国世界投资展望调查中，中国是最吸引跨国资本的投资目的地之一。根据联合国贸发会议对全球跨国企业高管层调查结果，2017—2019 年，全球跨国企业最佳投资目的地排名中，中国继续稳居全球第二，发展中国家第一，继续成为全球最佳外商投资目的地。

中国吸收（外国直接投资）仍有较大的改善空间

过去十几年，我国一直是利用外资经济体、利用外资规模最大的发展中经济体。然而，中国吸收 FDI 与世界主要经济体仍有很大差距，仍有发展空间。根据《2017 年世界投资报告》，到 2016 年底，中国内地利用外资存量为 1.35 万亿美元，不仅远低于美国的 6.39 万亿美元，而且也低于中国香港的 1.59 万亿美元，与第二大经济体位置不相符合。2005—2016 年，中国吸收 FDI 存量占 GDP 比重一直维持在 10% 左右，而美国、英国、德国等发达国家利用 FDI 存量占 GDP 比重均超过 20%，其中英国接近 50% 的水平。

按照国际货币基金组织国际投资头寸表，2016 年底，我国对外负债 4.67 万亿美元，仅列全球第九。其中直接投资负债 2.87 万亿美元，占 61.5%；证券投资负债 0.81 万亿美元，占 17.3%。

我国中西部地区利用外资空间巨大

我国利用外资主要集中在东部沿海地区，中西部利用外资存在巨大缺口。据商务部数据，东部地区（包括辽宁）实际使用外资占到 80% 以上，中部地区（包括黑龙江和吉林）实际使用外资不到 8%，西部地区实际使用外资不到 6.5%。近年来，随着东部地区产业结构升级和要素成本等的上涨，一部分外资企业向中西部转移，另一部分外资企业则向东南亚和周边其他国家转移。随着"一带一路"建设和"长江经济带"战略的推进，中西部地区开放水平和利用外资环境将会有明显改善，为外资进入创造更好的条件。

我国利用外资并购的规模仍有待提升

并购是跨国投资和资本流动的重要形式，在发达经济体利用外资和对外投资中占有很大的比重。2016年，中国企业参与并购交易金额1353.3亿美元，直接投资865亿美元，占我国对外投资额的44.1%，而我国利用外资中并购占比仅为15%左右。

联合国贸发会议统计，以并购方式流入美国的FDI占美国利用外资比重一直在40%以上；而流入我国的FDI主要以"绿地"方式为主，以并购方式流入的FDI占比除个别年份外基本上在15%以下。

面临形势

发达经济体税收和产业政策调整，削弱我国吸引外资的比较优势

特朗普税改方案于2017年12月落地，大幅提升了美国吸引外资的竞争优势，削弱了我国对外资的吸引力。世界银行统计报告，2017年，所有国家和地区平均总税率为40.5%，日本总税率为47.4%，美国总税率为18.5%，而中国尽管总税率有所降低（由68.2%降至67.3%），但仍旧远高于世界平均水平。

对制造业企业整体而言，中国企业的综合税率总体也一直高于美国企业。以销售收入为基的税收比显示，格力电器综合税率达2.96%，高于通用电气的1.19%；福耀玻璃综合税率为3.60%，高于康宁公司的1.69%；上汽集团综合税率为1.15%，高于通用汽车的0.15%。中国制造业企业的税负总体高于美国制造业企业，企业的税负与赢利情况息息相关。但是，虽然美国制造业公司的销售收入较中国公司超出较多，但净利润率却低于中国企业，格力电器超出通用电气 2.23%，福耀玻璃超出康宁公司 4.51%，上汽集团超出通用汽车 3.44%。

以净利润为基得到的税收比显示，中国制造业税负仍显著高于美国。格力电器的税率达 23.60%，高于通用电气的 11.59%，福耀玻璃的综合税率为 18.72%，高于康宁公司的 11.49%，上汽集团为 19.24%，高于通用汽车的 5.79%。相比美国企业，中国制造业企业在内部管理、成本控制等方面都存在差距，这在一定程度上对净利润产生影响，因此在数据上扩大了税负差距。

周边国家大幅减税让利，着力招商引资，承接产业转移势头迅猛

同发达经济体国家相同，世界银行的统计数据显示，中国企业所缴纳的总税率与东南亚、南亚国家九大样本国家相比仍旧最高，近 5 年总税率在 65% 以上。近年来，东南亚与南亚国家大部分税率下降，招商引资力度加强，中国部分传统优势产业向东南亚转移明显。

从 FDI 占 GDP 比重来看，马来西亚、柬埔寨、菲律宾 FDI 占 GDP 比重不断提高；而中国近年来 FDI 占 GDP 比重呈持续下降趋势。FDI 占比的变化也体现了中国与东南亚和南亚国家之间可能存在一定替代关系，周边国家低廉的税收成本以及吸引外资的优惠政策极有可能减少外资流入中国的比例。

中国高技术制造领域、生产生活服务领域较世界高水平企业仍有较大差距

根据全球49个领域的跨国公司排名分析，目前，中国国际竞争力较强的企业主要集中于房地产业（10家企业进入世界前20）、建筑业（6家企业进入世界前20）、银行业（国有四大行进入世界前20）、保险业（5家保险公司进入世界前20）和旅行社（5家企业进入世界前20）等行业。对消费升级非常重要的生活产品、娱乐和家庭服务、商业服务、健康医疗、汽车航空等领域，中国都没有能挤进世界前列的大公司，消费者需求强烈的主要品牌仍然是欧、美、日品牌。在科技水平较高的制造业领域，除了前20完全没有入榜的能源、化工、汽车、航空、健康设备行业，在机械制造、生物制药领域、电信行业、软件和数据服务业，分别都只有一家企业进入世界前20；在计算机和电子制造业，只有联想集团和联想控股公司上榜；轻工业中只有家电一个行业有4家企业上榜，具有优势。虽然近年来中国科技产业发展迅猛，但从全球市场份额的角度观察，中国在许多名义上的竞争优势领域，仍存在较大的发展局限性，中国仍然需要积极地与国际上技术、管理水平发达的企业开展合作，进一步提升产业竞争力水平。

对等开放原则对中国扩大开放、吸引外资提出了更高要求

近年来，随着国际经济形势的变化，外商投资企业提出中国的投资环境不再像以前那么友好，甚至投资环境在恶化等诸多言论。而随着中国国际竞争力的提升，以及企业对外投资规模的扩张和对外投资领域向纵深发展，2018年以来，"对等开放"成为美国等发达国家与中国开展贸易谈判的重要内容。

根据对欧美在华商会发布的《欧盟企业在中国建议书2017/2018》、《2018美国企业在中国》和《2018中国营商环境白皮书》研究梳理，目前，欧美在华投资企业主要认为中国在市场准入、知识产权、服务业开放等领域仍存在较大障碍。

新形势下扩大开放、提升利用外资质量水平的发展路径

当前，世界正处于大发展、大变革、大调整时期，我国经济正处在转变发展方式、优化经济结构、转换增长动力的攻关期，对外开放面临的国内外形势正在发生深刻复杂的变化。我们应继续以外资为纽带，继续沿着对外开放的方向，不要脱离全球价值链关起门来自己搞，不能够抛开来之不易的在全球价值链中的重要地位另起炉灶去搞转型升级，而是继续利用外资深度融入全球产业链分工，提高中国在全球产业价值链中的地位，提升中国产业的增值率水平。然而，实现"对等开放"不可能一蹴而就。我们要清醒地认识到，当前发达经济体积极推动税收和产业政策调整，周边发展中经济体大幅减税让利、着力招商引资，中美贸易争端上升到"对等开放"等核心诉求的施压，对我国扩大开放、提升利用外资质量水平带来了前所未有的挑战。

现阶段，要根据国际发展环境和国内发展需求，明确发展目标和路径。短期来看，中国应积极按照WTO规则，以自由贸易试验区、自由贸易港和国家级经开区为试点，积极履行和落实相应开放措施，实行高水平投资自由化便利化政策，营造更加公平透明便利、更有吸引力的投资环境。保持我国全球外商投资主要目的地地位，进一步促进外商投资稳定增长，实现以高水平开放推动经济高质量发展。长期来看，对标国际高水平投资便利化水平，营造更高水平的投资营商环境，争取在全球营商环境排名进入全球前30。

积极推动对等开放，完善开放制度建设

在全球对贸易保护主义的担忧日益加剧之际的新形势下，结合当前中国步入"引进来"与"走出去"并重的发展阶段，为有效应对当前利用外资面临的新挑战，中国应积极通过完善涉外法律法规，大力改善投资环境，积极推动对等开放，以保护其合法权益。推动将外资企业纳入法制管理的轨道，重点在知识产权保护、市场准入机制、产业政策、立法与执法的透明度及法律法规架构等方面，建立统一规范公平的内外资对等开放制度，并以此进一步提高我国利用外资的质量和水平。

加强开放型平台建设，积极复制推广经验

以自由贸易港、自贸试验区和国家级经开区为重点，参照国际通行规则和惯例，先行先试"对等开放"制度，在时机成熟的条件下尽快实现复制推广。

一是建设新时代中国特色自由贸易港。充分借鉴国际经验，高起点、高标准建设中国特色自由贸易港。明确自由贸易港境内关外的基本属性，区港一体，一线放开，二线管住，推动物流、资金流、信息流、商流自由流动；建立健全自由贸易港建设、运营、管理等方面的政策法规体系，完善税收、投资便利、外汇管理等方面的制度安排；实行最开放的政策，进一步缩小甚至取消外资准入的负面清单目录，降低外资股权限制，大力发展离岸高端产业集群；优选自贸港试点区域，建设集海港、空港、铁路、公路于一体的自贸港区平台。

二是赋予自贸试验区更大的改革自主权，探索高质量开放路径。借鉴跨太平洋伙伴关系协定（TPP）、跨大西洋贸易与投资伙伴关系协定（TTIP）、服务贸易协定（TISA）、中美双边投资协定（BIT）等，率先建立与新一轮国际经贸规则相衔接的现代服务业法规体系，科学编制自贸试验区立法规划及立法计划。积极争取中央立法或授权，充分利用好特区立法权，制定自贸片区的基本法和产业可持续发展的特色法，率先建立与国际投资贸易通行规则相衔接的商事制度，构建从中央到地方，涵盖基础性立法、发展性立法、配套性立法的高标准立法体系。研究借鉴发达国家制定负面清单的设计方向，进一步放宽对外资市场的准入限制，扩大服务业市场开放，完善负面清单的形式和内容，逐步形成与国际接轨的短清单模式。

三是促进国家级经开区建设现代产业体系，实现高质量发展。统一内外资法律法规，放宽国家级经开区投资准入。逐步取消在航空航天、机械设备、环保、汽车及零配件制造、公用事业、初级能源和其他商品领域的关于外商投资者的资质要求、股比限制、经营范围等准入限制措施，为进一步扩大开放探索新途径，积累新经验。积极对标上海自贸试验区等高标准投资便利化营商环境，积极推进现代服务业的投资准入体制改革，支持国家级经开区在金融、教育、文化等服务业领域有序开放，放开建筑设计、会计审计、商贸物流、电子商务等服务业领域外资准入限制。坚持把发展经济着力点放在实体经济上，加快制造强国建设，鼓励外资企业深度参与"中国制造2025"实施，试点建设外资参与"中国制造2025"试验区。

树立引进外资新理念，提升自主创新能力

我国依然需要引进国外的先进技术、设备，乃至在国内先进而在国际可能并不先进的技术，然后进行消化、吸收、研发、创新。

一是对外资核心技术、关键技术需要新的理念。首先，不求所有，但求所在；不求拥有，但求合作。其次，先求学习运用，后求研发创新。让外资把最先进的乃至核心的技术、设备运到家门口来生产、使用，要通过生产许可，生产出先进的设备，解决中国的环境污染治理和排放问题，以及节能降耗问题。在生产、运用、学习、研究的基础上，再考虑如何开发研究、创新设计。这些企业越多，国内培养的工程师、技术人员就越多，以后自主创新的可能性越大。不应该指望外商投资企业将核心技术、关键技术转让给我们，或者进行所谓的市场换技术，应更多地靠新的途径掌握核心技术、关键技术。

二是加大对外商投资企业知识产权的保护，鼓励其转让、合作。中国与主要发达国家的技术水平差距，不仅是技术本身，也在于对知识产权保护和重视不够的差距，在于创新思维方法的差距。我们对技术发展变化的历史掌握不够，因此对创新和变革知其然不知其所以然，跟跑多，领跑少，只有注重知识产权保护，尤其是知识的积累和运用，才能有自己的真正创新和自主创新。要加强对国际和外资知识产权的保护，制定《外商投资知识产权保护管理法（条例）》，对知识产权的合作、引进、转让、付费标准、不同技术的保护年限、适用范围和产品等进行具体规范，对知识产权侵权的形式、赔偿标准以及定性做出具体规定，未经许可的运用、侵犯、窃取知识产权等，要上升到刑事犯罪，高额赔偿。对知识产权提前结束后保护时限转让、授权、扩散、普及使用等行为予以鼓励和税收优惠、财政补贴等。

持续推进服务业开放，提升投资自由化水平

一是持续推进服务业开放，大幅放宽市场准入条件。放宽银行、证券、保险行业外资股比限制，加快保险行业开放进程，放宽外资金融机构设立限制，扩大外资金融机构在华业务范围，拓宽中外金融市场合作领域。取消或放宽交通运输、商贸物流、专业服务、影视文化、电信、旅游等领域的外资准入限制。

二是加快推进以服务贸易为重点的国内自贸区转型。把服务贸易开放先行先试作为国内自贸区建设的当务之急。建议尽快研究推出相关的行动方案，推进自贸区以服务贸易为重点的开放转型进程，大幅缩减负面清单。

三是放开服务业市场价格。尽快放开竞争性领域服务价格；对自然垄断环节的服务业，仍实行政府定价；对竞争性环节的服务业，政府全面放开价

格控制，引入竞争机制，实行企业自主定价；对基本公共服务领域，政府仍保留定价权以保障公益性，对非基本公共服务领域，全面放开价格管制。

赋予自贸试验区更大的改革自主权，推进制度创新

明确自贸试验区下一步改革赋权与制度创新的总纲与总牵引，聚焦重点领域，试点下放部分国家权限，鼓励支持地方自主改革创新，同步建立保障改革赋权与制度创新的体制机制。

总体发展思路

按照引领我国融入更高层次的全球开放体系的发展愿景，以更具国际市场影响力和竞争力的特殊经济功能区为目标，遵循"激励包容＋适度放权＋分头试验"基本方法，通过激励包容机制，充分调动地方的改革创新积极性，通过中央适度放权，显著提高地方的改革创新自主性，开展分头探索试验，尽快形成早期收获并推广复制，面向自贸试验区"全域"，面向经济产业主战场，面向国际高水平经贸规则，选取有实际市场需求、有自主承接条件的自贸试验区，聚焦投资自由便利、贸易自由便利、信息安全有序、资金自由便利、现代产业体系等五大领域，探索开展若干试点，建立健全"负面清单＋综合授权＋全流程化管理＋综合评价"模式，配套

建立自贸试验区改革赋权与制度创新的体制机制，上下联动、清单式、流程化、年度化开展自贸试验区改革创新行动。

一是通过激励包容机制，充分调动地方的改革创新积极性。激励地方自贸试验区管委会、干部的改革创新积极性。强化自贸试验区"功能区"属性与定位，优先保障各自贸试验区管委会的经济发展职能与相关收益。针对自贸试验区基层工作的特点和难点，推动职能下沉、人员力量下沉，建立与一线、基层改革实际需要相匹配的组织架构、权责体系。在选人用人上坚持看改革、讲创新、重担当的鲜明导向，激励自贸试验区一线党员干部增强干事创业的精气神，为自贸试验区真抓实干者鼓劲，为改革创新者撑腰，把那些想干事、能干事、敢担当、善作为的优秀干部选拔到自贸试验区各级领导班子中来，对改革创新工作做出突出贡献的，应当作为其晋升职务、级别的重要依据。更为重要的是，营造容忍失败的改革创新氛围，允许试错、失败，凡是不在自贸试验区改革创新负面清单或事前中央有底线划定的改革举措，只要向中央备案过的方案，在先行先试的情况下，不追究改革失败者的责任。

二是通过中央适度放权，显著提高地方的改革创新自主性。贯彻落实党的十九大报告提出的"赋予自由贸易试验区更大改革自主权"部署，在国际经贸新形势和开放新格局中深刻把握地方"自主权"的重要性及对中央改革创新"大棋局"的支撑性，需要中央先定调子、划底线的，要按照统一部署及时给地方自贸试验区交底，需要地方先探路子、创造经验的，中央要及时给地方赋权。引导各自贸试验区积极提出对国家部委的权限诉求，在中央层面协调下放具有先行先试意义的"一揽子"权限，切实推动实现我国自贸试验区"大胆闯、大胆试、自主改"。

三是通过分头探索试验，尽快形成早期收获并推广复制。中央制定自贸试验区改革创新总纲领，鼓励和允许不同地方自贸试验区结合自身基础条件与实际需求，集思广益，八仙过海，各显神通，进行差别化探索。遵循"点—线—面"改革创新逻辑与时序，支持个别地方自贸试验区率先在"小点"上先行先试，让地方做实际工作的一线人员"出点子""谋发展"，推动一批"早期收获"，进而吸引更多的自贸试验区加入"条线化"改革创新，力争在"面上"推广复制（见图9-1）。

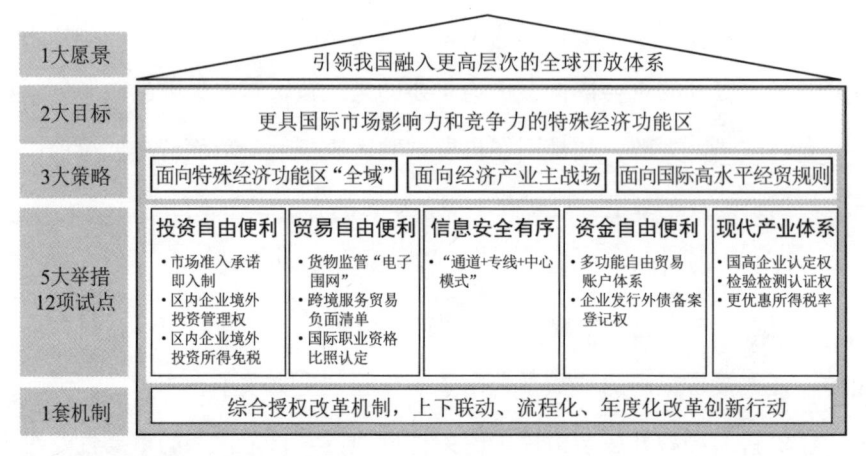

1大愿景	引领我国融入更高层次的全球开放体系
2大目标	更具国际市场影响力和竞争力的特殊经济功能区
3大策略	面向特殊经济功能区"全域" ｜ 面向经济产业主战场 ｜ 面向国际高水平经贸规则
5大举措 12项试点	投资自由便利：市场准入承诺即入制；区内企业境外投资管理权；区内企业境外投资所得免税 ｜ 贸易自由便利：货物监管"电子围网"；跨境服务贸易负面清单；国际职业资格比照认定 ｜ 信息安全有序："通道+专线+中心"模式 ｜ 资金自由便利：多功能自由贸易账户体系；企业发行外债备案登记权 ｜ 现代产业体系：国高企业认定权；检验检测认证权；更优惠所得税率
1套机制	综合授权改革机制，上下联动、流程化、年度化改革创新行动

图9-1　自贸试验区改革创新总体思路

五大领域方向

一是投资自由便利。引导并支持各自贸试验区对外商投资扩大"准入"，优化"准营"，建立健全对外商投资服务与管理的事中事后监管机制，进一步激发各类市场主体的活力。首先，进一步放宽准入。在现行"全国版"市场准入及"自贸试验区版"外资准入负面清单基础上，支持各自贸试验区根据自身条件制定相适应的市场准入和外资准入负面清单，推动出台更短、禁止类目更少、限制举措更与国际接轨的"自贸试验区版"外商投资负面清单。其次，实行更加便捷的行政许可制度。复制借鉴海南自贸港政策，在沿海先进自贸（片）区内推动企业开办制度从审批、备案制向告知承诺、承诺即入制转变，对于具有强制性标准的领域，建立"标准制＋承诺制"的投资制度。再次，建立完善的事中事后监管机制。充分利用信息管理服务平台、信用分级分类管理、主动披露机制等方式，创新监管互动机制，推动建立地方"信息＋信用＋沙盒＋披露"的事中事后监管机制，在创造稳定、透明和可预期的投资环境的同时，有效防范各类投资风险（见图9-2）。

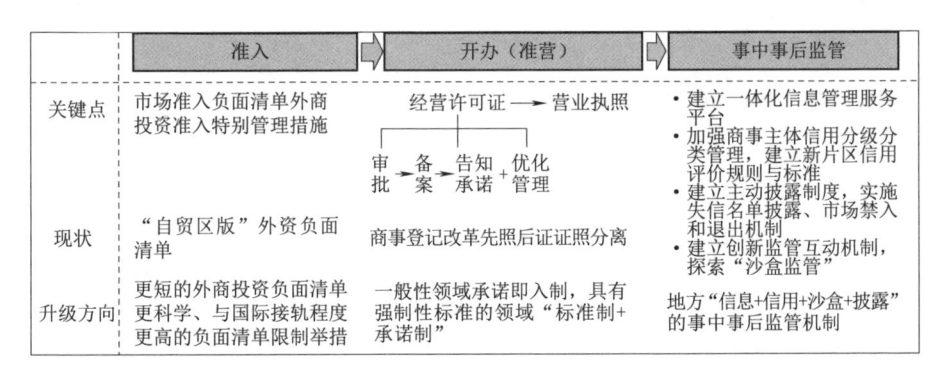

	准入	开办（准营）	事中事后监管
关键点	市场准入负面清单外商投资准入特别管理措施	经营许可证→营业执照 审批／备案＋告知承诺＋优化管理	・建立一体化信息管理服务平台 ・加强商事主体信用分级分类管理，建立新片区信用评价规则与标准 ・建立主动披露制度，实施失信名单披露、市场禁入和退出机制 ・建立创新监管互动机制，探索"沙盒监管"
现状	"自贸区版"外资负面清单	商事登记改革先照后证证照分离	
升级方向	更短的外商投资负面清单更科学、与国际接轨程度更高的负面清单限制举措	一般性领域承诺即入制，具有强制性标准的领域"标准制＋承诺制"	地方"信息＋信用＋沙盒＋披露"的事中事后监管机制

图9-2　投资自由便利制度创新框架设计

二是贸易自由便利。坚持货物贸易与服务贸易并举发展。依托海关特殊监管区，探索更加便利的货物监管方式，推动海关特殊监管区与自由贸易试验区"无网联动"。鼓励支持沿海先进自贸试验区率先探索服务贸易发展路径。第一，支持各自贸试验区内的海关特殊监管区有序借鉴上海洋山特殊综合保税区、海南洋浦保税港区货物贸易监管政策。建立、运行一体化信息管理服务平台，打造全面风险管理和重点领域监管结合的风险防控体系，实现信用监管、无感监管。第二，支持各自贸试验区根据地方发展特色与优势，自主探索跨境服务贸易发展，尽快形成"自贸试验区版"跨境服务贸易清单。[①]参照WTO《服务部门分类列表》，界定服务贸易开放范围；探索更大程度的实质性开放；对限制性领域明确开放时间（例如，投资负面清单对外资投资金融业股比限制逐步放开的时间安排）。第三，聚焦服务贸易的自然人流动形式，探索外籍人士在自贸试验区内更加自由便利的出入境、就业许可、居留及移民政策（见图9-3）。在临时出入境方面，以对等开放为前提探索更便利的商务人员临时出入境政策；在就业许可方面，降低国际人才的就业门槛，为信用较好的企业雇用外籍劳工提供延长工作许可年限、绿色通道办理等便利政策。

[①] "自贸试验区版"跨境服务贸易负面清单的制定原则：一是集成性原则，强调建立开放的规则体系，例如，医疗服务开放涉及对医院投资、药品与器械进口、医师执业、签证、医患关系处理等政策集成；二是竞争中立原则，明确提出对负面清单以外的领域实行内外资一视同仁政策，不对外资设有本地商业存在的限制条件；三是前沿性原则，广泛涉及数字服务贸易等新兴领域，并关注知识产权、垄断等边境后规则。

	临时出入境	就业许可	永久居留/技术移民
国内一般规定	部分航空口岸实施72/144小时过境免签政策,时间短,主要面向游客而非商务人员	• 对外国人就业有行业、部分职位的限制; • 要求同类专业技能和相应的工作经历 • 对申请工作许可有明确的流程指引,就业证实行年检制 • 非外资企业雇用外籍员工须行业主管部门审批	对于外国人申请永久居留及国籍的条件较为严格
CPTPP规定	各国列明其对商务人员临时入境所做的承诺,具体说明为每一类商务人员规定的条件和限制,包括停留时间,例如,加拿大承诺为参与会议和磋商、研发设计、生产制造、营销销售、分销、售后服务、一般服务的商务旅客提供为期不超过6个月的临时出入境签证		
自贸区（港）实践	上海临港:为到新片区内从事商务、交流、访问等经贸活动的外国人提供更加便利的签证和停居留政策措施。 海南自贸港:实行更加便利的出入境管理政策,逐步扩大免签入境的事由和国家	上海临港:放宽现代服务业高端人才从业限制,建立外国人在新片区内工作许可制度和人才签证制度,建立境外人才工作和创业绿色通道	• 上海临港:赋予新片区管理机构人才引进重点机构推荐权、新片区特殊人才直接申报权、国内人才引进直接落户和留学回国人员落户审批权 • 前海:支持自贸片区开展技术移民试点,建立和完善人才市场测试、积分评估等技术移民制度
自贸区升级方向	以对等开放为前提,探索更便利的商务人员临时出入境政策	为区内企业提供更便利的外籍劳工就业许可办理,包括信用企业"告知承诺"、高端人才绿色通道、延长工作许可年限;减少区内外籍劳工的就业条件,例如,可扩大招收外籍应届毕业生	开展永久居留和技术移民等制度试点

图 9-3 自然人流动改革创新框架设计

第九章　扩大对外开放，营造优良营商环境 | 229

三是数据安全有序。支持有条件、有需求的各自贸（片）区开展电信基础设施建设，进一步放宽电信业务经营准入，在确保数据流动安全可控的前提下，扩大数据领域开放，实现自贸试验区数据安全有序流动（见图9-4）。首先，完善电信基础设施建设。复制借鉴海南自贸港政策，依托沿海自贸（片）区，建设国际海底光缆及登陆点，便捷自贸（片）区与国际通信出入口局的连接，通过建设国际互联网数据专用通道，实现自贸试验区与国际互联网的连接。为经济产业外向度较高的自贸（片）区开设国内互联网虚拟专用网（IP-VPN）、内容分发网络（CDN）和互联网数据中心（IDC）。其次，进一步降低电信业务经营准入。进一步开放增值电信业务（一类），逐步取消外资股比限制，安全有序开放基础电信业务（二类）。复制借鉴海南自贸港政策，允许有条件的自贸（片）区，且实体注册、服务设施在该自贸（片）区内的企业，面向区内及国际开展在线数据处理与交易处理等业务，并在安全可控的前提下逐步面向区域或全国开展业务。在

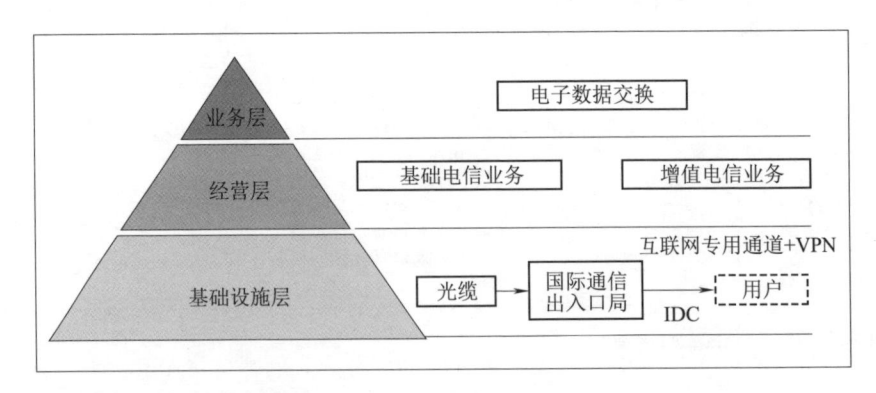

图9-4　数据安全有序流动改革创新框架设计

国家数据跨境传输安全管理制度框架下，在自贸（片）区内探索开展"两头在外"的电子数据交换（EDI）业务。

四是资金自由便利。坚持金融服务实体经济，在风险可控的前提下，引导并支持各自贸试验区开展金融自由化、利率市场化、人民币国际化措施，有序推动跨境资金自由便利流动（见图9-5）。第一，进一步推动金融业开放。在上海自贸试验区、前海蛇口自贸片区等金融业集聚区内，支持符合条件的金融机构开展跨境证券投资、跨境保险资产管理等业务，先行先试金融业对外开放措施，积极落实放宽金融机构外资持股比例、拓宽外资金融机构业务经营范围等措施，支持符合条件的境外投资者依法设立各类金融机构，建立健全准入前国民待遇加负面列表管理模式，保障中外资金融机构依法平等经营。第二，探索推动资本项目开放。在上海、广东、天津、福建等自贸试验区自由贸易账户前期试点基础上，加快拓展自由贸易账户功能，研究开展自由贸易账户本外币一体化功能试点，按照服务实体、风险可控、分步推进的原则，探索开展自贸试验区内资本自由流入流出和自由兑换。建立自贸试验区跨境资本流动宏观审慎管理体系，加强对重大风险的识别和系统性金融风险的防范。第三，稳步推进金融改革。以自由贸易账户下本外币一体化功能和上海外汇交易中心等金融交易市场为抓手，连接自贸试验区金融市场与国际金融市场，逐步推进利率市场化改革，完善人民币汇率形成机制。拓宽多种形式的产业融资渠道，放宽外资企业资本金使用范围。创新科技金融政策、产品和工具。

	金融业开放	资本项目开放	金融改革
关键点	银行、保险、证券等行业准入负面清单	跨境交易及相应的兑换服务	利率市场化改革，人民币汇率形成机制
现状	以上海、前海为试点，开展金融业外资准入先行先试	汇兑便利化	汇率市场化探索
升级方向	建立健全金融业准入前国民待遇加负面列表管理模式	建立健全宏观审慎管理框架	以自由贸易账户和金融交易市场为抓手，逐步推进利率市场化改革和完善人民币汇率形成机制

图 9-5　跨境资金自由便利流动改革创新框架设计

　　五是现代产业体系。聚焦战略性新兴产业与高新技术产业，锚定企业主体（国家高新技术企业）、全产业链、产业配套服务、企业及人才税收，复制推广浙江自贸试验区油气全产业链、海南博鳌乐城生物医药制度创新实践经验，引导并支持包含高新区的自贸试验区开展服务特色产业的系统集成改革创新，打造自贸试验区在"产业链条生态—产业结构生态—产业环境生态"的构建能力。首先，选取高新区与自由贸易试验区重叠的片区，试点开展面向高新技术产业的开放性政策。营造优质创新生态，聚集国际高端科创要素，探索"自由贸易+科技创新"的发展道路，服务我国前沿高新技术产业核心环节突破。其次，选取有战略性新兴产业基础的自贸试验区开展试点。围绕新一代信息技术、高端装备、新材料、生物医药、新能源和节能环保、数字创意等战略性新兴产业，试点开展鼓励人才和企业集聚、要素自由流动的开放政策。

改革创新机制

一是建立自主改革负面清单。建立自主改革负面清单机制。在系统摸清地方自主改革诉求或事项的基础上，充分利用国务院自由贸易试验区工作部际联席会议机制，建立自贸试验区自主改革负面清单制，例如，禁止近期地方自主开放基础电信业务（一类）、限制地方自主开展货币自由兑换等，把控涉及国家安全的敏感领域，防范改革的系统性风险。除负面清单外，原则上允许地方自主探索，涉及事权相关部委必须全力支持，事关重大或涉及部委权限较多的改革事项由党中央、国务院领导。负面清单按年更新，禁止或限制数量原则上只减不增。

二是建立综合授权改革机制（见图 9-6）。复制借鉴深圳建设中国特色社会主义先行示范区、浙江自贸试验区油气全产业链综合授权改革实践经验，[①]建立中央深改组领导下的自贸试验区综合授权改革机制。建议在中央全面深化改革委员会下设自贸试验区（自由贸易港）改革赋权与制度创新专责小组，与国务院自由贸易试验区工作部际联席会议联动，主要负责审核批复清单式上报的授权申请，指导督促改革授权工作。具体的改革赋权与制度创新工作由商务部统筹协调，建议在商务部下设改革赋权与制度创新工作办公室，指导地方改革授权诉求上报，并负责备案、部分审批与授

---

① 目前，全国综合授权改革探索包括：一是浙江自贸试验区围绕油气产业链综合授权改革机制，实现全产业链条的政策覆盖，该方案由中财办主导、国务院批复；二是深圳围绕建设中国特色社会主义先行示范区实施综合授权改革机制，以清单式批量申请授权，该方案由中央全面深化改革委员会主导；三是上海围绕放管服、政府职能转变角度开展综合授权改革。

权协调工作。年度改革事项的策划与实施由各自贸试验（片）区管委会具体操作，建议各自贸试验（片）区管委会下设改革赋权与制度创新领导及工作小组，系统策划、上报、实施年度改革事项。

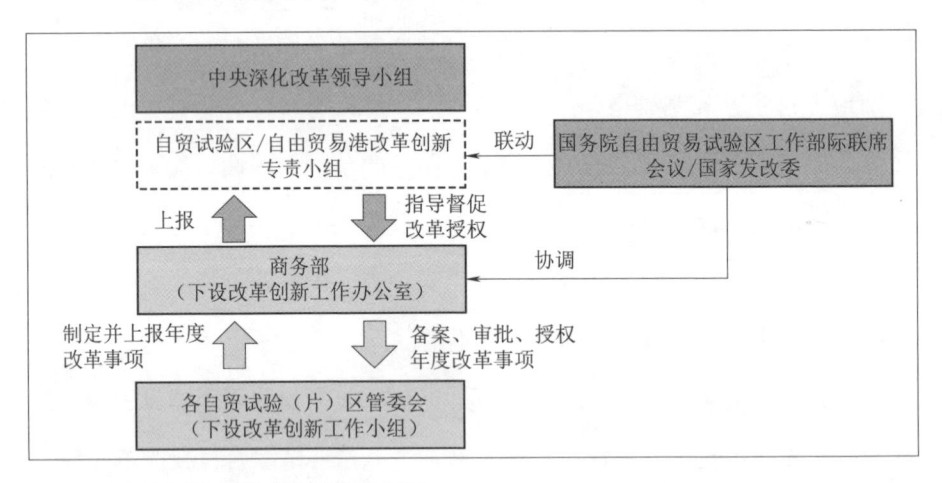

图 9-6　自贸试验区综合授权改革体制机制示意

三是建立一套改革创新流程（见图 9-7）。建立一套上下联动、按年运行的改革创新流程。参考深圳经济特区改革创新实践，制定一套自贸试验区改革赋权与制度创新标准流程，上下联动，按年运行。建议改革赋权与制度创新标准主要流程包括但不限于建议提出、计划及方案制定、组织实施、效果评估 4 个环节。其中，在建议提出环节，由各自贸试验（片）区管委会自主进行筛选立项、评议、备案、上报工作，形成综合授权改革的年度清单；在计划及方案制定环节，由各自贸试验（片）区管委会针对具有可行性的具体综合授权改革诉求编制计划及方案，并广泛征求各方意见，最终交由商务部备案；计划及方案获批后即进入组织实施阶段，重大改革创新项目由商务部统筹协调实施，一般改革项目由地方政府或各自贸试验区管委会牵头实施；委托第三方开展专业评估按年组织实施的效果评估，形成《国家自贸试验区改革创新白皮书》，并向社会公开评估结果，对效果较好的改革事项及时予以表彰奖励与经验推广。此外，鼓励支持各自贸试验区研究编制《改革创新工作中长期规划》《年度计划》等相关报告。

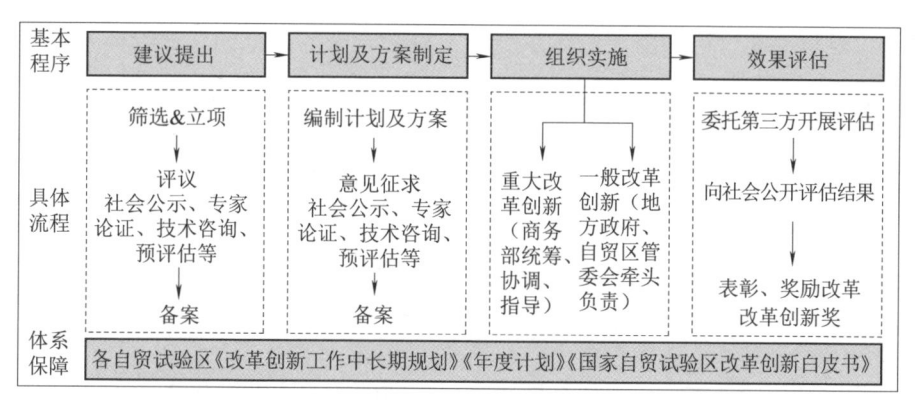

图9-7 自贸试验区改革创新流程示意

各自贸试验（片）区自主上报改革授权诉求清单，细化改革创新任务表与时间图。综合授权改革建议采取清单式申请，各自贸试验（片）区填写改革创新任务表上报商务部，任务表应明确试点名称、需求来源分析、创新性分析、具体内容、预期效益、风险防控机制、保障措施等内容，并制订清晰的推进时间计划（见表9-1）。

表 9-1　自贸试验（片）区改革创新任务表示意

改革创新任务表	
名称	
需求来源分析	
创新性分析	
具体内容	
预期效益	
风险防控机制	
保障措施	
时间进度安排	

四是建立改革创新评价体系。制定科学合理的改革创新评价体系，实现对改革创新探索的动态追踪与有效评估。改革创新评价体系从针对性、创新性、实效性三方面评估各自贸试验区改革创新工作。针对性评估主要考察改革事项与中央重大改革方向的匹配度、对经济社会发展中现实问题的针对性；创新性评估主要考察改革事项在全国是否属于先行先试、是否契合自贸试验区制度创新要求；实效性评估主要考察改革事项在经济社会效益、示范带动推广、形成制度成果三方面的实效（见表9-2）。

表 9-2　自贸试验区改革创新评价体系示意

评估指标	评估内容	改革创新目标
针对性	与中央重大改革方向的匹配度	紧扣党中央、国务院重大改革部署
	对经济社会发展中现实问题的针对性	充分体现问题导向、需求导向
创新性	在全国是否属于先行先试	相关改革创新领先全国
	是否契合自贸试验区制度创新要求	符合自贸试验区制度创新框架
实效性	在经济社会效益上的实效	在经济社会发展方面取得显著成效
	在示范带动推广上的实效	相关改革创新举措被推广或采用
	在形成制度成果上的实效	建立法规、规章或制度

第十章
建设开放型世界经济，构建人类命运共同体

对外开放一直是我国秉持的国策之一。新时代，面对波谲云诡的政治、经济大环境，持续深化改革、建设开放型的经济体系，已成为当今热门议题。我国政府顺势而动，以"一带一路"为依托，拓展境内外合作模式。新丝绸之路的创建，不仅为各国注入了新的生机与活力，使世界经济更加开放、包容，还撬动了双循环的另一条动脉，增进了各国间的团结、友爱，进一步加速了人类命运共同体的完善和构建。

"一带一路"是全球化进程的中国方案

全球化是当今时代的基本特征与必然趋势。经济全球化[①]是全球化最重要、最务实的构成之一。当前，全球经济深度调整，国际贸易形势严峻复杂，多边贸易体制举步维艰，区域合作不确定性因素增多，主要经济体在经济政策上"逆全球化"倾向越发严重，各国纷纷实施显性或隐性的贸易保护政策和措施。同时，"一带一路"联通亚欧非三大陆，连接太平洋、印度洋与大西洋，包含了老牌欧洲发达国家和新兴发展中经济体，不同国家的经济发展水平和市场发育程度极为不同，众多国家仍需要经济全球化的推动，将成为新一轮经济全球化的主要策源地。

"一带一路"倡议是中国在严峻复杂的国际形势中扛起的全球化大旗，旨在通过经济全球化推动社会全球化，这不仅符合新一轮全球化的内在要求，为新一轮经济全球化增加新兴推动力量，还有助于在"一带一路"沿线培育新一轮经济全球化的增长引擎。

持续推动新一轮经济进程

纵观历史，经济全球化经历了 5 个发展阶段。

第一阶段为 15 世纪至 18 世纪前期的经济全球化萌芽。14—15 世纪资

[①] 国际货币基金组织对经济全球化的定义为：跨国商品与服务贸易及资本流动规模和形式的增加，以及技术的广泛迅速传播使世界各国经济的相互依赖性增强。

本主义开始在欧洲萌芽。同时，1492年哥伦布发现美洲大陆，迪亚士和达伽马等葡萄牙人开辟了抵达亚洲的海上航线，麦哲伦率船队完成了环球航行，"地理大发现"和"东西方航线的开辟"打破了全球各大洲相互封闭的状态，拓展了人类活动的空间，刺激了人类向海外开拓的愿望。为了满足对殖民地的管制、资料的交换，跨大洋的商业、航海业开始在欧洲、美洲、亚洲和非洲之间兴起。这一时期，依靠新大陆发现与航线开辟，经济全球化开始萌芽，全球市场开始形成。

第二阶段是18世纪中期到19世纪中叶的经济全球化启动。18世纪中后期，在工业革命与技术进步的推动下，英国等发达国家建立起工业体系，成为"世界工厂"，并创造出远远超出本国市场所能容纳的大量商品。以英国棉纺工业为例，19世纪中叶英国所生产的棉织品绝大部分销往国外，生产所需的棉花来自印度、巴西、埃及等国家，英国不仅是世界消费品的主要供应者，也是生产资料的采购者、生产设备的供应者。这一时期，依靠机器大工业，经济全球化正式启动，以货物贸易为主的国际分工与世界市场初步形成。

第三阶段为19世纪后半叶至20世纪初的经济全球化加速。随着蒸汽时代向电气时代的发展，出现了钢铁、石化、电器、机械、汽车等为代表的重化工业，生产力不断丰富，新的交通运输工具与通信手段不断革新，大大缩短了全球时空距离，为国际贸易的大发展提供了新的物质基础。在这一时期，西方发达国家开始从自由资本主义发展到垄断资本主义，出现了国际垄断组织与跨国公司，国际投资开始出现，培育了法国和英国等主要的资本输出国。这一时期是经济全球化发展最突出的时期,也是进展最快的时期。

第四阶段为第一次世界大战至第二次世界大战结束的经济全球化曲折发展。1914—1918年发生了第一次世界大战,1929—1933年出现了世界经济大危机和大萧条,1937—1945年爆发了第二次世界大战,随后社会主义阵营与资本主义阵营形成抗衡,这些事件以不同方式阻碍并打乱了经济全球化的正常进程和秩序,破坏了各国、各地区的经济交往。然而,经济全球化进程并未停止,人类更加认识到战争和对峙只能损害全人类的经济发展,因此,作为稳定和调节世界经济秩序的三大国际经济组织(关贸总协定、世界银行、国际货币基金组织)应运而生,标志着经济全球化开始从自发过程走向制度化进程。

第五阶段为20世纪60年代至今的经济全球化提升发展。这一时期,西方发达国家开始从工业社会进入信息社会,跨国公司在数量、规模与经营策略上发生了重大变化,社会主义国家经济体制开始改革并建立以市场为取向的经济体系,WTO等国际经济组织的职能、规模不断扩大和发展,全球物流、资金流、信息流和知识流基本实现了畅通。尤其是在以美元为代表的金融资本扩张需求的驱动下,美国依靠美元、跨国公司、产品与技术创新等新竞争优势,在一定程度上支配了这一阶段的经济全球化发展(见图10-1)。

当前,世界正在经济全球化提升发展阶段基础上进入新一轮经济全球化。尤其是自2009年至今,西方发达国家经济持续低迷,社会问题突出,表现出贸易保护主义与逆全球化思潮;另外,以中国为代表的新兴经济体迅

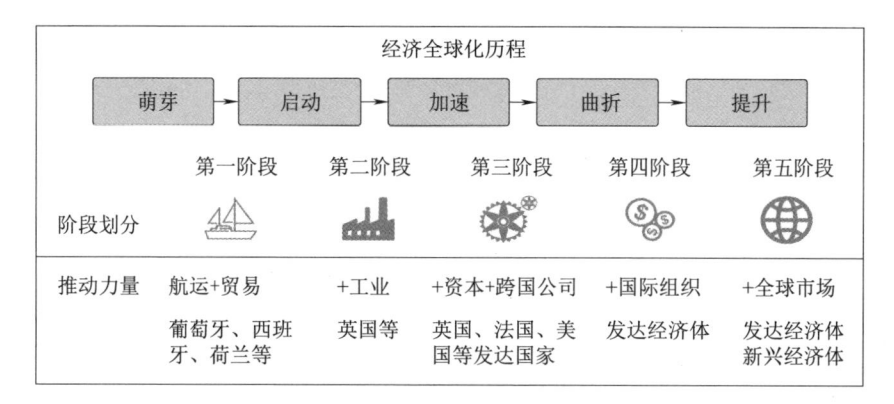

图 10-1　经济全球化发展历程

速发展，逐渐成为拉动全球经济发展的主要引擎，并在全球治理中扮演着日趋重要的地位；同时，广大的发展中国家仍然需要经济全球化的持续推动（见图 10-2）。①

新一轮经济全球化在推动主体、主要内容、合作模式、目标导向方面将建立新的动力机制与制度框架。推动主体方面，除了传统的发达国家与跨国公司以外，新一轮经济全球化更加重视全球市场布局，重点提升发展中、欠发达区域及国家的经济全球化水平，更加重视新兴经济体的参与，充分发挥新兴经济体在经济全球化进程中的作用。主要内容方面，在传统的贸易与投资全球化基础上，新一轮经济全球化将更加注重货物贸易的便利化、服务贸易的全球化与公平化、投资的自由化、产业合作的深度化与互惠互利性、基础设施的支撑性与促进性。合作模式方面，在传统的 WTO

---

① 对比高收入国家和低收入国家的经济全球化水平，发现二者的差距并未明显改善。

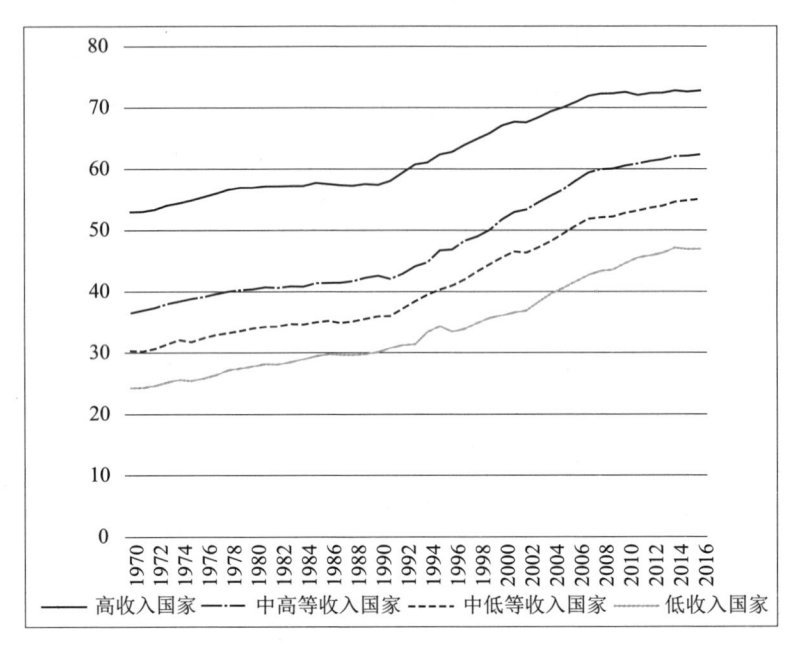

图 10-2　1970—2016 年，不同发展程度经济体的经济全球化指数[①] 对比

规则框架下，国家和地区集团将更加倾向于由双边和区域自由贸易协定来形成相应的投资与贸易便利化的规则和承诺，即新一轮经济全球化将以双边或多边合作为主，实现充分尊重缔约方发展阶段与基本情况的目标。目标导向方面，在不断扩大全球贸易规模，促进本国发展的基础上，新一轮经济全球化将致力于更多国家共同构建利益共同体、责任共同体和命运共同体（见图 10-3）。

---

① 经济全球化指数引用 KOF 全球化指数。KOF 全球化指数由瑞士经济分析局发布，按年更新，是样本量最全面、历史数据最完善 (45 年) 的全球化评估体系，被国内外普遍引用。该指数分析不同区域、国家的全球化总体水平、社会全球化水平、政治全球化水平与经济全球化水平。

经济全球化主体
- 更加重视全球市场布局，更加重视新兴经济体的参与，允分发挥新兴经济体在全球化进程中的作用，重点提升发展中、欠发达区域及国家的全球化水平

经济全球化模式
- 以双边或多边合作为主
- 尊重合作方发展阶段与基本情况

经济全球化内容
- 优先发展经济全球化，以经济全球化推动社会全球化、政治全球化
- 优先促进有利于经济全球化的贸易、产业、基础设施发展

经济全球化导向
- 利益共同体
- 责任共同体
- 命运共同体

图 10-3　新一轮经济全球化发展趋势与内在要求

"一带一路"倡议将为新一轮经济全球化增添新兴推动力量。首先，"一带一路"倡议重点围绕基础设施互联互通、贸易畅通、资金融通等新一轮经济全球化的务实领域开展合作，合作内容融合了产品、资本、技术、人才、市场等经济全球化的多元要素，有助于改变以往经济全球化由某些主导因素推动致使出现全球化弊端的状况。其次，"一带一路"倡议涵盖众多的发展中国家，尤其是在全球经济中扮演引擎作用的新兴经济体，例如，俄罗斯、印度、南非等"金砖国家"，以及菲律宾、土耳其、印度尼西亚、埃及等"新钻"国家，这些国家将在新一轮经济全球化进程中扮演日趋重要的角色。

促进新一轮经济全球化均衡程度

20 世纪 70 年代以来的全球经济发展表明，发展中国家、新兴经济体在不同发展阶段扮演了世界经济引擎的作用（见图 10-4）。例如，20 世纪

70年代至20世纪80年代中叶，亚洲四小龙的经济增长速度远超世界平均水平；20世纪80年代中期以后，中国的经济增长成绩举世瞩目；21世纪以来，金砖国家的增长速度明显快于世界平均水平。历史发展规律说明，发展中国家在良好的发展机遇与发展平台中可以实现国家经济的跨越式发展，开创世界经济发展新格局。

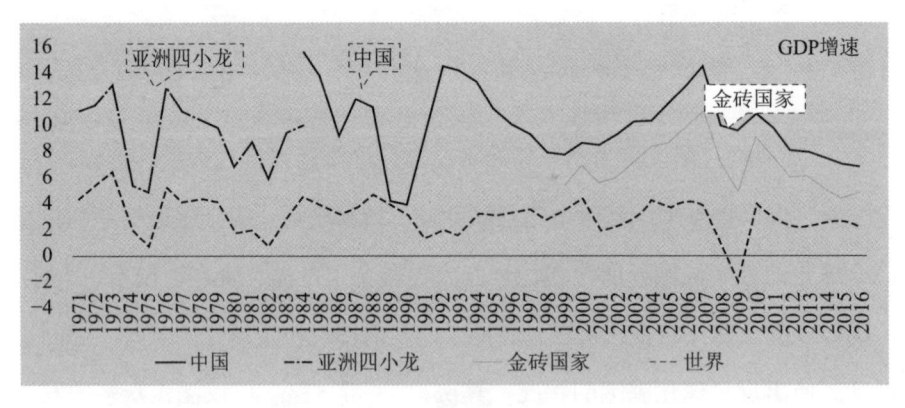

图10-4　1971—2016年，全球与新兴经济体的GDP增速水平

目前，"一带一路"沿线经济发展水平偏低，经济全球化程度仍不均衡。东南亚、中亚、南亚、独联体、中东欧、西亚北非等区域经济全球化水平整体处于中等偏下水平，其中中亚、南亚、独联体、西亚北非等区域经济全球化水平均不及全球平均水平。

未来，发展中国家及新兴经济体仍将在新一轮经济全球化进程中扮演增长引擎的作用。根据IMF预测，2007—2021年，发展中国家GDP将年均增长5.0%，总额有望实现翻倍，而发达国家GDP年均增速预期仅为1.3%。

其中，"一带一路"地区经济增长前景远超欧美地区，有望重塑世界经济格局。根据 IMF 预测，2016—2021 年，46% 的世界 GDP 增长将源于"一带一路"地区，"一带一路"地区 GDP 增量将是北美的近 2 倍、欧洲的逾 4 倍。至 2021 年，"一带一路"地区 GDP 占世界比重将远远高于北美或欧洲（见图 10-5 和图 10-6）。

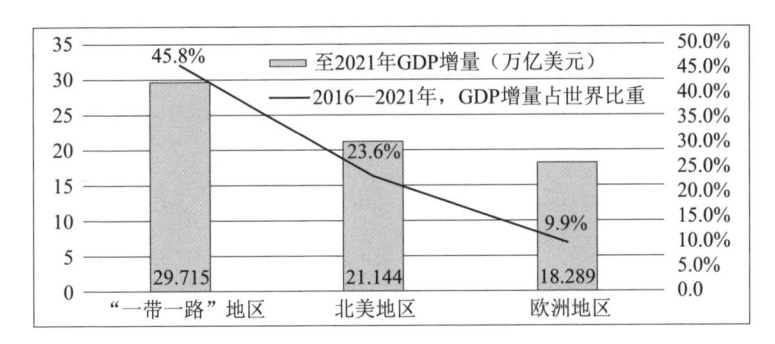

图 10-5 "一带一路"、北美、欧洲地区 GDP 增量及增量占比预测[①]

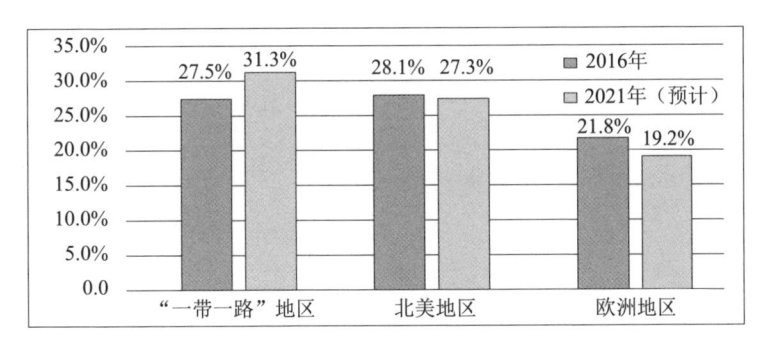

图 10-6 2016 年和 2021 年"一带一路"、北美、欧洲地区 GDP 占比

---

① 中国人民大学重阳金融研究院根据国际货币基金组织《2017 年世界经济展望报告》分析整理（按照当前美元汇率计算）。

"一带一路"倡议所包含的"中国模式"显著提升了中国的经济全球化水平,明显缩小了中国与世界主要最发达经济体之间的经济全球化差距(见图10-7)。有理由相信,"一带一路"倡议也必将提升"一带一路"沿线国家经济全球化水平,促进新一轮经济全球化均衡发展,培育全球经济增长引擎。

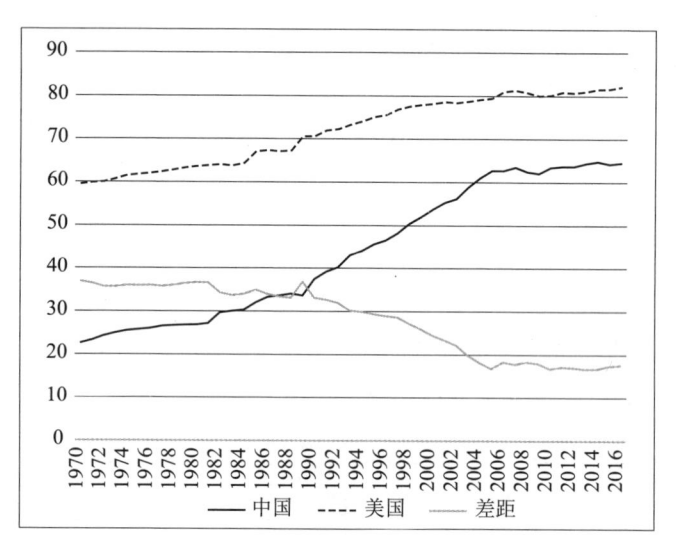

图10-7　1970—2016年,中国与美国经济全球化指数对比
资料来源:瑞典经济分析局

构建以境外园区为依托的对外援助新模式

在推进"一带一路"建设工作5周年座谈会上,习近平明确了下一阶

段"以基础设施等重大项目建设和产能合作为重点"的要求。园区作为发挥基础设施功效、承载产能合作、加速发展中国家工业化城镇化的优良平台，已经走过探索发展、规范发展与提速发展，将在"一带一路"落地生根、持久发展的阶段步入优化升级。

新时期，"一带一路"境外园区的可持续与高质量发展需要顺应新趋势、立足新理念、采纳新模式，进一步强化园区在"一带一路"建设中的载体平台作用，全面贯彻园区全生命周期发展理念与模式，科学开展境外园区选址工作，优化境外园区赢利模式，构建以境外园区为依托的对外援助新模式，打造"一带一路"境外园区发展命运共同体，支撑"一带一路"走深走实。

以园区和国际产能合作为突破，推动"走出去"升级

目前，中国已迈入对外投资大国行列，根据国际投资发展规律，并参照发达国家国际投资实践综合判断，资本净输出将成为未来中国长期的发展趋势，并将成为拉动未来中国经济增长的重要推动力。为进一步实现从对外投资由大国到强国的转变，急需高瞻远瞩、科学布局，把握好"走出去"的节奏和秩序。近期应以境外经贸合作区升级为突破口，不断深化国际产能合作，加快推动由主要依托数量扩张式的 1.0 版"走出去"发展模式和路径，向依托数量和质量共同提升型的 2.0 版"走出去"发展模式和路径升级。

一是充分认识我国"走出去"发展阶段正在发生重大变化。自21世纪初实施"走出去"战略以来，我国对外投资持续快速增长，对外直接投资流量由2002年的27亿美元增长至2015年的1457亿美元，跃居全球第二，迈入对外直接投资大国行列。根据净直接投资流量的变动情况，我国对外直接投资从20世纪80年代初期至今已经经历三个发展阶段，并已经完成由资本净流入向资本净输出的阶段过渡，资本净输出将成为未来中国长期的发展趋势。由资本输入国向资本输出国转变，既是中国发展到一定阶段的必然选择，也将成为拉动未来中国经济增长的重要推动力。纵观美国、德国、日本等发达国家，在其大国崛起的过程中，不仅投资规模大，而且投资质量和效益高，具备很强的对外投资能力。就目前而言，中国对外投资从质量来看仍处于"走出去"的初级阶段，对外直接投资存量、境外投资结构、企业国际化水平和政府投资促进体系等相较于世界投资强国仍有一定差距。2015年，中国对外直接投资存量占全球的比重仅为4.4%，远低于中国GDP占全球15.5%的比重水平。此外，中国对外投资的资源类投资比重大，制造业投资比重低，与发达国家对外投资的早期阶段情形十分相似。为进一步推动"走出去"升级，提高对外投资质量和效益将是关键。

二是结合当前发展条件明确"走出去"升级的重点突破口。未来一个时期，中国"走出去"的条件将更加成熟，"走出去"的新机遇不断呈现，"走出去"的国际环境明显改善，将面临从对外投资大国向对外投资强国转变的重要战略机遇期，急需审时度势，明确"走出去"升级的重点突破口。

第一，中国"走出去"的条件更加成熟。从宏观经济看，中国经济已进入中高速增长的新常态，发展前景长期向好，经济实力日益增强，外汇储备超过万亿美元，整体投资实力更加雄厚。从产业基础看，我国制造业门类齐全、链条长，增加值占全球23%，是制造业第一大国。以轻工、家电、纺织服装为主的传统优势产业，以电力设备、工程机械、通信设备、高铁和轨道交通为主的装备制造优势产业，以钢铁、电解铝、水泥、平板玻璃为主的产能过剩优势产业，在规模、技术、人才等方面，具有明显的国际竞争力。从微观主体看，我国涌现了华为、中兴、阿里巴巴等一批具有较强国际竞争力的企业。1995—2016年，中国内地进入《财富》世界500强企业的数量由3家增至110家。随着企业国际化经营能力的不断增强，企业走出去构建全球生产和营销网络，突破贸易壁垒，获取能源资源和先进技术的内生动力不断增强，各类投资主体走出去的潜能还将进一步释放。第二，中国"走出去"的机遇不断呈现。世界经济逐渐复苏，跨国投资渐趋活跃，世界各国对我借重和合作意愿不断增强，中国企业在更高层次上参与国际竞争、进行资源和价值链整合的机会增多。非洲、中亚、拉美等地区的发展中国家工业化进程加快，希望与中国开展产业投资合作，改造当地落后的生产工艺，为中国成熟产业向外拓展提供了空间。全球基础设施建设升温，预计到2020年全球基建投资需求将达12.7万亿美元，2030年将增至55万亿美元，我国倡导建立的亚投行进展顺利，这将为我国加快推进"一带一路"建设，依托中国装备、技术和标准参与境外基础设施投资与建设，提供了新机遇。第三，推动2.0版"走出去"升级的重点突破口。国际产能合作作为推动"一带一路"建设的优先领域，是新条件下

"走出去"的重要支撑。而境外经贸合作区作为实施我国企业"走出去"战略的一项重要载体和平台，能够大幅降低"走出去"企业境外投资经营的风险和筹建成本，推进企业的国际化发展。

因此，为进一步实现从对外投资由大国到强国的转变，推动"走出去"升级，急需高瞻远瞩、科学布局，把握好"走出去"的节奏和秩序，近期以境外经贸合作区升级为突破口，不断深化国际产能合作，积极探索"走出去"的新模式、新路径、新体制，加快推动由主要依托数量扩张式的1.0版"走出去"发展模式和路径，向依托数量和质量共同提升型的2.0版"走出去"发展模式和路径升级。

三是以境外园区和国际产能合作推动2.0版"走出去"升级的重点工作。为进一步推动2.0版"走出去"升级，需要高度重视境外经贸合作区的建设升级，近期可以从考核方式、运营主体、融资机制等层面综合考虑，打造中国企业"走出去"的重要平台。

第一，合作机制升级——东道国立法。近年来，有40多个国家提出希望中国与其共建合作区。然而，由于境外经贸合作区的建设周期长、资金投入大，政党换届等政府违约风险往往对境外经贸合作区的建设带来巨大挑战。因此，建议在合作之初便积极争取东道国为合作区立法的形式保障企业入区投资的法律地位和投资权益。第二，运营主体升级——开发区"管理机制输出"。选择国内实力较强、园区运作经验丰富的企业（管委会）牵头，联合金融机构、智库机构、行业协会、海外投资服务中介等共同组建境外产业园区综合投资开发运营的"园区管理联盟"，并作为"一带一路"沿线国家产业园区的开发主体。该园区管理联盟要从一开始就对政府间高层协议提出建议并参与政府间谈判，将园区选址、规划建设、运营管理、招商引资、项目融资等有关事项统筹规划、业务整合。从一开始就要树立"以运营为主体，建设为运营服务"的指导原则，结合东道国的国情特点引入适宜、高效、特色的商业模式，率先打造一批成功园区范例。第三，融资机制升级——境外合作区资产抵押。目前，中国金融业的发展程度尚难以满足企业"走出去"的发展需求，而境外经贸合作区作为资金规模需求大的一项长期系统性工程，急需有效解决融资机制的问题。建议以境外经贸合作区为试点，创新海外融资方式，创新开展通过确认考核的境外经贸合作区资产抵押业务。推动境外经贸合作区开发运营商、境外经贸合作区入驻企业以境外资产、股权、矿业开采权、土地等作抵押，开展"外保外贷""外保内贷"试点，探索盘活海外资产的渠道。

以园区全生命周期管理为抓手，实现"软实力"输出

"一带一路"沿线所贯通的国家多为发展中国家，处在工业化初期，急需通过建设产业园区，提高当地的工业化水平。中国改革开放40余年来，通过实践摸索出在落后地区建设产业园区、提高工业化水平的经验，形成了一套可复制、可借鉴、可推广的产业园区全生命周期管理能力，即对产业园区从战略规划开始，到建成后运营管理的各个阶段进行全流程、一体化运作的能力。虽然我国国内经济特区、经济技术开发区、保税区等多种

类型园区取得了巨大成就，展现了中国已经具备园区全生命周期管理能力，也得到了国际社会广泛认可，发展中国家也对此怀有浓厚兴趣，但我国境外投资建设的大多数园区还不成功，项目进展缓慢。对此，需要借鉴与应用国内产业园区全生命周期管理的能力和知识体系，一方面改变境外园区开发质量不高、招商效果不好的状况，提高我国对外援助项目的国际声望，加强与"一带一路"沿线国家的战略互信；另一方面帮助东道国政府及中资公司提高对园区开发与管理的认识水平，消除重视建设、轻视规划和运营管理的弊病，相互理解并通盘解决开发过程中的问题。在我们的帮助下建立起成功运营的产业园区，就能有力彰显我们帮助落后国家的诚意和我国经济管理的软实力。

中国倡议全球共建的"一带一路"，既需要"硬实力"，也需要展现国家的"软实力"。软实力能提升国家形象，促进对外合作，增强综合国力，赢得国际竞争优势，形成良好和谐的外部环境，源源不断地创造隐形的经济价值。改革开放40余年来，我国经济特区、经济技术开发区等各类产业园区在实践中形成了一整套在欠发达地区推进工业化的顶层设计方案，这一宝贵的可复制、可借鉴、可推广的成功经验，可成为中国软实力的一项重要内容和知识财富，向"一带一路"沿线发展中国家提供智力支持，帮助其开发建设产业园区，加快中国产能出口。

"一带一路"沿线急需借鉴产业园区的开发经验

"一带一路"沿线所贯通的国家多数为发展中国家，正处于工业化和城镇化进程中的初期阶段，普遍面临外汇与储蓄的"双缺口"，以及技术落后和高失业率等发展瓶颈问题，急需通过建设产业园区，提高当地的工业化和经济发展水平。20世纪90年代以来，鉴于产业园区、经济特区在发展工贸领域的促进作用，相当一部分发展中国家开始采取措施，试图以建立产业园区为载体，提高当地工业化水平，改变当地贫穷落后面貌。然而，由于众多发展中国家政府和园区开发主体都不具备产业园区从前期规划到建成后运营的全生命周期管理能力，绝大多数产业园区都陷入开发困境，没有达到预期的开发目标。

所谓的产业园区全生命周期管理是指对产业园区从概念提出，到战略规划、法规政策、投融资、开发建设以及运营管理等各个环节的信息与过程，进行全流程、一体化管理。如果产业园区全生命周期管理中的某个环节被忽视，将直接影响园区的整体开发建设水平，甚至导致园区开发的失败。

以非洲建立的产业园区运行情况为例，一是与产业园区成败直接相关的东道国政府，对经济特区、工业园区的开发建设基本上都缺乏"顶层设计"，没有把园区发展的法规政策设计作为产业园区全生命周期管理中不可或缺的一环加以考虑，出现了"政府缺位"。在园区战略规划、法律法规、投融资、管理体制、政策体系设计环节，缺乏法律保障，政策无法落实，土地权属不明，管理职责不清，基础设施条件较差，造成入园企业最终丧失投资信心，没有达到招商引资效果，自然也就无法实现预期的工业化目标。二是产业园区的开发商普遍缺乏对产业园区全生命周期管理的经验和能力，在"政府缺位"的情况下，只重视产业园区生命周期中的开发建设环节，忽视十分重要的规划设计、运营管理以及产业配套环节，不具备招商引资能力，出现了"开发商缺位"，想当然地把产业园区视为快速见效的"土地和房产开发"类项目。随着产业园区建设的不断推进，这些开发商才发现园区不能满足企业发展的实际需求，招商引资变得越来越难，基础设施投资金额需求越来越大。特别是工业类园区，往往需要5~10年中长期才能获得投资回报，造成开发商资金难以为继，被迫采取尽快"出售"土地和房产的短视行为，使得原来所设想的工业发展计划濒于流产。

产业园区全生命周期管理能力可成为我国的软实力

改革开放40余来，我国通过实践探索出了许多在落后地区建设产业园区、提高工业化水平的经验和做法，逐步形成了一套可复制、可借鉴、可推广的产业园区全生命周期管理知识体系。中国已经成为当今世界产业园区种类最多的国家之一，经济特区、经济技术开发区、保税区、高新区、新区等多种类型园区的快速发展，充分展示了我国具有多种类型产业园区全生命周期管理的软实力，所取得的发展成就也得到国际社会的广泛认可。《经济学人》指出：中国的深圳经济特区是分布在全世界3/4国家的4300多个经济特区中最为成功的典范，被称为"深圳奇迹"，国际社会的赞誉使得中国产业园区的软实力具有了对外传播和输出的机遇。

中国目前已经具备能力针对处于不同发展阶段、不同战略导向、不同区位条件的地区，提出以开发建设产业园区带动工业化发展的个性化解决方案，这一点对发展中国家具有特别的吸引力。近年来，在产业园区开发建设屡屡受挫的发展中国家，开始把目光投放到我国国内快速发展的经济特区、经济技术开发区、保税区、高新技术产业园区，研究中国的产业园区发展模式，不少来华访问的高级领导人也提出要借鉴我国的成功经验和能力，在当地建设产业园区。

输出中国产业园区全生命周期管理能力和知识体系，形成产业园区的顶层设计，不仅可以帮助东道国政府提高对园区开发建设的认识水平，减少不必要的摩擦，理解并协调解决中国境外园区开发过程中的实际困难，与东道国之间形成利益与命运共同体。更有助于把我国的国家利益融入软实力输出，将东道国的产业园区打造成为我国过剩产能"走出去"的重要载体，不断提高对中国产能的消化和接纳能力，实实在在加快当地的工业化、城镇化进程，加快"一带一路"建设走深走实。产业园区全生命周期管理能力，可以成为中国对外合作的一种软实力。

输出产业园区全生命周期管理软实力的三个要点

我国自2005年起开始设立国家级境外经贸合作区，初衷是协助企业转移国内产能、开拓海外市场和利用全球资源，目前中国在境外已经开发建设的各类园区已逾百家。由于园区的开发主体多数是建筑工程企业、制造业企业和资源开采类企业，普遍缺乏园区全生命周期管理的能力和知识体系，加之东道国政府也没有管理好园区全生命周期的相应环节，造成多数园区还不成功。需要中国企业与东道国政府一道按照园区全生命周期管理的客观规律要求，推进园区的开发建设。

一是确保产业园区的顶层战略支撑。产业园区成功与否,首先取决于全生命周期的第一个环节——东道国政府对产业园区的顶层战略支撑。园区开发需要政府多个职能部门联手参与支持,没有国家顶层战略做背书,其困难将是难以克服的。对有意建设园区的发展中国家来说,首先要在国家层面明确产业园区建设的战略定位,这是我国开发建设园区的宝贵经验之一。

二是坚持产业园区的法律与政策先行。在发展中国家开发园区,其环境往往都"不如商意",需要东道国政府出台园区法律与政策,改善产业园区的"小投资环境",增强投资者信心。对产业园区的管理体制、土地转让、外资准入、用工管理、税收减免优惠以及国内市场开放度等领域,进行特别的法定化安排,以提升产业园区的吸引力。

三是高度重视产业园区的战略规划。要从观念上改变中国公司想当然把东道国当成中国,一切法规按中国方式办理的思维,改变中国公司重视建设施工,忽视战略规划的弊端,按照产业园区全生命周期管理的要求,开展产业发展规划、空间总体规划、投资可行性、投融资方案、招商引资和运营管理模式设计等前期研究,确保园区项目的科学性、合理性。我国政府对外援助款项也要拿出固定比例支持对产业园区进行投资前期研究。

多边合作,推动亚太区域经济一体化

从时代视角和世界视角出发,RCEP的签订,更有助于践行打造可持续亚洲中心、增创全球总需求动力源、防范全球性金融危机的世纪性使命。从近期全球形势看，主要发达经济体通过深化相互经济关系扩大"朋友圈"，以遏制崛起中的新兴经济体。

实现中期愿景面临空前的复杂性与紧迫性

地区发展差异巨大加剧了复杂性

2020年11月15日，东盟十国以及中国、日本、韩国、澳大利亚、新西兰15个国家，正式签署RCEP。RCEP是一个通过削减关税及非关税壁垒，建立统一市场的自由贸易协定，成员国间相互开放市场，实施区域经济一体化。未来，RCEP将成为亚太地区重要的经济增长动力引擎，也将是全球经济增长的重要动力源。我们也应该清楚地看到RCEP国家之间的内部矛盾和问题。

东盟十国内部发展差异巨大，导致高水平区域共同体建设基础薄弱，"东盟中心"地位与区域合作引领能力不匹配。尽管东盟共同体和东盟经济共同体（AEC）宣布建成，但各成员国发展水平差距大（最发达国家的人均GDP是最不发达国家的50倍以上），导致区内非关税壁垒削减受阻。加之，成员国之间历史、文化和宗教等因素造成的民众隔阂长期存在，且时有激化，区域社会转型、文化整合、族群冲突等挑战十分严峻，难以形成引导区域合作推向纵深的合力，"小马拉大车"问题突出。中、日、韩三国之间微妙的国情及政冷经热的现状，极易受到外部不可控因素影响，从而进一步加速地缘政治的分割和民粹主义的抬头。

国际经贸和区域合作形势变化增添了紧迫性

特朗普就任总统后，为兑现竞选承诺，解决美国经济、全球治理的系列难题，开始奉行"美国优先"原则，反对全球主义理念。在国际贸易领域，美国实行"有原则的现实主义政策"，不仅持续加码中美贸易摩擦，而且将贸易保护主义施加于包括欧、日盟友在内的合作伙伴。虽然拜登成功当选美国总统，但美国对华的总体遏制政策基本不会有所改变。面对波谲云诡的国际环境，迫切要求我国以更大的决心和力度加深区域经贸往来合作，尽快建立区域经济共同体发展的合作平台。

一是传统多边体系受冲击，双边或次区域经济一体化兴起。因应主要大国单边主义和贸易保护主义行为明显抬头的趋势，签署自贸协定已成为全球范围内双边及区域多边合作的新潮流。欧盟、日本等发达经济体加快推进建设CP-TPP、日欧EPA（经济合作协定）等跨区域自贸区，成为高水平区域贸易自由化的主要推动力量。其中，美国退出后由日本主导形成的"缩减版"TPP，即"CP-TPP"（"冻结"了主要由美国力推的20个代表高标准协议，其中11个与知识产权相关，4个涉及劳工纠纷，其他主要是政府采购、医药核价透明化和文化保护等方面），成为以"降低标准、动态推进"为原则加快促成FTA谈判的有益经验。

二是主要发达经济体都将自贸协定谈判作为重要外交工具。主要发达经济体试图通过深化相互经济关系，将自贸协定谈判作为其实现外交和地缘政治目标、主导全球新规则制定的重要工具，制约新兴经济体不断上升的影响力。我国将是其中的主要围堵对象之一，面临在区域合作及规则制定中被边缘化的风险。

美国转向重视双边协定，美欧、美日零关税协定在全球经贸摩擦加剧背景下呼之欲出。CP-TPP 与美欧、日欧等跨区域贸易集团在全球经济中占有较大份额，也是我国最重要的贸易伙伴和投资来源地，贸易转移效应将对面向东南亚区域的贸易投资活动造成冲击。值得特别关注的是，已经签署的《美加墨贸易协议》（USMCA）规定"若缔约国与非市场经济国家谈判自由贸易协定并签署协定后的六个月内，其他缔约国有权终止已经签署的协议或替换相关条款"；"对'非市场经济国家'的认定，由缔约国国内法律进行判定"。这里的"非市场经济国家"很可能将中国包含其中。一旦 USMCA 这种模式取得成功并复制开来，特别是面向东南亚区域的国家复制，将对中国在区域经济中造成更大的孤立风险。因此，与时间赛跑，未雨绸缪地扩大发展中国家"朋友圈"，抢先与印度等东南亚区域伙伴达成基于"命运共同体"的非排他性合作协议，成为我国化解上述潜在风险的迫切之举。

务实采用主次联动、相机切换的灵活性路径

建设亚太经济共同体是前途光明、道路曲折、螺旋式前进的。区域一体化车轮无可阻挡与持续、频繁的域外战术干扰反复交织、博弈、较量，

成为外部环境的新常态。面对新的国际经贸形势，新兴经济体推进区域经济合作的力度明显加强，东亚区域一体化出现实质性进展，贸易自由化目标明显提升，与欧美等其他地区的差距正在缩小。

从地缘角度看，美国由于国力相对衰弱和全球多线出击，其主导发起的各种区域分化举措，主要着力点只能集中于"中国威胁论"和安保领域，而难以提供强大的经济支柱，无法满足区域各国着力壮大经济和财政实力的核心诉求。东盟各国积极推进"清迈倡议"多边化，逐年与IMF脱钩已成大势所趋。日、韩、澳等美国合作伙伴始终处于服从安保同盟和融入区域合作大潮的艰难抉择中。随着时间推移，日、韩、澳等国自我抱团、排斥新兴经济体、放弃区域合作的机会成本越来越大，国内经济难题带来的执政挑战与日俱增。中国在坚持和平共处五项原则的基础上发展同各国的友好合作关系，践行共商共建共享的发展理念。不同于世界上任何一个发展中国家，中国对政治、经济制裁威胁和军事讹诈具有高度的免疫性。只要坚定不移地改革开放和稳步发展经济，无论从地缘政治，还是地缘经济角度，都必然成为一支无以规避的区域合作依靠力量。时移势易，随着国际经济形势和地缘政治格局的动态变化，"道"的大势日益清晰，"术"的徒劳逐年消解。过去区域经济一体化的制约因素必将不断转换，域外干扰将"一而再、三而竭"；区域经济共同体建设的积极促进因素日积月累，战略机遇将不断兑现和增强。

站位于时代视角和世界视角，从战略性、紧迫性角度强化对建设东南亚经济共同体重大意义的广泛共识和执行决心，推动"中国－东盟命运共同体""东亚命运共同体"倡议向"东南亚经济共同体"这一中期愿景升级，确立统领区域经济共同体建设的三大核心使命：共商共建可持续亚洲中心，推动发展成果互惠共享；合力开创世界级活力市场，助力全球需求动态平衡；共同防范全球性金融危机，维护地区经济社会稳定。

为切实推动东南亚经济共同体这一中期愿景的真正实现，需要充分认识区域经济一体化的必然性、可行性与内外因素干扰的长期性、复杂性，保持战略定力，立足现实基础，利用国际形势变化动态调整合作策略与路径，最大限度减少合作阻力，以务实、创新的原则和独具特色的东亚方式积极稳妥推进区域经济共同体建设。

步骤1：以深化中国－东盟为核心的双边合作为支点

鉴于"东盟中心"地位与能力不匹配、区域合作主动力不足的问题，应以深化中国－东盟为核心的双边合作多维度夯实区域合作动力。首先以RCEP为切入点，努力共建亚太经济共同体。利用各个双边协定各自完成与升级的有利条件，实现以双边合作促进区域多边进程的带动效应。

抓住日本将发展同中国、东亚地区稳定的经贸关系作为长期战略的机遇，利用重启的中日首脑会议机制全面深入加强中日合作，扩大政治互信和经济互惠。积极探索以加入CP-TPP为牵引的中日互信互谅和经贸合作修复。尽管日本是CP-TPP的领导国，但我国经济贸易体量已远超日本。伴随着进一步发展，我国无论如何都会在协议国中发挥作为最大经济体的实际主导作用。并且，适当优化与日本的关系，共同应对美国的单边主义；

积累国际多边贸易协议下领导国角色的经验，也符合我国的战略利益。

步骤2：建设涵盖印度等国的东南亚经济共同体

从更长远的角度出发，随着RCEP的签订，我国应接着开展与印度的谈判，建立包括印度（以及孟加拉国、斯里兰卡）等国在内的"东南亚经济共同体"，形成届时世界规模最大、发展潜力最大的自由贸易区和经济共同体，为作为亚太自由贸易区（FTAAP）乃至"印太"自由贸易区的远期愿景提供基础支撑。具体路径可直接通过RCEP全面议定实现。

远期愿景：制定亚太自贸区谈判总目标和路线图

我国应从更长远的战略出发，客观分析和把握USMCA、CP-TPP、RCEP、日欧EPA生效对我国经济乃至亚太地区经济格局可能产生的影响，组织力量对中欧、中美双边谈判的可能性、时机选择、推进策略开展研究和工作布局，深化我国与世界主要大国（经济体）之间的双边制度性合作，并结合我国对外开放总体规划的阶段性目标提出预案。

构建形式与实质主渠道融合互促的合作机制

根据东南亚经济共同体建设的务实路径和动态步骤，构建形式主渠道和实质主渠道融合的多层次合作机制。

一是以东亚峰会框架下的"10+6"合作机制为形式主渠道，在东亚峰会框架下开发东盟十国与中、日、韩、印"10+4"新机制,保持开放姿态,满足美、日及亚太相关方对合作机制的包容性要求,力争化解各方疑虑和阻力,强化对合作机制的参与意愿。

二是以 RCEP 为实质主渠道,把握关键性实质。继续深化 RCEP 政策的落地落实,打造区域经济共同体建设的核心动力。不断完善主渠道机制和实施体系,持续提升合作活力。

三是发挥多种机制的辅助支撑作用。有效利用"10+1"等合作机制和澜沧江－湄公河、东盟东部增长区等次区域合作机制,分阶段、分步骤地构建新的重要合作机制,不断提升区域经济合作的针对性与质量效率。规避"一带一路"作为更加上位机制的宣传口径,坚持将"一带一路"作为东南亚经济共同体建设的协同机制,争取东盟与相关国家的谅解支持。

以四大支点为核心推动区域经济共同体建设

按照"3+X"合作新框架倡议(以政治安全、经贸、人文交流三大支柱为主线、多领域合作为支撑)的指引,并举推进更全面的制度性合作和更纵深的功能性合作,优先加强教育普及、劳动力培养、技术培训、缩小发展差距、社会文化合作、公共健康服务、安全合作等重点领域的功能性合作,以共建共享的市场和经济融合,逐步带动经济、政治、文化等多领域的制度性合作。

鉴于东南亚区域曾深受金融危机的冲击,以及经济过于依赖域外市场而带来的发展脆弱性，也饱尝因基础设施和发展模式落后而导致经济停滞的苦果，建议在东南亚经济共同体建设路径的每一个节点，工作着力点均应以共同市场、东亚工业化模式、金融稳定和综合应急支援体系为四大支点。

一是建设区域共同市场。以高水平 FTA 为导向，大力推进贸易自由化、便利化，逐步建成商品、服务、投资、熟练工可自由流动的单一市场和生产基地。强化友好协商机制，建立区域大通关合作体系，为国际贸易、物流、多式联运、跨境电子商务发展营造良好环境。扩大产能和投资合作，打造互利共赢的产业链。在扩大轻工、纺织、家电、建材、冶金等传统产业投资合作的同时，加快推进数字经济、智能经济、绿色经济、共享经济等新兴产业合作。

二是推行东亚工业化模式。研究并深入推行政府引导、市场推动紧密结合的东亚工业化模式，加强"一带一路"倡议与"东盟互联互通总体规划"（MPAC）嫁接，全力推进东南亚区域核心通道的互联互通。探索多种形式的"基础设施＋特殊经济园区＋产能合作"模式，打造一批承接产业转移的优质平台和软硬件环境，提升东道国工业化、城市化水平。将东亚工业化模式与特别援助项目紧密结合，为区域最不发达国家的园区发展规划、基础设施和民生设施建设、招商运营、人力资源开发、缓解贫富差距等提供切实援助。

三是夯实区域金融稳定机制。推动清迈倡议多边化协议（CMIM）真正成为一个高效运作的区域金融稳定机制，加强与亚投行和金砖国家新开发银行对接，进一步理顺其与 IMF 之间的关系，强化 CMIM 的区域主导权。按照维护规模底线和动态调整的原则，探索实施实缴制和具有强制执行机制的认缴制，可将区域性储备基金的规模翻倍，提升"担保与投资基金"(CGIF) 规模至百亿美元级，强化金融危机的区域联合防范和救助能力。进一步完善区域金融危机预警、预防机制和多边危机救助机制，提升联合快速反应能力。

四是建立综合应急支援体系。建立区域粮食、石油等战略资源的应急储备机制和自然灾害的区域联合救灾机制，维护区域各国的经济、社会运行稳定，增进政治互信，促进民心相通。建立区域与次区域相结合的安保合作体系，着力做好夯实次区域安保合作，切实为相关国家提供人道支援。将"10+1"、"10+3"、"10+6"、东亚峰会、中日韩领导人会议等机制与上合组织、金砖国家机制紧密对接，采取恰当方式联合防范化解区域内的社会冲突、颜色革命、军事冲突，营造区域经济合作的稳定环境。

推进新时代中非合作，打造中非命运共同体

推进新时代中非合作，应以"一带一路"建设为支撑点，进一步促进政策沟通、设施联通、贸易畅通、资金融通与民心相通。中非合作应围绕"五通"，既重视开展互联互通、产能合作、贸易投资等重点领域的务实合作，也积极推动沿线国家之间多种形式的人文交流，实现经济和文化的共

同繁荣发展，进而打造中非命运共同体。

政策沟通：以规划为引领，共同谋划"一带一路""中非经济廊道"

政策沟通是"一带一路"建设的重要保障。"一带一路"作为全球性工程，与非洲的对接方案虽只是其中的一部分，其预计规模之大已经不输于任何一个泛非洲大陆的战略规划。有鉴于此，我方在推进"一带一路"在非洲落地的过程中，必须有的放矢、重点突破，避免"全面开发，被动合作"的局面，消除战略透支的风险。事实上，"一带一路"倡议本身也应该体现"不是中国一家独奏，而是沿线国家合唱"的特质。在与沿线国家就"一带一路"进行对接时，我方可有方向性地规划引领，力求构建以非洲沿海发达地区为基础的"中非经济廊道"作为新一代中非合作模式。

纵观历史，中国和非洲的合作模式经历了"漫灌""喷灌""滴灌"多个阶段与多元模式。中华人民共和国成立后不久，中国通过支持非洲国家反对殖民主义的斗争为中非长期合作奠定了良好的基础。其后，中国对非援助开始探索成套项目建设。此后，随着中国经济发展与资本富余，中非合作方式以中方提供低息、无息贷款、债务减免、援建各类工程为主。总体来看，以上阶段多采取"漫灌"方式。改革开放后，随着中国经济实力的不断增强，中国的援非能力进一步升级。2000年后，援建项目遍布整个非洲大陆，中国对非合作与援助进入"喷灌"阶段。

2016年，在全面调研基础上，中方将南非作为引领非洲工业化的"火车头"，将埃塞俄比亚、肯尼亚、坦桑尼亚、刚果（布）等国家列为先行先试示范国家，把埃及、安哥拉、莫桑比克等国家列为产能合作的重点对象。"先行先试"代表中国对非合作思路的重大转变，逐步推动"漫灌"模式转型为"滴灌"。

新时代，随着我国经济持续向好发展，国际影响力不断扩大，可参考中国与中东欧16国、东盟十国合作机制，着力构建与非洲"1+N"的区域性多边合作框架，并通过规划引领方式，以非洲沿海国家为基础，连点成线，打造"亚丁湾—好望角—几内亚湾"环绕非洲大陆的"中非经济廊道"，链接并延伸"21世纪海上丝绸之路"。中非"1+N"区域性多边合作框架以及"中非经济廊道"规划应遵循"先沿海、再内陆"的原则，充分联合政治互信国家，先易后难地推进合作。与"一带一路"精神相一致，"中非经济廊道"应采取开放性规划，具体路线和建设方案根据协商结果决定，并依据情况变化做动态调整。依托"中非经济廊道"，着力升级沿岸港口，促进该地区和中国的海上互联；在港口附近开发特殊经济园区，开展产能合作，促进东道国的工业化与城市化；发展海陆联运，打造稳定的环非洲大陆物流大通道。

设施联通：重点开展供电、供水、道路、港口设施的开发合作

基础设施互联互通是"一带一路"建设的优先领域，也是"一带一路"

倡议在非洲得以顺利落地的重要基础。正如非洲各国在发展战略中所意识到的，当前非洲大陆上落后的基础设施状况，特别是供电、供水、道路、港口设施的滞后，正严重制约当地经济的发展和民生水平的改善。有鉴于此，以上项目将是在非洲推进设施联通的核心内容。

稳定的供电、供水是建立现代产业体系的先决条件。当今撒哈拉以南非洲的电力供应非常落后，通电率仅为32%，无电人口约6.2亿，占全球无电总人口的48%（见表10-1）。与电力供应的状况类似，撒哈拉以南非洲也是全球供水发展最为落后的地区。2015年，除南部非洲外，大部分中、东非国家有将近30%的人无法获得基本的饮用水服务（部分国家该比例甚至高达50%）。近20年来，中国为改善非洲的供电、供水设施做出了不少贡献。在供电方面，中国以国企为主导，在非洲大陆各地承建了大量项目，涉及除核电之外的整个电力领域。在供水方面，中国近年来也承接了不少大型项目，如莫桑比克供水诸项目（2008年）、喀麦隆杜阿拉供水工程（2010年）、加纳凯蓬供水扩建工程（2015年）、埃塞俄比亚至吉布提供水项目（2017年）。

表10-1 全球通电情况（国际能源署2014年发布）

地区	无电人口（100万）	通电率（%）	城市通电率（%）	农村通电率（%）
发展中国家	1283	76	91	64
非洲	622	43	68	26
北非	1	99	100	99
撒哈拉以南非洲	621	32	59	16
亚洲发展中国家	620	83	95	74

续上表

地区	无电人口（100万）	通电率（%）	城市通电率（%）	农村通电率（%）
中国	3	100	100	100
印度	304	75	94	67
拉美	23	95	99	82
中东	18	92	98	78
世界	1285	82	94	68

路网设施的畅通是国际、国内贸易发展必不可缺的硬件基础。目前，非洲的铁路、公路密度以及运行速度大大落后于世界平均水平。根据非盟2016年统计数据，非洲的铁路平均密度仅为2.5km/1000km²，远远落后于世界平均值（23.1km/1000km²），平均运行速度仅为30~35km/小时，跨境铁路设施短缺，各国轨距不一，多达16个国家境内没有任何铁路。与之类似，非洲公路网络也是状况堪忧，不少公路路段无柏油路面，受天气状况影响经常中断。近年来，中国在非洲成功建设了蒙内铁路、亚吉铁路以及埃塞俄比亚首都轻轨。中国与非盟已经建立良好的合作伙伴关系，非盟官方的《非洲一体化高速铁路网发展规划》中重点提及了中国，并提出要与中国进一步深化铁路建设方面的合作。

港口设施是当前非洲经济发展与进出口贸易的命脉。非洲大陆海岸线漫长，沿海和岛屿国家多达39个。非洲的贸易当中有近87%是与其他地区的贸易，经济发展的对外依存度非常高，港口经济对非洲经济的增长至关重要，沿海港口也将成为非洲参与经济全球化的关键性基础设施。然而，非洲港口规模偏小，现代化程度不高，管理运营效率偏低，且不同国家之间存在恶性竞争，致使利用率、通行效率较低，通关成本较高。目前，中国企业已广泛参与对非洲港口的建设改造。自2007年以来，中国参与了近80多个非洲港口项目，由中国港湾集团承建的项目有71个之多。2017年5月，中国招商局集团兴建的吉布提多哈雷多功能港落成开港。

综上所述，在供电、供水、路网、港口基础设施方面，中国在非洲已有相当高的参与度和不少成功案例。在未来很长的一段时间内，上述四项仍将是中国在非基础设施建设的重点。在项目选择上，我方应结合政策沟通的结果，优先选择非洲沿海经济较发达地区，充分利用已有地理条件和设施进行建设，并注意东道国的财政承受能力和项目可持续性。

贸易畅通：循序推动中非经贸规则安排，加大非洲资源在岸加工

贸易是"一带一路"建设的重点内容，也是中国与非洲各国进行政策沟通以及在非洲推进设施联通的重要目的之一。在当前阶段，我方宜循序渐进推动中非经贸规则安排，重点发展非洲资源的在岸加工。

在经贸规则安排方面，我国与非洲在避免双重征税和签订双边投资协定两方面，仍有很大的提升空间。目前，在55个非洲国家中，我国仅与其中约1/4的国家签订了避免双重征税协议，与其中约1/3的国家签署了双边投资协定，远低于我国与传统意义上"一带一路"沿线国家的签署率（见图10-8）。为了实现中非之间的贸易畅通，我方应积极推动与非洲已签署的双重征税协定、双边投资协定生效，并采取由易至难、循序渐进的方针，逐步扩大避免双重征税协定、双边投资协定在非洲的覆盖率。

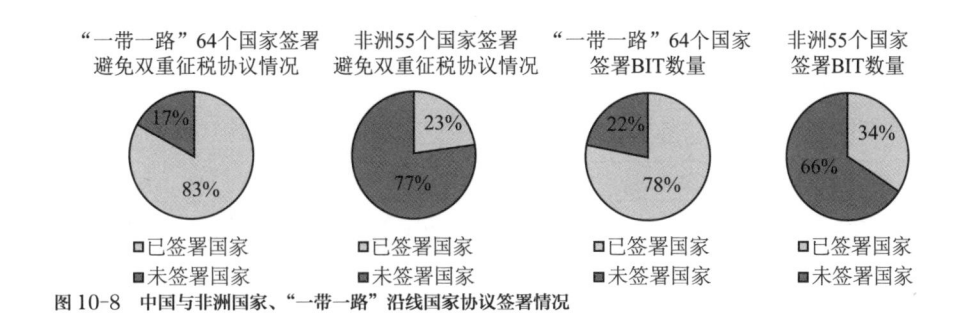

图 10-8　中国与非洲国家、"一带一路"沿线国家协议签署情况

我方可基于平等、互惠互利立场，加强与非洲大陆自由贸易区（AFCFTA）、非洲区域联合体的对话与合作，推动中国与东非共同体、西非经济共同体签署自由贸易协定，从而降低协定谈判成本，规避规则碎片化问题（见表 10-2）。可优先选择已加入 WTO、已与中国签署双重征税协定和双边投资协定的国家（如埃及、摩洛哥、毛里求斯、津巴布韦、尼日利亚、南非）开展自由贸易协定的签署工作。与此同时，应推行中国与非洲的自由贸易规则试点，将中国在非洲的境外园区做自贸区安排或者作为自贸协定规则试点。

表 10-2　非洲重点国家与中国协议签署情况及双边自贸区谈判选择

	国家	双边投资协定签署	避免双重征税协定	WTO 成员国
1	加纳	√		√
2	埃及	√	√	√
3	摩洛哥	√	√	√

续上表

	国家	双边投资协定签署	避免双重征税协定	WTO 成员国
4	毛里求斯	√	√	√
5	津巴布韦	√	√	√
6	阿尔及利亚	√	√	
7	加蓬	√		√
8	尼日利亚	√	√	√
9	苏丹	√		
10	南非			
11	佛得角	√		√
12	埃塞俄比亚	√	√	
13	突尼斯		√	√
14	赤道几内亚	√		√
15	马达加斯加	√		
16	马里	√		√
17	坦桑尼亚	√		√
18	刚果	√		
19	赞比亚		√	√
20	乌干达		√	
21	博茨瓦纳		√	
22	肯尼亚		√	√

此外，发展非洲资源在岸加工是帮助非洲摆脱资源依赖，实现经济多元化的"治本"方案，也有助于满足中国的资源进口需求，缩小中非贸易逆差。因此，我方可充分利用非洲丰富的油气、金属矿产、非金属矿产、农产品、木材等资源，开展这些资源的在岸深加工，帮助非洲建立相应的产业体系，增加出口额，规避原材料受国际大宗商品市场波动影响。在推进方案上，可采取"治标—过渡—治本"三阶段逐步推进的方式。在"治

标"阶段，中非合作重点放在密切关注市场价格走势，灵活控制产能上；随后，在"过渡"阶段，应通过寻找战略伙伴，签订战略协议的方式，锁定商品远期价格；最终，进入"治本"阶段后，使当地能够摆脱资源依赖性产业，建立完善的加工制造、物流及现代服务业体系。

资金融通：建立面向非洲可持续发展的"中国特色官方开发金融"

资金融通是"一带一路"建设的重要支撑。非洲对中国资本存在巨大需求，加大对非洲的投资也是实现中国"走出去"全球布局的重点区域。在非洲推进资金融通，不仅能大大便利中非贸易，更是提高人民币国际地位的关键。近年来，中国对非投资已经形成"具有中国特色的官方开发金融"模式。具体而言，官方开发金融（ODF）可以看作官方发展援助（ODA）和"用于发展目的"其他官方资金（OOF）的加和，是一种由中国官方提供的，面向广大发展中国家的，具备较高优惠成分的，高度依赖各种金融信贷工具的"南南"发展合作模式，符合新时代中国对外援助体制全面改革要求。与传统的ODA模式不同，ODF不附加任何政治条件，且优惠方式更加灵活，其资金可来自多边金融机制的赠予、优惠及非优惠性发展借款，并可包括"赠予成分"达不到25%的标准，但是仍然为了发展目的而输送的"其他官方资金"（含再融资贷款）。这种模式的优势还在于不单纯追求高优惠程度，而是在综合考虑免息期、还款期、贴现率和ERR（外部收益率）基础上，力求实现共同发展与可持续性的资金流动。

新时代，应强化构建面向非洲可持续发展的"中国特色的官方开发金融"，在传统与常规的公共设施与社会福利项目基础上，围绕园区开发、大型基础设施和工业项目，开展具有中国特色的资金融通。一是由政府预算提供的无偿援助和无息贷款可用于支持中小型社会福利项目，例如，打井、医院、学校等；利用无息贷款主要支持经济较好的发展中国家建设公共设施和民生项目。二是依托中国进出口银行提供的中长期优惠贷款，支持兼具社会和经济效益的中大型基础设施，或者工业项目的建设。三是充分利用各类新型发展合作基金提供的投资类资金，开展对合作项目公司的股权投资，以此提供启动资金并分担项目风险，并系统设计好股权投资的退出机制。

民心相通：开展在地化大众职业技能教育，实施"双向文化互鉴"

民心相通是"一带一路"建设的社会根基。民心相通在"五通"中属于软实力范畴，其虽不涉及经贸议题，但与"五通"前四项的成败息息相关。因此，在推进"五通"时，切勿只重政策及物质方面，忽略了中非民心相通以及中国在非软实力的建立。"一带一路"文件《愿景与行动》中指出，推进民心相通的目的在于"为深化双多边合作奠定坚实的民意基础"。当前，中国有在非洲建立良好在地民意的基础，但如何有效地促进民心相通，尚需一系列更好的举措。

教育历来是一国扩展软实力，施加世界影响的有效方式。在中国推进中非民心相通的过程中，非洲学生来华留学自然是一个重点。当前，中国是非洲留学生全球第二大目的地（第一大和第三大分别为法国、美国），相较于其他大洲，非洲来华留学生增长尤其迅猛。然而，非洲来华留学生以当地的"精英阶层"为主。具体而言，除了一部分经考核筛选的优秀学生，大部分非洲来华留学生或是政界要人子女，或是经济状况较好的商人和企业主子女。这种情况，使中国对非洲留学生的教育难以惠及非洲在地民众和草根阶层，从长远来看，对推进中非民心相通助益有限。

大力开展非洲在地大众职业教育，建立"师徒制"培训模式，可能是解决上述问题的一剂良方。所谓大众职业技能教育，乃是以非洲人民在当地接受职业培训为主，对象为草根百姓和普通群众，培养内容为实用、急用的职业技能。其目的是培养合格的工人，最终建立一支成熟的当地工人队伍。这种培训方式成本低、周期短、可持续，对当地经济有良好的拉动作用。在培训过程中，当地人民的职业能力得到增强，收入得到增长，自然会对中方提供的培训机会产生感激之情。同时，政府可以大力补贴中国在非洲企业雇用当地劳工的培训费用，使中国在非企业摆脱"中国企业＋中国工人"的旧模式。具体操作可采取"师徒制"，以一名中国员工带 2~5 名当地工人的方式，逐步建立可靠的当地员工队伍，并逐步实现企业的在地化，最终达成中层和基层员工以当地人为主的目标。这种模式的优势在于中非员工的同舟共济，能有效地拉近中企和当地人的距离，并能对当地的经济形成持续的拉动作用，增加中国在非洲的声誉和威望。

除大力开展在地职业培训之外，我方还应推动中非文化的互鉴。当前，我国在中国文化对非"走出去"方面，已有不少成绩。截至 2016 年底，我国共在非洲设立孔子学院 48 所、孔子课堂 27 个，这些学院或课堂成为传播中国语言文化的重要平台。中国的大众文化，如影视剧和动漫也开始进军非洲市场。在引进非洲文化方面，我方尚有不少努力空间。虽然近年来我国多个城市举办了以非洲文化为主题的活动及非洲艺术展，但中国引进非洲文化的努力尚未在社会上产生广泛且持续的影响。未来，我方应加大引进非洲文化的力度，可考虑吸纳非洲艺人来华参加选秀节目，培养像大山一样家喻户晓的亲善大使。总之，中非在文化上的交流应注意互鉴，既要有中国文化的"走出去"，也要有非洲文化的"引进来"，通过双向交流模式，拉近中国和非洲人民的心理距离。

第五篇

双循环新发展格局推动
"十四五"经济高质量发展

双循环新发展格局下，我国经济持续高质量发展呈现新的增长点、新业态和新模式，如高端制造、数字经济、消费升级、绿色经济、健康经济、新基建、新服务以及都市圈等在"十四五"时期都将为我国经济添加新动力。未来已来，将来已至，数字经济将成为畅通双循环的新动能，为我国经济行稳致远提供加速度。

第十一章
"十四五"经济发展战略和路径

2020年是全面建成小康社会和"十三五"规划收官之年,也是"十四五"规划启动之年。党的十九届五中全会提出了"十四五"时期经济社会发展的主要目标,系统部署了"十四五"时期的重点任务。展望"十四五",要形成更高水平的供需动态平衡,做强国内"主战场";要推动区域协调发展,打造双循环高质量发展增长极;要统筹发展和安全,构建新发展格局;更要统筹对内改革与对外开放,打造开放双循环。

在危机中育先机，于变局中开新局

"十四五"时期是我国全面建成小康社会、实现第一个百年奋斗目标之后，乘势而上开启全面建设社会主义现代化国家新征程、向第二个百年奋斗目标进军的第一个五年。2020年10月29日，中国共产党第十九届中央委员会第五次全体会议审议通过《中共中央关于制定国民经济和社会发展第十四个五年规划和二〇三五年远景目标的建议》(简称《建议》)。《建议》分为三大板块，包括总论、分论和结尾。《建议》指出，要准确识变、科学应变、主动求变，善于在危机中育先机，于变局中开新局。

"十四五"时期五个层次重点任务

《建议》分领域阐述"十四五"时期经济社会发展和改革开放的12项重点任务，明确从科技创新、产业发展、国内市场、深化改革、乡村振兴、区域发展，到文化建设、绿色发展、对外开放、社会建设、安全发展、国防建设等重点领域的思路和重点工作。十二大重点领域，多个与经济领域直接相关。构建双循环新发展格局，是贯穿重大经济发展目标的一条主线，是新时代转型发展的总纲领，是统领"十四五"期间经济发展的重要方针。具体可以将十二项任务分为五个层次。

第一个层次是核心动力，即科技创新。《建议》强调"十四五"时期"以改革创新为根本动力"，坚持创新驱动发展，全面塑造发展新优势，并从强化国家战略科技力量、提升企业技术创新能力、激发人才创新活力、完善科技创新体制机制等角度布置了重点任务。

第二个层次是供需结构升级。供给结构方面，要发展现代产业体系，推动经济体系优化升级。要提升产业链供应链现代化水平，发展战略性新兴产业、现代服务业，明确八大前沿领域和九大战略性新兴产业，统筹推进基础设施建设，加快数字化发展。需求结构方面，要形成强大国内市场，坚持扩大内需这个战略基点，加快培育完整内需体系，把实施扩大内需战略同深化供给侧结构性改革有机结合起来，以创新驱动、高质量供给引领和创造新需求。

第三个层次是对内深化改革与发展。《建议》明确要全面深化改革，从激发各类市场主体活力、完善宏观经济治理、建立现代财税金融体制、建设高标准市场体系、加快转变政府职能等层面出发，构建高水平社会主义市场经济体制。

第四个层次是关键领域突破。《建议》明确要重点强化突破乡村振兴、区域协调发展和新型城镇化、文化软实力、绿色发展、民生领域、国家安全以及国防和军队现代化等关键领域。

第五个层次是对外坚持开放。《建议》强调要建设更高水平开放型经济新体制，开拓合作共赢新局面。依托我国大市场优势，促进国际合作，实现互利共赢。

"十四五"时期的九个"新"内容

"十四五"期间,要在危机中育先机,于变局中开新局。分析《建议》的核心要义,可以从新形势、新征程、新四个全面、新发展理念、新发展目标、新发展格局、新突破、新产业定位、新安全观九个"新"的角度解读。

第一,新形势。《建议》对当前和今后一段时期总体形势的判断是,"我国发展仍然处于重要战略机遇期,但机遇和挑战都有新的发展变化"。当今世界正经历百年未有之大变局,国际环境日趋复杂,不稳定性、不确定性明显增加,我国已转向高质量发展阶段,但发展不平衡、不充分问题仍然突出。

第二,新征程。《建议》指出,"十四五"时期是我国开启全面建设社会主义现代化国家新征程、向第二个百年奋斗目标进军的第一个五年。社会发展进入新征程、新发展阶段,经济建设重点也发生变化,创新在我国现代化建设全局中的核心地位越发重要。

第三,新四个全面。《建议》指出,协调推进全面建设社会主义现代化国家、全面深化改革、全面依法治国、全面从严治党的战略布局。这是"四个全面"的最新表达,是与时俱进的战略布局。

第四,新发展理念。《建议》再次强调,要坚定不移贯彻创新、协调、绿色、开放、共享的新发展理念,把新发展理念贯穿发展全过程和各领域。不断提高贯彻新发展理念、构建新发展格局能力和水平,为实现高质量发展提供根本保证。

第五，新发展目标。《建议》提出"经济发展取得新成效、改革开放迈出新步伐、社会文明程度得到新提高、生态文明建设实现新进步、民生福祉达到新水平、国家治理效能得到新提升""六新"目标，内容和内涵都比之前要更加丰富。《建议》指出，"在质量效益明显提升的基础上实现经济持续健康发展"，到2035年基本实现社会主义现代化远景目标。

第六，新发展格局。《建议》在指导思想中明确提出，加快构建以国内大循环为主体、国内国际双循环相互促进的新发展格局。双循环新发展格局是新时代的战略抉择，是统领"十四五"期间经济发展的核心方略。供给侧结构性改革和扩大内需是"十四五"任务重点，多条建议都是围绕双循环新发展格局提出的。

第七，新突破。"十四五"期间，经济层面，人均国内生产总值达到中等发达国家水平；技术层面，关键核心技术要实现重大突破；空间层面，要优化国土空间布局，建设现代化都市圈；消费层面，要全面促进消费，增强消费对经济发展的基础性作用；能源层面，要降低碳排放强度，优化能源资源配置，推进能源革命。

第八，新产业定位。和十八届五中全会的"构建产业新体系"相比，《建议》明确产业整体定位为"发展现代产业体系，推进产业基础高级化、产业链现代化"，强调了"质量强国、网络强国、数字中国"。《建议》还对新基建、新能源、金融、房地产等产业给予了新的定位。

第九，新安全观。"十三五"《建议》中"安全"只提及4次，"十四五"《建议》中"安全"提及66次。《建议》强调统筹发展和安全，把安全发展贯彻到发展各领域和全过程。构建双循环新发展格局必须要科学"统筹发展和安全",包括国家安全体系和能力建设、经济安全、人民生命安全,以及维护社会稳定和安全等。

形成更高水平的供需动态平衡,做强国内"主战场"

十九届五中全会指出,要畅通国内大循环,完善扩大内需的政策支撑体系,形成需求牵引供给、供给创造需求的更高水平动态平衡。

一是深化供给侧结构性改革。从2015年提出供给侧结构性改革以来,我国抓住这个主线不动摇,在实施"三去一降一补",落实"巩固、增强、提升、畅通"等方面都取得了很多成效。《建议》也明确指出,要在"十四五"期间坚持供给侧结构性改革这一主线。"十四五"时期我国面临更为复杂的国内外环境,要在供给侧结构性改革取得阶段性成果的基础上,继续深化供给侧结构性改革,改革核心重点转变为体制机制创新和科技创新。从供给侧角度,要激活土地、资本、劳动力等要素,并有机结合供给侧结构性改革和宏观调控政策,进而为供需两侧增长提供强有力的支撑。

二是坚持扩大内需。近年来,我国扩大内需战略已取得初步成效,经济增长由主要依靠投资、出口拉动,逐渐转向依靠消费、投资、出口协同拉动。消费对我国经济增长的贡献逐渐上升,外贸依存度在2019年已降至31.92%。"十四五"时期我国将持续这种发展趋势,进一步提高内需贡献率。扩大内需的关键是促进消费，我国居民消费率相对偏低，要通过实施消费倍增计划，坚定实施扩大内需战略，做强国内"主战场"。近年来，政府支出规模有所扩张，应通过政府部门让利，降低居民储蓄率，提高居民消费能力。要推进乡村振兴，通过增加农民收入，释放农村消费潜力，补齐农村消费短板。完善社会保障体系，让广大居民敢消费，愿意消费，促进居民消费增长。同时，要加强转移支付，发挥公共消费的带动和牵引作用，扩大全社会的消费需求，构建消费大市场。

三是推动供需动态平衡。"十四五"时期，要坚持供给侧结构性改革，使生产、分配、流通、消费更多依托国内市场，提升供给体系对国内需求的适配性，以高质量供给满足日益升级的国内市场需求。要抓住内循环这一重要战略方向，发力于区域协调发展和新型城镇化建设，降低居民储蓄率，调整收入分配结构，培育新消费场景，满足更高消费需求。要放开管制，消除供给侧的梗阻和障碍。推动城市住房体制改革，使正常的房地产需求得到满足。推出高水平高质量的新供给，提高供给体系对国内需求多变、多样、多层次的适配性，尤其是超过4亿中等收入群体以及老龄化群体带来的新需求，实现更高水平的供需平衡。以银发经济为例，国家统计局数据显示，截至2019年末全国60周岁及以上人口为2.5亿人，占18.1%。全国老龄办数据显示，2025年我国60岁以上老年人口数将达3亿，占总人口比重进一步提升至20%。老龄群体的医疗健康等服务类需求将有所上升，要推动相关供给。

推动区域协调发展，打造高质量发展增长极

十九届五中全会指出，要健全区域协调发展体制机制，完善新型城镇化战略，构建高质量发展的国土空间布局和支撑体系。

一是要深化区域协调发展。当前我国在省域范围内存在一定的供给侧流动壁垒，区域内资源不断向中心城市集中，这是一个必要的过程，但区域发展不平衡现象也较为严重。"十三五"时期，我国多个区域协调发展战略纵深推进，经济发展的空间结构正在发生变化，"十四五"期间重大战略区域、中心城市和城市群将成为承载大量发展要素的重要空间形态。"十四五"时期，要推动区域间产业分工明晰化，发挥区域内核心城市在资源禀赋上的互补性，引导生产要素在区域自由流通，有效发挥区域集聚效应。要推动西部大开发形成新格局，推动东北振兴取得新突破，促进中部地区加快崛起，鼓励东部地区加快推进现代化。对当前以北、上、广、深为代表的超大城市而言，应积极探索有利于效率提升的区域协调发展路径。发挥中心城市和城市群带动作用，建设现代化都市圈，形成"都市圈－大中小城市"的空间格局，构建以大城市中心、以一小时通勤圈为基本范围的空间形态，带动周边城市发展。推进京津冀协同发展、长江经济带发展、粤港澳大湾区建设、长三角一体化发展，提高重点城市群的经济、人口和社会承载力，推动区域之间的公共服务均等化和基础设施的互联互通。在推动现有都市圈作为重要增长极的基础上，探索新的都市圈增长极。

二是推进以人为核心的新型城镇化。2019年，我国城镇常住人口

84843万人，城镇人口占总人口比重（城镇化率）为60.60%，但仍远低于发达国家80%的平均水平。按照我国城镇化率的平均增长水平，2035年预计将达到75%左右，接近发达国家水平。"十四五"时期，推进以人为核心、更加强调城镇化的质量和功能性的新型城镇化将成为拉动经济增长的重要引擎。要按照《建议》提出的"强化以工补农、以城带乡，推动形成工农互促、城乡互补、协调发展、共同繁荣的新型工农城乡关系"思路，逐步缩小城镇和农村居民收入差距，提高农村居民的可支配收入。要通过新型城镇化增加农民收入，优化收入分配结构，跨越"中等收入陷阱"。利用新型城镇化推动生产要素双向自由流动，促进劳动力向第二产业、第三产业转移。在推进新型城镇化建设过程中，教育、医疗、养老等公共服务需要投入大量资金，交通等基础设施建设需要升级，也为推动双循环，拓展投资空间提供了重要的推动力。

统筹发展和安全，构建新发展格局

统筹发展和安全，让基本盘更坚实、更具韧性，与我国坚持对外开放的理念是统一的。习近平在经济社会领域专家座谈会上也指出，越开放，越要重视安全，越要统筹好发展和安全。"十四五"时期，国家总体安全观向经济领域、社会领域拓展，并拥有了新的定位。要把安全发展贯穿国家发展各领域和全过程，要保证经济、能源、科技、国防、粮食、产业链、基础设施、数据、生态、金融等方面的发展和安全，防范和化解影响我国现代化进程的各种风险，筑牢国家安全屏障。

一是要保证经济发展和安全。"十四五"时期宏观经济政策的布局将在以往应对周期性和结构性挑战的基础上做加法。就经济安全领域而言，要实现重要产业、基础设施、战略资源、重大科技等关键领域安全可控，维护水利、电力、供水、油气、交通、通信、网络、金融等重要基础设施安全。要保证市场主体安全，通过减税降费、金融政策支持等措施保企业、保市场主体。要保证财政安全，建立现代财税金融体制，加强财政资源统筹，推进财政支出标准化，强化预算约束和绩效管理。

二是要保证能源发展和安全。面临"富煤、贫油、少气"的资源禀赋，我国能源资源配置需要进一步优化。《中国油气产业发展分析与展望报告蓝皮书（2019—2020）》显示，2019年，我国石油对外依存度达70.8%，天然气对外依存度达43%。在9月的联合国大会上，我国表示二氧化碳排放力争在2030年前达到峰值，并在2060年实现碳中和，这蕴含着我国的能源战略方向。在这些战略推动下，中长期来看，要持续推进能源革命，提升可再生能源，提升新能源消纳和存储能力，发展风电、水电、光伏、新能源等产业，推动能源行业高质量发展。

三是要保证科技发展和安全。《建议》指出，面向世界科技前沿、面向经济主战场、面向国家重大需求、面向人民生命健康，深入实施科教兴国战略、人才强国战略、创新驱动发展战略，完善国家创新体系，加快建设科技强国。在中美贸易摩擦的影响下，"十四五"时期迫切需要实现国产替代，关键核心"卡脖子"技术需要实现更大突破。要瞄准人工智能、量子信息、集成电路、生命健康、脑科学、生物育种、空天科技、深地深海等前沿领域，实施一批具有前瞻性、战略性的国家重大科技项目。推进科技体制改革，建立市场化、多层次的产学研协作体系，激发人才创新活力，打造国际一流的科技领军人才和创新团队。强化企业创新主体地位，促进各类创新要素向企业集聚，组建联盟联合攻克核心技术。加强基础研究和前沿研究，为世界科技发展做出贡献。

四是要保证国防发展和安全。《建议》指出，要贯彻新时代军事战略方针，提高国防和军队现代化质量效益，促进国防实力和经济实力同步提升。优化国防科技工业布局等战略的实施，将推动国防军工产业在"十四五"时期迎来跨越式发展。"十四五"时期，我国将进一步加大军工研发投入，加快国防和军队现代化，加快机械化信息化智能化融合发展，加快实施国防科技和武器装备重大战略工程，提高捍卫国家主权、安全、发展利益的战略能力，形成军民融合深度发展格局。

统筹对内改革与对外开放，打造开放双循环

双循环新发展格局不是封闭的国内循环，而是开放的国内国际双循环。《建议》强调，要坚持实施更大范围、更宽领域、更深层次对外开放，依托我国大市场优势，促进国际合作，实现互利共赢。

一是加快对内改革。构建新发展格局，要对内深化改革，构建高水平社会主义市场经济体制，打通制约生产、分配、流通、消费国内大循环的梗阻，使得各项改革更有利于激发整体效应。习近平在深圳经济特区建立40周年庆祝大会上发言指出，要"不失时机、蹄疾步稳深化重要领域和关键环节改革，更加注重改革的系统性、整体性、协同性，提高改革综合效能"。[1] "十四五"时期，以改革促发展、促创新、促转型升级的要求将更加紧迫，国资国企改革、土地制度改革、金融制度改革等改革步伐将进一步加快，供给侧结构性改革、"放管服"改革、要素市场化改革等都将进入重要的攻坚时期。海南、深圳、上海等地也肩负全面深化改革的重任。深圳综合改革试点方案已经下发，在重要领域和关键环节改革上深圳被赋予了更多自主权。习近平在浦东开发开放30周年庆祝大会上表示，党中央正在研究制定《关于支持浦东新区高水平改革开放、打造社会主义现代化建设引领区的意见》，将赋予浦东新区改革开放新的重大任务。

二是坚持对外开放。尽管国际上保护主义、单边主义抬头，但应对全球化的挑战和出路的关键在于坚持改革开放，我国扩大对外开放、以开放促改革、以开放推动全球化的既定方针不会发生变化。从进出口数据看，我国是全球最大的贸易国，是全球第二大进口国。作为全球产业链的重要一环，在当前大环境下要坚持开放，更要推动产业链转型升级。在2020年11月4日的第三届中国国际进口博览会开幕式上，习近平发表演

---

[1] 习近平：在深圳经济特区建立40周年庆祝大会上的讲话，参见新华网 http://www.xinhuanet.com/2020-10/14/c_1126611290.htm。

讲指出,"中国将秉持开放、合作、团结、共赢的信念,坚定不移全面扩大开放,将更有效率地实现内外市场联通、要素资源共享,让中国市场成为世界的市场、共享的市场、大家的市场,为国际社会注入更多正能量"[①]。"十四五"时期我国对外开放将发生新的变化,中国全面扩大开放新举措主要包括四个方面:建设开放新高地,促进外贸创新发展,持续优化营商环境,深化双边、多边、区域合作。我国要坚持实施更大范围、更高层次的对外开放,推动贸易和投资自由化便利化。2020年11月15日,第四次区域全面经济伙伴关系协定领导人会议举行,东盟十国以及中国、日本、韩国、澳大利亚、新西兰15个国家正式签署RCEP,标志着全球参与人口最多、成员结构最多元、规模最大的自由贸易协定正式达成。签署RCEP,是地区国家通过实际行动维护多边主义和自由贸易、建设开放型世界经济的重要一步,对深化区域经济一体化具有重要意义。

---

① 习近平在第三届中国国际进口博览会开幕式上发表主旨演讲,参见新华网 http://www.xinhuanet.com/politics/leaders/2020-11/04/c_1126698325.htm。

第十二章
促进政府和市场互动，
助力高质量发展

推进以国内大循环为主的双循环新发展格局，前提是要处理好政府和市场的关系，使"有效市场"和"有为政府"实现良性互动，激发体制改革的新活力。要积极构建完整的内需体系，推动有效市场和有为政府更好结合。要推进要素市场化改革，打通双循环堵点，形成国内统一大市场。还要营造优良营商环境，推动国家治理现代化，实现政府、市场和社会的协同互动。

推动有效市场和有为政府更好结合

十九届五中全会强调,"十四五"时期要推动有效市场和有为政府更好结合。如何让市场和政府和弦共振,关系到全面建设社会主义现代化建设的成效。

一是构建完整的内需体系。只有扩大内需,才能使中国超大规模市场发展迈上新台阶,让超大规模市场体现竞争力,让市场在资源配置中发挥决定性作用,让市场更有效。完整的内需体系是我国经济发展的"稳定器",也是创造有效市场发展环境的重要支撑。完整的内需体系要覆盖全领域,包括产业、居民和政府三大主体。我国产业门类齐全、产业链非常完整,具有全领域的生产需求。我国14亿人口的内需市场形成了独特优势,随着内需潜力的释放,在"十四五"期间将为我国实现高质量发展提供更大空间。政府除提供基础设施、公共服务等公共产品外,能够有效推动产业发展、优化产业环境,对构建多元的国内市场需求具有推动作用。"十四五"时期,构建完整的内需体系,要以扩大居民就业率和提高居民收入为基础,提高社会资本投资的积极性,稳定民营企业家发展信心,稳定市场预期。更要充分发挥政府在扩大内需和维护市场中的促进和引导作用,形成内需外需互相兼容的新格局。

二是推动有效市场和有为政府有机结合。"坚持和完善社会主义基本经济制度,充分发挥市场在资源配置中的决定性作用,更好发挥政府作用,推动有效市场和有为政府更好结合",这是十九届五中全会对科学把握市场与政府关系这一重大的理论和实践命题的深刻总结。全会还强调，要激发各类市场主体活力，完善宏观经济治理，建立现代财税金融体制，建设高标准市场体系，加快转变政府职能。有效市场与有为政府是现代化建设的两大抓手，要推进市场和政府相互促进，需要构建亲清新型政商关系，理顺政府与市场的关系。2019年底，我国共有市场主体1.23亿户，其中企业3858万户，个体工商户8261万户。要激发各类市场主体活力，就要毫不动摇巩固和发展公有制经济，毫不动摇鼓励、支持、引导非公有制经济发展，既要做强做优做大国有资本和国有企业，又要优化民营经济发展环境。"十四五"时期，要促进非公有制经济健康发展和非公有制经济人士健康成长，依法平等保护民营企业产权和企业家权益，破除制约民营企业发展的各种壁垒，完善促进中小微企业和个体工商户发展的法律环境和政策体系。要健全市场体系基础制度，坚持平等准入、公正监管、开放有序、诚信守法，形成高效规范、公平竞争的国内统一市场。要建设职责明确、依法行政的政府治理体系。深化简政放权，放管结合，优化服务改革，全面实行政府权责清单制度。

推进要素市场化改革，打通双循环堵点

要素市场化配置改革是形成国内统一大市场的关键，通过体制创新、科技创新等全方位创新模式，激发国内市场主体的创新创业活力，改善

要素市场化配置效率，有利于推动形成以国内循环为主的良性格局。2020年4月，党中央、国务院发布《关于构建更加完善的要素市场化配置体制机制的意见》，对深化要素市场化配置改革，促进要素自主有序流动，提高要素配置效率等问题进行部署。实现各类要素的流通，才能有效配置各类资源，提升潜在增长水平，推进经济高质量发展。十九届五中全会也强调，"十四五"时期，产权制度改革和要素市场化配置改革要取得重大进展，要推进土地、劳动力、资本、技术、数据等要素市场化改革。

一是推进土地要素市场化改革。《建议》强调，"十四五"期间我国将探索宅基地所有权、资格权、使用权分置实现形式。保障进城落户农民土地承包权、宅基地使用权、集体收益分配权，鼓励依法自愿有偿转让。"三权分置"也意味着落实宅基地集体所有权，保障宅基地农户资格权，放活宅基地和农民的房屋使用权。"十四五"时期，要建立健全城乡统一的建设用地市场，深化产业用地市场化配置改革，完善土地管理体制，盘活存量建设用地，构建高质量发展的国土空间布局和支撑体系。

二是推进劳动力要素市场化改革。劳动力在生产要素中是最活跃的，推进劳动力要素市场化改革，对提高经济社会发展水平具有重要意义。但当前劳动力市场还存在一些问题，包括户籍制度限制人口自由流动、基本公共服务不平衡现象等。"十四五"时期，要通过深化户籍制度改革、畅通劳动力和人才社会性流动渠道、完善技术技能评价制度、完善人才激励机制、完善公共服务等措施，引导劳动力要素合理畅通有序流动。

三是推进资本要素市场化改革。当前资本要素分配主要是以银行为主的间接融资体系，过去10年，我国间接融资占总新增融资比重持续高于75%以上水平。"十四五"时期要完善多层次资本市场，完善股票市场基础制度，加快发展债券市场，解决民营企业尤其是中小微企业的融资需求。要提升直接融资尤其是股权融资的比重，发挥资本市场的枢纽作用。国务院《关于进一步提高上市公司质量的意见》指出，支持国有企业依托资本市场开展混改。中国证监会主席易会满于2020年10月15日表示，将选择适当时机全面推进注册制改革。未来一段时期，全面注册制和资本市场全面开放将是资本要素市场化改革的重要方向。

四是推进技术要素市场化改革。当前已经处于由传统要素驱动转向为创新驱动的阶段，技术要素市场建设是国家竞争和区域竞争的制高点。谁掌握了关键核心技术，谁就掌握了绝对主动权。"十四五"时期，要完善科技创新资源配置方式，促进技术要素和资本要素融合发展，激活职务技术产权激励，激活科技中介服务活力，打通创新链和产业链，培育发展技术转移机构和技术经理人，推动科研成果转化。要加大国际科技创新合作，扩大科技领域对外开放。

五是推进数据要素市场化改革。数据已成为一种新型生产要素，对提高全要素生产率，推动经济发展起到重要作用。《深圳建设中国特色社会主义先行示范区综合改革试点实施方案（2020—2025年）》中，重点提及数据要素市场化配置，并从数据产权制度、政府数据开放共享、粤港澳大湾区数据平台建设三大维度明确了数据要素市场化改革思路。"十四五"时期，要加快培育数据要素市场，推进政府部门之间的数据共享。培育数字经济新产业、新业态和新模式，提升社会数据资源价值。探索建立统一规范的数据管理制度，加强数据资源整合和安全保护，为加快数字经济转型奠定基础。

营造优良营商环境，推动国家治理现代化

推动政府和市场互动，更要持续优化市场化法治化国际化营商环境，通过国家治理现代化和城市治理现代化，实现政府、市场和社会的协同互动。

一是营造优良的营商环境。近年来，我国营商环境进步明显，在2019年世界银行公布的国际排名中位列第31位，也连续两年成为全球优化营商环境改善幅度最大的经济体之一。但当前营商环境仍存在一些薄弱环节，尤其是新冠疫情影响下中小企业面临困难凸显。"十四五"时期，要围绕当前营商环境存在的主要问题，以高质量发展为目标，持续优化市场化法治化国际化营商环境。要补齐营商环境"短板"，包括城乡之间和区域之间的"短板"，以及产权保护、数据互联互通、信用监管等方面的"短板"，实现营商环境的进一步改善。也要强化营商环境的"长板"，发挥顶层设计的制度优势，优化政务服务，推动更多"互联网+政务"服务落地，提升民众的获得感和满意度，优化法治环境和市场环境，激发市场主体活力，形成"十四五"期间持续优化营商环境的保障。

二是推动国家治理体系和治理能力现代化。十九届五中全会强调，展望2035年，基本实现国家治理体系和治理能力现代化，人民平等参与、平等发展权利得到充分保障，基本建成法治国家、法治政府、法治社会。推进国家治理体系和治理能力的现代化，是中国特色社会主义现代化建设和政治发展的必然要求。城市治理是国家治理在地方的实施，超大城市在区域和国家发展中具有重要作用，超大城市治理作为国家治理体系的重要组成部分，是实现国家治理现代化的重要引擎。"十四五"时期，要运用大数据提升国家治理现代化水平，建立健全大数据辅助科学决策和社会治理的机制，实现政府决策科学化、社会治理精准化、公共服务高效化。要推进国家治理现代化，也要推进超大城市、城市群治理能力现代化，实现经济行稳致远、社会安定和谐，为全面建设社会主义现代化国家开好局、起好步。

第十三章
双循环格局下中国经济新增长点

在双循环格局的演化之下,中国经济稳中向好,亮点频出。新时代,以高端制造、数字经济、消费升级等方面为引领的经济发展模式,在市场化的浪潮中不断推陈出新、转型升级,塑造出中国经济的八大新增长点。八大新增长点既相对独立,又互为依托,进化出一个又一个色彩纷呈的经济样态,指引着中国经济这艘巨轮"乘风破浪"。

高端制造优化升级

国家"十四五"规划中指出要"发展战略性新兴产业","推动先进制造业集群发展，构建一批各具特色、优势互补、结构合理的战略性新兴产业增长引擎，培育新技术、新产品、新业态、新模式"。习近平也在《国家中长期经济社会发展战略若干重大问题》（以下简称"重大问题"）中鲜明提出，要"优化和稳定产业链、供应链。产业链、供应链在关键时刻不能掉链子，这是大国经济必须具备的重要特征"[①]。稳链、固链的基本节点在于提升高端制造，增强进口替代及自主可控的关键能力。改革开放40余年来，中国利用全球化不断发展的有利环境，不断培育和升级制造业发展的优势，实现了成本优势—速度优势—规模优势的叠加升级，实现了制造业的跨越式发展，使中国成为全球重要的制造业中心和供应链枢纽。但同时我们也要清醒地认识到，中国制造在核心技术、高端装备、信息化等方面还面临诸多挑战，"脱实向虚"对制造业发展的负面影响依然突出。

因此，我国要加速推进高端制造业的优化升级。首先，加大政府投入和保障，努力实现进口替代。深入推进《中国制造2025》计划的总体要求，增强研发设计、技术转移、创业孵化等领域的扶持力度，推进关键技术和共性技术的全面突破。我国要突破国外关键零部件的技术封锁，实现光刻胶、大硅片、电子气体、液晶材料、OLED材料、碳纤维等高端化工新材料的国产替代。其次，强化科技应用，努力实现自主可控。应进一步强化本土科技服务创新对自主可控领域的消化吸收再利用能力。一方面，要高度重视大院大所和大型政府研发平台的科技服务创新，重点吸收本

[①] 习近平：国家中长期经济社会发展战略若干重大问题，参见新华网http://www.xinhuanet.com/politics/leaders/2020-10/31/c_1126681658.htm。

土科技创新成果，提高技术吸收能力；另一方面，积极对标发达国家高技术产品与服务，找准差距，加大研发力度。努力突破技术封锁与障碍，实现半导体设备、芯片等重要方面的自主可控。使高端制造成为突破"中梗阻"，加速双循环的新增长点。

数字经济和实体经济深度融合

国家"十四五"规划指出，要"发展数字经济，推进数字产业化和产业数字化，推动数字经济和实体经济深度融合，打造具有国际竞争力的数字产业集群"。习近平在《重大问题》一文中也强调，要"加快数字经济、数字社会、数字政府建设，推动各领域数字化优化升级，积极参与数字货币、数字税等国际规则制定，塑造新的竞争优势"[1]。数字经济是以数字技术创新为核心驱动力，通过数字技术与实体经济深度融合，加速重构经济发展与政府治理模式的新型经济形态。数字经济包括数字产业化和产业数字化两大部分。一是数字产业化，也称为数字经济基础部分，即信息产业，具体业态包括电子信息制造业、信息通信业、软件服务业等；二是产业数字化，即数字经济融合部分，包括传统产业由于应用数字技术所带来的生产数量和生产效率的提升，其新增产出成为数字经济的重要组成。

---

[1] 习近平：国家中长期经济社会发展战略若干重大问题，参见新华网 http://www.xinhuanet.com/politics/leaders/2020-10/31/c_1126681658.htm。

数字经济以其独有的算法、算力、信息传递及存储方式，不断降低数据收集、整理、传递、利用的成本，开创了前所未有的经济新形态。数字经济的核心在于推动互联网、大数据、人工智能同实体经济深度融合。在互联网的深度融合中，进一步推进5G、大数据、云计算、区块链、人工智能、工业互联网和数字货币等数字化建设，构建万物互联的智能世界。数字经济已成为中国经济发展的新引擎。

消费升级重新定义中国制造

国家"十四五"规划指出，要"顺应消费升级趋势，提升传统消费，培育新型消费，适当增加公共消费"。习近平在《重大问题》中也指出："消费是我国经济增长的重要引擎，中等收入群体是消费的重要基础。"因此，促进消费升级至关重要。从我国发展阶段看，内需和出口一样重要，成为决定中国经济走势的关键因素，将消费作为经济增长的手段也是目的。应以消费升级作为实现人民美好生活愿望的重要抓手，进一步激发消费潜力，提升消费质量，优化消费环境。同时，我国消费市场还是一个发展中的市场，还有非常大的发展空间。

我们也应看到当前影响消费的逻辑、消费的动力、消费的意义、消费的场景，以及消费业态和技术都发生了新的变化。我国目前已进入世界银行所定义的中高收入水平国家，处于由投资主导型向消费主导型转变阶段，正在经历"从无到有"到"从有到好"的消费升级，多样化、多元化和多层次的消费新增长点加快涌现。消费升级将重新定义中国制造。新消费促进新的供给，同时互联网平台经济、新的技术、新设计等供给创新，新供给进一步扩大消费的内涵，丰富消费的品类，做大消费的市场，将以消费创新实现高质量发展。因此，持续引导消费升级，一方面，要关注以食品饮料、定制家具等为代表的传统消费的升级；另一方面，要以旅游、免税在内的概念服务型消费和5G、在线游戏等新技术型消费融合升级。这些提振消费多样化的举措，势必会增强消费水平，增进消费质量，促进经济的进一步增长。

绿色转型推动绿色经济新发展

2020年9月22日，中国国家主席习近平在第七十五届联合国大会一般性辩论上发表重要讲话强调："应对气候变化《巴黎协定》代表了全球绿色低碳转型的大方向，是保护地球家园需要采取的最低限度行动，各国必须迈出决定性步伐。中国将提高国家自主贡献力度，采取更加有力的政策和措施，二氧化碳排放力争于2030年前达到峰值，努力争取2060年前实现碳中和。"[①] 这是中国首次向全球明确实现碳中和的时间点，也是迄今为止各国中做出的最大减少全球变暖预期的气候承诺。习近平主席提出的宏伟愿

---

① 习近平在第七十五届联合国大会一般性辩论上的讲话（全文），参见中共中央党校 https://www.ccps.gov.cn/xxsxk/zyls/202009/t20200922_143558.shtml。

景，深刻体现了中国将应对气候变化的目标与自身现代化的目标高度融合。

碳中和这一概念主要是指：企业、团体或个人测算在一定时间内，直接或间接产生的温室气体排放总量，通过植树造林、节能减排等形式，抵消自身产生的二氧化碳排放量，实现二氧化碳"零排放"。要达到碳中和，一般有两种方法：一是通过特殊的方式去除温室气体，例如，碳补偿；二是使用可再生能源，减少碳排放。碳中和概念的实践，推进新能源与节能环保产业迎来黄金发展期。清洁能源的开发、存贮和传输技术不断突破，被称为"第五能源"的节能技术也有望取得重大进展，新能源的利用效率将显著提升，生产过程中的排放和能耗大幅降低，推动世界能源体系结构持续优化，现有全球能源版图逐步改变。绿色经济将对新能源车、化工新材料、光伏锂电等方面带来综合性提升，完善新能源产业链，为经济增添新活力、新动能。

健康经济迎战略机遇期

国家"十四五"规划提出，要"全面推进健康中国建设"。面对新冠疫情，习近平再次强调："保障人民生命安全和身体健康是党和国家的重要任务，科学研究要从中凝练重大科学前沿和重大攻关课题。"[1]无独有偶，

---

[1] 习近平：国家中长期经济社会发展战略若干重大问题，参见新华网 http://www.xinhuanet.com/politics/leaders/2020-10/31/c_1126681658.htm。

2020年11月13日，世卫组织总干事谭德塞在第73届世界卫生大会续会上宣布，成立由顶尖经济学家和卫生专家组成的全民健康经济委员会。全民健康经济委员会将重点关注卫生领域投资，实现可持续、创新主导的包容性经济增长。随着新冠疫情的蔓延，全世界都对健康经济予以重点关注。健康经济主要是指与疾病治疗、健康行为、医疗体系等息息相关的经济行为。健康经济包括养老保健、托幼托育、公共卫生等多主体、多事项的经济服务内容。

其中养老和托育服务带来了巨大的经济增长空间。据统计，中国在2019年65岁以上人口所占比例已经达到12%，较2010年的8.9%上升3.1个百分点。同时自2011年开始，新生儿消费占比每年达到10%左右，成为占比较高的消费群体。所以，激发"一老一幼"的民生消费潜力，是发展健康经济的又一重大举措。比如，重点关注医药健康行业、儿童培育行业等，实现"幼有善育，老有颐养"的目标，从而进一步发展健康经济，刺激居民消费，带动经济的新一轮增长。

新基建，未来经济有力支撑

国家"十四五"规划强调，要"系统布局新型基础设施，加快第五代移动通信、工业互联网、大数据中心等建设"。国家发改委对新基建（新型基础设施）予以初步定义：以新发展理念为引领，以技术创新为驱动，以信息网络为基础，面向高质量发展需要，提供数字转型、智能升级、融合创新等服务的基础设施体系。新基建主要包括三大方面内容。一是信息基础设施，主要是指基于新一代信息技术演化生成的基础设施，比如，以 5G、物联网、工业互联网、卫星互联网为代表的通信网络基础设施，以人工智能、云计算、区块链等为代表的新技术基础设施，以数据中心、智能计算中心为代表的算力基础设施等。二是融合基础设施，主要是指深度应用互联网、大数据、人工智能等技术，支撑传统基础设施转型升级，进而形成的融合基础设施，比如，智能交通基础设施、智慧能源基础设施等。三是创新基础设施，主要是指支撑科学研究、技术开发、产品研制的具有公益属性的基础设施，比如，重大科技基础设施、科教基础设施、产业技术创新基础设施等。新基建是未来经济的基础设施支撑，是加速促进双循环的节点，更是大国竞争的关键。因此，要进一步抓好基础设施项目建设。加快推动 5G 网络部署，促进光纤宽带网络的优化升级，加快全国一体化大数据中心建设。稳步推进传统基础设施的"数字+""智能+"升级。新基建的大格局，必将深入促进双循环的进一步畅通，提振经济发展。

新服务催生新产业形态

"十四五"规划明确指出要"加快发展现代服务业"，"推动生产性服务业向专业化和价值链高端延伸，推动各类市场主体参与服务供给，加快发展研发设计、现代物流、法律服务等服务业，推动现代服务业同先进制造业、现代农业深度融合，加快推进服务业数字化"。当现代服务业与先进科技创新相互碰撞时，新的产业形态已然催生，无限的市场潜力亟待开发。面对新的市场环境，新服务理念应运而生。新服务更加强调供给和需求的精准对接，其核心要义在于科技与生活的进一步融合，改变传统服务的运行方式，注重产业与生活的双向融合。

新服务以数字化、生态性、社会性、规则性、人文性为关键词，描绘出新服务的特征属性。新服务的数字化体现在数字经济赋能，深度结合"互联网+"平台，推进体验升级、消费升级；新服务的生态性体现在突破传统消费模式，实现线上线下融合，形成闭合的生态圈；新服务的社会性体现在拉动内需、扩大就业，精准对接供给侧结构性改革，实现国际国内双循环；新服务的规则性体现在创新监管手段，优化监管规则，进一步完善全方位监管体系；新服务的人文性体现在人文关怀和行业发展的同频共振，始终坚持以人民为中心，增强人民群众的安全感、获得感、幸福感。以此为出发点，新服务扩展出多样态的经营模式。无人零售、无人旅店等高科技手段不断融入生活，开启智慧生活之旅。音乐、影视、小说等文化娱乐产业，正以独特的中华文化品位，占领全球消费者的"味蕾"。工程设计、中式建筑等服务贸易方式，正打开全球市场，让世界领略中华之美。

都市圈推动增长模式转型

"十四五"规划点明:"优化行政区划设置,发挥中心城市和城市群带动作用,建设现代化都市圈。"习近平在《重大问题》中也明确提出要"完善城市化战略","增强中心城市和城市群等经济发展优势区域的经济和人口承载能力"。[1] 都市圈的概念源于日本。1960 年,日本为了确定大城市地域,开始采用"都市圈"概念。随着都市圈概念的提出,欧美等发达国家也因势而动,提出符合各自国情的都市圈设计理念和标准。从各国实践来看,构建都市圈的意义在于使中心城市与周边地区组成紧密联系的社会经济网络,合理分工、优势互补、资源共享,实现协调发展。

现代化都市圈的建设,可以进一步促进双循环的发展。第一,促进轨道交通的发展。都市圈建设的核心在于便捷通勤,而便捷通勤的最佳方式在于轨道交通的网络化、深度化。发达的轨道交通建设,必定能增强客运流动,方便中心城市与周边卫星城的一体化建设。第二,提振居民消费。都市圈网格状的商业布局,使城市的功能更加多样化。丰富多彩的市民活动,在相当程度上会繁荣市场经济,促进消费领域提升。同时,也会增强居民的幸福感、归属感,促进经济加速发展。第三,改革户籍制度。尽快解决进城农民工的市民化问题,这不仅关联着教育、医疗等问题,更可以打破城乡之间的"梗阻",畅通双循环的脉络。

---

[1] 习近平:国家中长期经济社会发展战略若干重大问题,参见新华网 http://www.xinhuanet.com/politics/leaders/2020-10/31/c_1126681658.htm。

第十四章
数字经济：畅通双循环的新动能

习近平明确指出："领导干部要胸怀两个大局，一个是中华民族伟大复兴的战略全局，一个是世界百年未有之大变局，这是我们谋划工作的基本出发点。"[①] 面对百年未有之大变局，我国应以数字经济为刺激经济增长的重要手段，紧跟世界发展潮流，乘势而上、顺势而为，从而进一步畅通双循环的新动能。

---

① 思想纵横：胸怀两个大局，参见人民网 http://theory.people.com.cn/n1/2019/0805/c40531-31275092.html。

中国数字经济的优势与方向

短短 40 余年,中国已由一穷二白的农业国发展为世界第二大经济体,经济发展保持稳定增长。今天,中国已充分融入数字经济的浪潮并贡献着无与伦比的中国力量。

规模最大:网民数量全球第一,电子商务市场规模持续引领全球

中国网民数量早于 2008 年超越美国,位居世界第一。截至 2019 年底,中国移动互联网用户规模达 13.2 亿人,占据全球网民总规模的 32.2%。相较之下,美国网民数量缓慢增长,近 10 年复合增长率为 2.6%,甚至在某些年份出现负增长。[1] 随着网民数量的增长,中国互联网渗透率也在逐年增加,由 2009 年的 28.9% 提升至 2020 年 3 月的 64.5%。若参考美国 76.8% 的渗透率,中国尚有超 10% 的提升空间(见图 14-1)。中国电子商务市场规模引领全球。2019 年,中国电子商务交易额达 34.8 万亿元,其中网上零售额达 10.6 万亿元,同比增长 16.5%,电子商务市场规模持续引领全球,服务能力和应用水平进一步提高。

---

[1] 资料来源:《2019 中国互联网发展前瞻》。

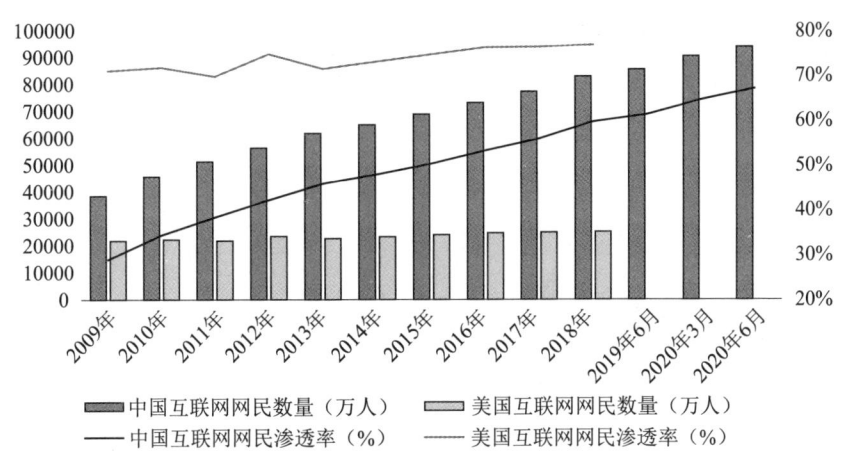

图 14-1 2009—2020 年，中美互联网网民数量及渗透率对比
资料来源：中国（深圳）综合开发研究院根据公开资料整理。

活力最优：互联网领域融资需求旺盛，发展成为全球第二大互联网"独角兽"企业聚集地

中国正在逐渐成为继美国之后世界第二大"互联网独角兽企业"聚集地。2019 年，我国规模以上互联网和相关服务企业（以下简称互联网企业）完成业务收入 12061 亿元，同比增长 21.4%。①中国互联网协会发布的《中国互联网发展报告（2019）》指出，2018 年，国内互联网领域投融资规模整体呈现快速增长态势（见图 14-2），投融资案例共 2685 件，相较 2017 年的 1296 件增长 107.2%，披露的总交易金额为 697 亿美元。2019 年，10 家

---

① 资料来源：中国（深圳）综合开发研究院根据工信部数据整理。

企业居全球互联网市值前30强，估值超过10亿美元的独角兽企业60余家，数量居全球第二位。[①]

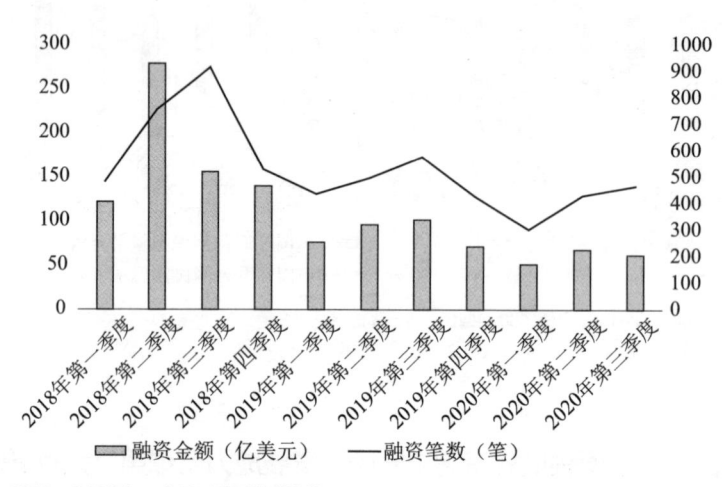

图14-2 2018—2020年，中国互联网投融资情况
资料来源：中国信通院

迭代最快：新技术、新领域不断涌现，产品和服务日趋多元

新技术、新领域不断涌现，云计算、大数据、物联网、虚拟现实、增强现实、智能硬件、可穿戴设备、人工智能、区块链等技术创新与产业化进程加速推进。产品与服务快速适应不断变化的需求，不断推出新的版本满足或引领需求。受疫情影响，本地生活、在线教育、网约车、在线医

---

① 资料来源：中国（深圳）综合开发研究院根据公开资料整理。

疗、远程办公等成为极具发展潜力的互联网应用。截至 2020 年 6 月，用户规模分别达 4.09 亿、3.81 亿、3.40 亿、2.76 亿和 1.99 亿。与此同时，电商直播用户规模达 3.09 亿，成为 2020 年上半年增长最快的个人互联网应用。①

惠及面最广：以开放心态实现数字治理和数字基础设施的包容普惠

"数字政府"建设加速落地。大数据等数字技术成为政务服务的有力辅助，推动了社会治理能力和社会治理体系的现代化变革。战"疫"强化了公共治理的"数字化思维"，推动数字政府建设提速。"新基建"浪潮背景下，5G、城市物联网、人工智能基础设施加速部署升级，线上认证、不见面审批的方式更为普及，"一网通办""一码通行"成为社会治理的"新标配"。与此同时，社会组织与企业开展扶贫项目，电商公司、电商平台为贫困用户走向市场，享受教育、医疗、金融等各方面公共服务提供机会。如蚂蚁金服集团通过互联网金融、电商扶贫等手段，为 200 多万农村创业者和 35 万贫困人口提供了大病保险、信用贷款等服务。未来，互联网平台企业与政府部门、社会组织多方面合作将成为大势所趋，用全新的大数据方式治理社会、服务民生、支撑决策。

---

① 资料来源：第 46 次《中国互联网络发展状况统计报告》。

数字科技的机遇与出路

随着中国数字经济的发展,具备全球化视野和过硬实力的中国数字经济企业正逐渐"羽翼丰满"。从能力上看,中国的数字经济正在从"追赶者"变身为"超越者",涌现了诸多本土新业态、新模式,使得中国有机会积极参与国际竞争。从意愿上看,国内市场增速放缓,竞争日趋激烈,具备开拓新路的强劲动能,优势企业初具国际竞争力。

新技术赋能:关键技术新供给与数字经济的重塑和新生

新技术的进步映照着创新的厚度和活力,更是支撑数字经济长期可持续发展的内生动力,新一轮科技革命和产业变革正在加速重构全球创新版图。随着新兴技术尤其是量子互联网、人工智能等颠覆性、战略性技术走向商用,推动新经济、新业态、新模式不断涌现,数字经济将拥有更广阔的想象空间。

数字要素聚沙成塔:未来全球最大的"数据库"

作为数字经济时代五大要素体系之一,大数据将在未来数字经济建设中起到关键性和基础性作用。近年来,全球大数据储量保持高速增长,其中,中国平均年增长速度比全球快3%,是全球数据增长最快的国家。预计到2025年，中国将成为全球最大的"数据库"（见图14-3）。①随着我国大数据产业逐步向标准化、规范化发展，叠加区块链等新技术赋能，困扰数字经济发展的"数据孤岛"问题将有望得到破解。各类数据之间将建立紧密的逻辑关联，数据价值将得到进一步挖掘。

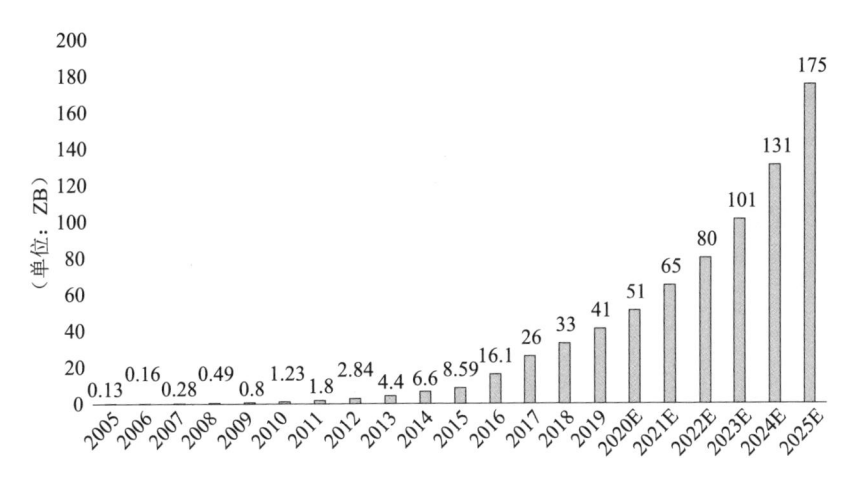

（单位：ZB）

年份	数据量
2005	0.13
2006	0.16
2007	0.28
2008	0.49
2009	0.8
2010	1.23
2011	1.8
2012	2.84
2013	4.4
2014	6.6
2015	8.59
2016	16.1
2017	26
2018	33
2019	41
2020E	51
2021E	65
2022E	80
2023E	101
2024E	131
2025E	175

图14-3　全球数据量规模及预测
资料来源：IDC

数字传输提速增效：未来全球最完善的通信网络

中国凭借核心的通信技术和广泛的市场应用，已成为全球5G通信网络的引领者。据预测，到2025年，我国5G网络投资将累计达到1.1万亿元，垂直行业相关的投资额约为0.5万亿元，遥遥领先于欧美等发达国家。②

---

① 资料来源：《IDC：2025年中国将拥有全球最大的数据圈》白皮书。
② 资料来源：通信行业协会（GSMA）。

届时，中国将形成全球最为完善的通信网络，数以万计的"数据孤岛"将通过 5G 网络、大数据中心、工业互联网等基础设施进行联通，编织起多层次、多维度的数字通道网络，打通跨领域的"大循环"，畅通跨层级的"大动脉"，保障数字要素循环流通，并在生活生产的各个领域得到有效利用，让数字真正转化为生产要素。

数字算力奋起直追：未来的算法与算力大国

当前，全球人工智能产业生态正在加速成型，中国和美国居于全球人工智能的第一梯队，两国优势领域各有侧重。中国在技术层和应用层走在世界前端，但我国在算法、硬件算力等基础层核心领域基础相对薄弱。国家密集出台相关发展规划和扶持政策，根据我国《新一代人工智能发展规划》，到 2030 年，我国人工智能理论、技术与应用总体达到世界领先水平，成为世界主要人工智能创新中心。在国家强有力的战略引导和政策支持下，以阿里巴巴、华为为代表的科技巨头全面布局人工智能产业生态，重点聚焦算力、算法等核心关键领域，加强基础研究，补创新短板，锻市场长板，增强数字经济核心竞争力。未来，中国将在 AI 芯片、硬件算力等领域奋起直追，塑造强大的数字算力。

新市场拓展：全球经济不确定性与数字经济最大确定性

疫情席卷全球，对全球居民生产和生活带来了巨大冲击。数字技术作为抗击疫情的有效手段，在医疗、教育、消费、社会治理等领域表现突出，成为维系全球经济、社会有序运转的关键。中国消费动能充分恢复、经济韧性十足，更加凸显数字化是面向未来的最大确定性。数字技术的大规模应用未来将开启更多领域的"数字大门"，推动全球携手进入数字时代。

数字新生活：从消费领域拓展到生活的方方面面

疫情期间越来越多的消费活动转向线上，全球电商平台迅速发展。据预测，2022 年，我国线上零售额有望达 17.9 万亿元，较 2019 年增长超 68%，届时线上零售总额将占社会消费品零售总额的 33.5%，比 2019 年增加近 12 个百分点。[①] 此外，教育、医疗等领域加速数字化应用，远程医疗、在线教育、协同办公、跨境电商等服务需求旺盛。随着技术迭代和数字黏性增强，数字生活的内涵将不断丰富，成为引领未来的主流方式。

数字新生产：实体经济全面拥抱数字技术

数字化程度越高，企业受新冠疫情的影响就越小，大大增强了企业主动拥抱数字经济的决心。据测算，数字化转型可为制造业企业降低 17.6% 的成本，并增加 22.6% 的营收。以数字化工厂为例，欧洲数字化工厂比例为 46%，美国达 54%，中国仅为 25%，我国数字技术在供给端的应用仍

---

① 资料来源：瑞银预测数据。

有较大发展空间。[①] 未来，数字化生产、柔性生产的进入门槛将逐步降低，产业数字化发展潜力将得到进一步释放。以阿里巴巴"犀牛工厂"为例，"犀牛工厂"聚焦中小企业的中小订单，利用数字技术实现小批量、快反应的柔性制造，将有效提升供应链的弹性和中国经济的韧性。

数字新治理：赋能国家治理现代化

为提升社会治理水平和管理效能，各国政府纷纷加快数字化治理，积极探索社会治理新模式，新冠疫情更是加速了社会治理数字化进程。以中国为例，各地政府通过深化与市场合作，应用数字技术，在搜集和发布疫情信息、调配紧缺物资以及高效精准配送等方面做出快速反应，涌现了"健康码""城市大脑"等一系列行之有效的数字化治理方法，社会治理"免疫力"和"掌控力"得到明显增强。数字化治理更加深入人心，数字治理将向更广领域、更深层次延伸和拓展。针对人民群众的需求，利用数字技术实现精准分析、精准服务和精准施策，更好地满足人民群众对美好生活的向往。

新设施固基：各国数字基础设施的"装备竞赛"与中国"加速度"

为抢占数字经济发展先机，世界各国纷纷强化数字基础设施建设。以

[①] 资料来源：新华网报道 http://www.xinhuanet.com/tech/2020-05/21/c_1126012393.htm。

美国为例，依托数字经济科技创新的先发优势，美国先后出台了《美国重建基础设施立法纲要》等一系列国家战略，大力推进人工智能、科研基础设施、大数据中心等新型基础设施建设。我国依托"集中力量办大事"的体制优势，数字基础设施必将实现更大范围的覆盖和更高层次的应用，通过产业链带动和数字通道建设，为数字化全面崛起构筑坚实底座。

数字经济面临的五大挑战

互联网的快速普及，使数字经济呈"井喷式"发展。万物互联的时代已经悄然开启。但机遇与危机并存，在数字经济迅猛发展的同时，我们也应该清楚认识到其体系的不足之处，以便更加清醒地应对未来的挑战。

数据主权

"数据主权"这一术语，最早普及于隐私领域，指个人对其在社交媒体上和进行网络消费时所提供的个人信息的控制权。随着数据在数字经济时代的价值日益凸显，其概念和内涵得以不断扩展。2011年，法国广播电台Skyrock首席执行官皮埃尔·贝朗格尝试对它进行定义，认为它是"控制我们现在和未来的能力，通过使用技术和计算机网络可对自己进行定位"。2020年新冠肺炎疫情的暴发，基于预防病毒以及由此带来的社交距离、减少互动等方面的考虑，更多地使用在线方式将会成为后疫情时代的基本特征。这种状况尤其让各方深刻认识到，数字技术在确保社会生活、企业运行连续性方面具有无可替代的重大价值。作为当今时代最宝贵的战略资源之一，数据已经成为重大的地缘政治和地缘经济问题，数据主权也由此成为个人、企业和国家共同寻求的目标，各方都不会轻易放弃对数据的控制权。因此，必须清醒地面对数据主权这一问题，尽快确立维护我国数据主权的标准和制度。

数据管辖

数据管辖主要是指国家对数据的管辖范围和管理权限。数据是数字经济的核心，目前全球各国对跨境数据管辖标准不一。欧美部分国家试图将其国内数据管辖标准移植为国际标准，并按照因地因人规则对境内外数据实施"长臂管辖"。2010年以来，韩国、越南、俄罗斯、澳大利亚等国纷纷要求对个人信息和重要数据本地存储、数据离境强监管等。2015年，欧盟提出"单一数字市场"（DSM），加强欧盟内部电信市场的整合。在此基础上，2018年欧盟公布《通用数据保护条例》（GDPR），提出更高的数据保护及市场准入标准，要求企业只要对欧盟数据主体提供商品、服务或对其监控，无论是否在欧盟境内，都要受到GDPR的约束。各国对数字管辖的高端重视，警醒着我国也应尽快完善相关法律法规，强化国内外数据管辖的能力和权限。

数据监管

数据具有极强的流动性和虚拟性，因此应进一步强化政府对数据的监管权。各国出于对本国信息安全和用户数据信息的保护，出台法案加强外国数字经济企业的监管。2018年，欧盟出台单一数字市场战略和GDPR政策，对进入欧盟的数字经济企业进行监管，要求数据存储本地化，深入强化国家对数据的监管。美国总统特朗普2019年5月15日签署了《确保信息通信技术与服务供应链安全》的行政令，限制由外国对手公司设计、开发、制造或提供的信息通信技术或服务，禁止外国对手公司获取或使用受美国管辖的信息通信技术或服务。印尼强制在智能手机制造中使用本地内容以及强制数据存储本地化。俄罗斯、越南、印度等国也纷纷出台了要求数据存储本地化的法案。印度BN Srikrishna委员会制定的《数据保护法案》禁止科技公司对儿童用户进行分析、跟踪、行为监测或广告宣传等。我国于2019年出台了数据离境的有关法律法规，但数字贸易监管法律法规基本上仍处于空白状态。由于各国间数据跨境流动的规则无法衔接，对技术创新与市场发展产生阻隔，我国数字经济企业获取及利用境外数据难度进一步加大。

数据垄断

新时代，数据资源已成为具有重要价值和意义的经济性资源之一。"数据为王"的数字经济时代已悄然降临。数据的经济性价值，使各大公司趋之若鹜，纷纷争夺这一利益性资源，并产生新的寡头。数据寡头通过自身营造的网络生态系统吸引千万流量、汇聚海量信息，对数据的控制提高了市场进入壁垒及转换成本，带来了赢者通吃的局面。数据垄断的问题就此展开。为获得数据优势，平台通常采取激进的行业并购策略。对此，各国纷纷采取相应反垄断措施。如欧盟委员会从2010年开始启动对谷歌的反垄断调查，对谷歌提出三大指控，分别涉及比较购物、安卓系统和广告服务，并针对谷歌滥用市场地位的行为处罚43.4亿欧元，这是全球迄今为止最高的一笔垄断罚单。此外，欧盟还先后对英特尔、微软、脸书开展反垄断调查，并分别处罚10.6亿欧元、14.6亿欧元、1.1亿欧元。在全球数字经济日益呈现寡头竞争的情况下，反垄断已成为欧美限制跨国数字科技巨头扩张的利器。我国也应以此为鉴，出台相应法律法规，打破数据垄断，维护数据平衡。

数据保护

数据的经济性价值，使数据在先天属性上即具有隐私性、保密性和使用性。因此，欧美等国纷纷出台相关政策措施，加大对数据的保护力度。面对全球数字贸易壁垒的日渐增多，以及市场分割、寡头割据、技术封锁等因素对我国造成的重大冲击，我国应进一步平衡数据保护与数字贸易的需求，完善"走出去"的统筹协调机制和政策支持体系，开放合作形成数字经济国际规则。首先，要完善数据保护的统筹协调和监管机制，规范法律政策体系。建立多部门参与制度，支持数据保护的发展模式，规范数据保护的协调机制。其次，平衡数据保护与跨境数字贸易的需求，协调国内监管与对外开放的政策，打击跨国网络犯罪，建立网络黑灰产业联合治理机制，推动签署禁止网络攻击的国际公约，促进国际数据保护多边协同治理机制建设。

参考文献

1. 《中共中央关于制定国民经济和社会发展第十四个五年规划和二〇三五年远景目标的建议》.http://www.gov.cn/zhengce/2020-11/03/content_5556991.htm.
2. 习近平：在经济社会领域专家座谈会上的讲话．
   http://www.xinhuanet.com/politics/leaders/2020-08/24/c_1126407772.htm.
3. 习近平：在企业家座谈会上的讲话．
   http://www.gov.cn/xinwen/2020-07/21/content_5528791.htm.
4. 习近平主持召开扎实推进长三角一体化发展座谈会并发表重要讲话．
   https://www.ccps.gov.cn/xtt/202008/t20200822_142881.shtml.
5. 深圳经济特区建立40周年庆祝大会隆重举行习近平发表重要讲话．
   http://www.gov.cn/xinwen/2020-10/14/content_5551298.htm.
6. 李克强主持召开国务院党组会议．
   http://cpc.people.com.cn/n1/2020/0117/c64094-31552451.html.
7. Brown D D, Lapoint S, Kays R, et al. Accelerometer-informed GPS telemetry: Reducing the trade-off between resolution and longevity[J]. Wildlife Society Bulletin, 2012, 36(1): 139–146.
8. Conzalez X, Pazo C.Barriers to Innovation and Subsidy Effectiveness[J].Rand Journal of Economics，2005, 36: 930–950.
9. Dmitry Ivanov & Alexandre Dolgui (2020) A digital supply chain twin for managing the disruption

risks and resilience in the era of Industry 4.0, Production Planning & Control, DOI: 10.1080/09537287.2020.1768450.

10. Horn H, Mavroidis PC, Sapir A. Beyond the WTO? An Anatomy of EU and US Preferential Trade Agreements[J]. Social ence Electronic Publishing, 2010, 33(11):1565–1588.

11. Unni, Olsbye, Stian, et al. Conversion of Methanol to Hydrocarbons: How Zeolite Cavity and Pore Size Controls Product Selectivity[J]. Angewandte Chemie International Edition, 2012, 51(24): 5810–5831.

12. 蔡昉. 扩大消费, 挖掘内需潜力 [J]. 今日中国, 2020, 69(8): 34–35.

13. 陈秀英, 刘仕国. 世界经济统计简编 [M]. 上海: 生活·读书·新知三联书店, 1983.

14. 陈秀英. 世界经济统计简编 [M]. 上海: 生活·读书·新知三联书店, 1974.

15. 崔洪建. 欧美 TTIP: 由来、目标与影响 [J]. 国际问题研究, 2013(5): 60–72.

16. 崔文卿. 深化国资国企改革的思考和建议 [J]. 现代盐化工, 2020, 47(3): 102–103.

17. 戴翔, 张二震. 逆全球化与中国开放发展道路再思考 [J]. 经济学家, 2018(1): 70–78.

18. 董志勇, 李成明. 国内国际双循环新发展格局: 历史溯源、逻辑阐释与政策导向 [J]. 中共中央党校 (国家行政学院) 学报, 2020, 24(5): 47–55.

19. 葛克昌. 税法基本理论 [M]. 北京: 北京大学出版社, 2004.

20. 江小涓. 大国双引擎增长模式——中国经济增长中的内需和外需 [J]. 管理世界, 2010(6): 43–47.

21. 李怀政. 我国制造业中小企业在跨国公司全球产业链中的价值定位 [J]. 国际贸易问题, 2005(06): 120–123.

22. 林毅夫. 构建新发展格局, 机遇大于挑战. 人民网. http://theory.people.com.cn/n1/2020/0921/c40531-31868691.html.

23. 刘冰, 王发明, 毛荐其. 基于全球技术链的中国产业升级路径分析 [J]. 经济与管理研究, 2012(4): 58–63.

24. 刘雯, 马晓辉, 刘武. 中国大陆集成电路产业发展态势与建议 [J]. 中国软科学, 2015(11): 186–192.

25. 刘志彪. 重塑中国经济内外循环的新逻辑 [J]. 探索与争鸣, 2020(7): 42–49, 157–158.

26. 吕铁, 刘丹. 制造业高质量发展: 差距、问题与举措 [J]. 学习与探索, 2019(1): 111–117.

27. 吕秀彬. "国内国际双循环" 新发展格局探析 [J]. 新经济, 2020(10): 46–50.

28. 倪月菊. 从外贸依存度变化看强化 "国内大循环" 的意义防风险, 补短板 [J]. 进出口经理人, 2020(9).

29. 屈林憬. 资本循环理论视角下的国企改革问题研究 [J]. 财富时代, 2020(02): 131.
30. 沈坤荣, 赵倩. 以双循环新发展格局推动"十四五"时期经济高质量发展 [J]. 经济纵横, 2020(10): 18–25.
31. 盛朝迅. 推进我国产业链现代化的思路与方略 [J]. 改革, 2019(10): 45–56.
32. 汤正明. 新形势下国企改革面临的问题及应对策略 [J]. 法制博览, 2020(18): 225–226.
33. 王昌林, 杨长湧. 在构建双循环新发展格局中育新机开新局 [N]. 经济日报, 2020-08-05(011).
34. 王法涛, 李俊青. 基于全球价值链理论的电子商务产业链模式选择 [J]. 中国流通经济, 2015(10): 56–63.
35. 王洪涛, 陆铭. 供需平衡、动能转换与制造业高质量发展 [J]. 江苏社会科学, 2020(4): 128–136.
36. 魏少军. 面对中国发展集成电路产业的挑战 [J]. 集成电路应用, 2016(9): 4–9.
37. 徐奇渊. 双循环新发展格局：如何理解和构建 [J]. 金融论坛, 2020, 25(9): 3–9.
38. 姚战琪, 程蛟, 夏杰长. 中国服务外包产业攀升全球产业链的路径分析 [J]. 黑龙江社会科学, 2010(1): 53–56.
39. 张军杰, 杨铸. 全球 OLED 产业发展现状及趋势 [J]. 现代显示, 2010(6): 25–30.
40. 张明之, 梁洪基. 全球价值链重构中的产业控制力——基于世界财富分配权控制方式变迁的视角 [J]. 世界经济与政治论坛, 2015(1): 1–23.
41. 张伟, 吴文元. 产业链：一个文献综述 [J]. 山东经济, 2011, 05(5): 40–40.
42. 张银平. 推动双循环战略构建新发展格局 [J]. 求知, 2020(10): 25–28.
43. 赵红岩. 基于全球视角的区域产业链整合对策 [J]. 社会科学, 2007(2): 16–21.
44. 周启乾. 日本近现代经济简史 [M]. 北京：昆仑出版社，2006.
45. 朱民. 新冠肺炎疫情对全球经济和金融市场造成的冲击 [J]. 国际金融, 2020(4): 3–5.
46. 李金华. 中国高端制造行业景气状态的多维测度 [J]. 学术研究, 2019(1):96–105，178.
47. "非常鼓舞人心的一步"——中国争取 2060 年前实现碳中和.
    http://www.ccdi.gov.cn/yaowen/202009/t20200926_226245.html.
48. "新基建"怎么定义？发改委权威解释来了.
    http://it.people.com.cn/n1/2020/0420/c1009-31680461.html.